S'occuper de soi et de ses enfants dans le calme

Sarah Napthali

S'occuper de soi et de ses enfants dans le calme

Bouddhisme pour les mères

Traduit de l'anglais (Australie)
par Hayet Dhifallah

Petite Bibliothèque Payot

Retrouvez l'ensemble des parutions
des Éditions Payot & Rivages sur
www.payot-rivages.fr

TITRE ORIGINAL :
Buddhism For Mothers
(Allen & Unwin, Crows Nest)

106, boulevard Saint-Germain, 75006 Paris

INTRODUCTION

À 24 ans, je vivais à Djakarta, en Indonésie, où j'enseignais l'anglais. C'était en 1991. Djakarta était une ville inconfortable où l'on passait des heures bloqué dans la circulation à respirer un air extrêmement pollué. Les frustrations ne manquaient pas : les téléphones ne marchaient jamais, le niveau de bruit élevé d'une ville peuplée de dix millions d'habitants s'atténuait rarement ; en plus, si on était étranger, il fallait constamment esquiver les colporteurs, mendiants, chauffeurs de taxi et curieux. Les canalisations d'égout à ciel ouvert sillonnaient les rues. J'ai aimé, au début, le contraste qu'offrait cette ville avec mon pays – son brouhaha incessant, la fête des sens – mais, scénario classique, le choc culturel a finalement eu lieu et j'ai eu du mal à l'encaisser.

L'Indonésie est majoritairement musulmane, mais je suis tombée par hasard sur le livre d'un Anglais, Guy Claxton, intitulé *The Heart of Buddhism : Practical Wisdom for an Agitated World*. Je n'avais jamais lu de contenu aussi radical et je me suis mise à souligner les passages qui m'interpellaient le plus – autant dire presque tous. J'ai recommandé ce livre à mes amis pour avoir en eux des interlocuteurs avec qui discuter de certains points – et au fil des ans, je n'ai jamais cessé de revenir à lui.

Les êtres humains ont tendance à vivre dans un état de complète illusion : premier enseignement de ce livre qui m'ait frappée par le retentissement qu'il pouvait avoir sur ma propre vie. Nous supposons que notre vision du monde, des gens qui y vivent et de nous-mêmes est conforme à la réalité. Le bouddhisme enseigne que nos perceptions sont à des lieux de la vérité et qu'à cause d'elles, nous gaspillons de l'énergie à courir après un bonheur illusoire. J'ai immédiatement appliqué cet enseignement à la crise déclenchée en moi par le choc culturel : j'ai ainsi porté un regard neuf sur les aspects de mon environnement qui m'irritaient, je les ai vus sous un angle nouveau et j'ai réagi différemment. Soudain, les contrariétés quotidiennes pouvaient m'offrir un enseignement.

Le bouddhisme nous encourage à prendre conscience de toutes nos perceptions, pensées et convictions, à nous libérer des conceptions erronées responsables de notre souffrance. En apprenant à être conscients des mécanismes de notre esprit, nous sommes capables de transformer notre expérience de vie. Comme l'a exprimé le Bouddha, « nous sommes ce que nous pensons. Tout ce que nous sommes provient de nos pensées. Avec nos pensées, nous créons le monde ». Selon les enseignements bouddhiques, notre aptitude au bonheur dépend de notre état d'esprit. Et du fait qu'il n'y a pas de figure de Dieu dans le bouddhisme, la responsabilité de diriger notre esprit et refaçonner notre univers nous incombe totalement.

Pendant des années, toute ma compréhension du bouddhisme s'est limitée au livre de Claxton, jusqu'à ce que je commence à élargir le champ de mes lectures. Je me suis un peu essayée aux techniques de méditation bouddhiques mais j'étais plus séduite par l'aspect philosophique du bouddhisme que par la pratique elle-même. J'ai sûrement retiré profit du bouddhisme comme philosophie ; le seul problème, c'est qu'il n'a jamais été conçu pour être une philosophie. Plutôt que d'être rangé dans une case supplémentaire du damier de notre vie, le véritable bouddhisme demande à être pratiqué chaque fois que l'on se souvient de le faire.

Quand j'avais vingt ans, il m'était difficile de croire que fermer les yeux et me concentrer sur l'inspiration et l'expiration constituait une façon productive d'utiliser mon temps. Je voulais voir les choses avancer, rencontrer des gens, développer mon cerveau, améliorer mes compétences – et bien m'amuser. Toutes ces activités étaient souvent agréables, mais j'ai fini par perdre contact avec la plupart des personnes que j'avais connues alors et j'ai oublié une bonne partie de ce que j'avais appris. Rétrospectivement, je me rends compte que si je m'étais concentrée davantage sur mon évolution spirituelle, cela m'aurait été plus bénéfique et je serais maintenant plus avancée sur le chemin spirituel.

À trente ans, mon style de vie a radicalement changé avec l'arrivée des enfants : le bouddhisme a présenté pour moi encore plus d'intérêt. Je voulais être une maman sage, mais il m'arrivait souvent d'avoir des pensées et des comportements dont je n'étais pas fière. Je sentais donc le besoin de développer plus de vertus, en particulier pour le bien de mes enfants : plus de patience, plus de compassion et une vision plus positive. Je savais que je n'y arriverais pas si j'en restais au stade du vœu pieux – cela demandait de l'engagement et de la discipline.

J'ai donc commencé à prendre plus au sérieux l'idée de développement spirituel. J'étais mère d'un enfant et j'exerçais une activité professionnelle chez moi, ce n'était donc pas évident. C'est vrai, il m'arrivait bien parfois de passer un mois sans accorder aucune attention aux questions spirituelles. À d'autres moments, je trouvais l'occasion de méditer tous les jours. Mais je désirais aussi partir effectuer des retraites silencieuses pendant de longues périodes consacrées à la méditation. Ma condition de mère ne me permettait pas de disposer de telles plages de temps, mais je me rendais compte de la force que représentait l'association du spirituel et du quotidien. Ma pratique, même irrégulière, de la méditation m'a effectivement rendue plus calme et plus positive. Appliquer les enseignements bouddhiques m'a facilité la vie et m'a permis de poser sur elle un regard neuf.

Enceinte de mon second fils, j'étais consciente des difficultés qui m'attendaient et donc passablement angoissée. Je savais que la jubilation, le soulagement et « l'euphorie hormonale » s'accompagneraient de manque de sommeil, de l'obligation de passer de longues heures à la maison et de la difficulté à trouver du temps à moi. Je voulais être mentalement préparée, pour éviter de sombrer dans la dépression. Mon engagement dans la pratique bouddhiste s'est donc intensifié : méditation plus régulière, fréquentation de cours et efforts en vue de développer dans ma vie la pleine conscience, la compassion et l'éthique.

J'ai écrit la première mouture de ce livre au cours de ma grossesse, mais après l'arrivée de mon second bébé, j'ai pris conscience encore plus de la difficulté inhérente à la condition de parent. J'ai ajouté un chapitre sur la colère – en effet, j'ai été stupéfaite de constater qu'en ayant à jongler entre deux enfants, je me fâchais plus vite contre mon premier fils, Zac, qui avait alors trois ans et demi. Je n'avais jamais ressenti beaucoup de colère contre lui avant l'arrivée du petit Alex. Frustration, irritation et désespoir intenses, oui ! Mais jamais cette irascibilité qui me donnait l'envie de jurer et d'être physiquement violente. Sans avoir jamais frappé Zac, il m'est quand même arrivé une fois d'enfoncer les ongles dans sa cuisse et j'ai soudain compris que les actes de violence envers les enfants n'étaient pas forcément commis par des monstres, mais par des parents comme moi. Alarmée, j'ai compris que la colère se devait d'être un véritable thème de ma pratique spirituelle. Mais je n'étais pas la seule dans ce cas. Nombre de mères avec qui je parlais étaient confrontées aux mêmes démons et se débattaient contre eux. Dans le bouddhisme, la colère est considérée comme inutile et nuisible, et les enseignements insistent constamment sur l'importance pour nous de nous libérer de son emprise.

Se retrouver brusquement maman peut provoquer chez une femme une tempête intérieure ; pourtant, les manuels d'éducation sont invariablement et seulement axés sur les soins à apporter aux enfants et à leur développement ; ils ne s'intéressent pas aux mères et à leurs efforts. Les livres traitant de la vie intérieure des mères sont généralement déprimants, décrivant celles-ci comme les victimes d'un mode de vie contre lequel personne ne les avait mises en garde. J'ai donc senti la nécessité d'un ouvrage qui fasse état de nos peines comme de nos joies – un livre proposant des stratégies d'ajustement non seulement efficaces, mais aussi capables de transformer profondément notre vie.

La littérature bouddhique populaire, elle non plus, n'accorde pas beaucoup d'attention à la situation particulière des mères. On y tient pour acquis qu'elles ont du temps pour pratiquer quotidiennement la méditation, jouer un rôle actif dans une communauté spirituelle et participer à de longues retraites. Les bouddhistes cités en exemple sont bien souvent des célibataires, des nonnes, des moines, de grands voyageurs, des célébrités – des personnes dont nous pouvons apprendre beaucoup, mais qui ne sont pas confrontées aux défis quotidiens liés à l'éducation des enfants.

Ce livre ne s'adresse pas aux parents en général, mais aux mères. En présentant certaines pratiques bouddhiques, il leur offre un moyen de renouer le lien avec leur moi intérieur et de devenir plus calmes et plus heureuses. J'ai posé à de nombreuses mères bouddhistes la question suivante : « Comment la pratique du bouddhisme vous aide-t-elle dans votre vie de mère ? » La réponse la plus fréquente a été cette phrase de cinq mots : « Ça me rend plus calme. » Notre entourage a tout à y gagner.

Dans ce livre, je m'appuie sur la vie quotidienne, concrète des mères : quels sont leurs sujets de préoccupation et en quoi les enseignements bouddhiques peuvent-ils les aider ? J'étudie entre autres thèmes l'intérêt pour leurs enfants et elles-mêmes de vivre dans l'instant, les méthodes pour parvenir à se sentir calmes et gérer la colère et les soucis. J'aborde également comme sujet les conséquences de la maternité sur les relations avec le compagnon, les amis et les parents, ainsi qu'avec soi-même.

J'ai utilisé une approche éclectique du bouddhisme, puisant dans les trésors des diverses grandes traditions. Par moments, j'ai eu l'impression d'être un voleur dévalisant le bouddhisme de ses trésors si précieux pour les mères ; je me suis parfois rongé les sangs en me demandant si ma démarche était en harmonie avec l'esprit du bouddhisme qui nous encourage à ne pas panacher les enseignements mais à nous fixer sur une tradition, sous la direction d'un enseignant qualifié. Bien sûr, il existe un important tronc commun entre les traditions, et le cœur du bouddhisme – ses enseignements essentiels – est le même dans toutes les traditions. Cependant, dans certains cas, j'ai peut-être énoncé une généralisation hâtive qui ne cadre pas parfaitement avec toutes les écoles. Du fait de cet éclectisme, ce livre n'est qu'un point de départ, un avant-goût de ce que le bouddhisme peut offrir. Il revient à chaque personne de choisir, dans le vaste monde du bouddhisme, la tradition qui lui correspond – s'il y en a une.

Je suis une femme très ordinaire, comparée aux écrivains bouddhistes qui, pour la plupart, ont une liste de diplômes aussi longue qu'un Bouddha allongé ! Certains sont peut-être même des êtres éveillés. Ils ont généralement fait retraite pendant plusieurs années et ont eu des enseignants remarquables, alors que je n'ai jamais participé à une retraite de plus de deux nuits (où j'ai dû emmener avec moi mes deux fils) et je ne me rappelle pas avoir médité plus d'une heure et demie à la fois ! Je ne suis pas un géant spirituel. J'avance plutôt en tâtonnant, constamment rappelée à l'humilité par tout le progrès qu'il me reste à accomplir, mais également étonnée de voir à quel point la pratique bouddhique peut améliorer ma journée.

J'ai l'espoir, justement parce que je suis un être ordinaire, de pouvoir aider les mères qui mènent une vie « normale », avec toutes ses contraintes habituelles, à comprendre quelques-uns des trésors que le bouddhisme peut offrir. Cela dit, j'encourage vivement les lectrices à poursuivre leur investigation après avoir terminé ce livre. Je les invite, en particulier, à revenir à la source et à se pencher sur les traductions des paroles du Bouddha dans le Dhammapada populaire et d'autres textes sacrés.

Finalement, ce que j'ai écrit ou ce que vous trouvez dans les textes sacrés importent peu. C'est en effet votre propre expérience qui alimente votre apprentissage. Les leçons que vous tirez de votre propre vie sont les plus fiables et les plus utiles. Il s'agit de *votre* voyage. Et les enseignements bouddhiques expliquent parfaitement tout ce qui vous arrive en chemin...

CHAPITRE PREMIER

Bouddhisme et maternité

Être la mère d'un ou de plusieurs enfants en bas âge, c'est être livrée à soi-même. Nous sommes déjà physiquement isolées des autres adultes, mais en outre il nous arrive souvent de ressentir terriblement l'absence de personnes vers qui se tourner lorsque nous avons désespérément besoin de soutien. Avant de devenir mères, nous avions sans doute dans notre entourage des alliés toujours disponibles pour discuter de nos problèmes ou plaisanter de nos difficultés. À présent seule à la maison avec des enfants pendant une bonne partie de la semaine, nous passons moins de temps avec d'autres adultes. Et pourtant, nous n'avons, pour la plupart, jamais eu autant besoin de compagnie que maintenant.

Parfois, nos amis et notre famille ne nous comprennent pas. Ils n'ont pas d'enfants, ou alors ceux-ci ne leur posent pas les mêmes problèmes que les nôtres. Les parents dont les enfants dorment mal ont tendance à être entourés de parents dont les enfants ont un sommeil profond, tout comme les parents dont les enfants sont turbulents ont l'impression de ne connaître que des parents dont les enfants sont calmes et obéissants ! Ou alors, il nous arrive, en discutant de nos problèmes avec nos amis ou notre famille, de trouver leurs réactions décevantes. Ils ne nous écoutent pas vraiment. Quand nous évoquons nos soucis, ils se mettent à parler d'eux-mêmes, à nous donner des conseils déplacés, ou à changer carrément de sujet. Nous en ressortons avec le sentiment de ne pas être écoutées ou, pire, d'être jugées. Certes, les autres mères peuvent s'avérer de grandes alliées, mais en général nous avons du mal à les écouter, ne serait-ce que parce que nous sommes sans cesse interrompues par nos enfants.

Si tant est que vous ayez un confident avisé, il est peu probable que cet être si précieux soit disponible au moment où vous en avez besoin. D'ailleurs, en créatures scrupuleuses que nous sommes, nous hésitons à accabler quelqu'un de tous nos soucis, agacements et malaises de mères.

Et nos compagnons ? Ne se sont-ils pas engagés avec nous, pour toute la vie, dans cette mission de parent ? Soyons justes : seul un saint peut réellement comprendre les difficultés physiques et psychologiques des mères ; et disons-le, rares sont les femmes qui réussissent à dégoter un saint ! Même quand c'est le cas, ils sont le plus clair du temps trop pris par leur travail.

Oui, la maternité impose aux femmes un nouveau type d'autonomie. Notre seul espoir d'être des mères heureuses et sages réside dans le développement de nos ressources intérieures pour nous enrichir. Ballottées entre les besoins des uns et des autres, les mères donnent encore et toujours. Nous devons donc trouver des moyens de nous ressourcer. Les enseignements du Bouddha peuvent alors nous être d'une grande utilité : ils éclairent sur la manière de gérer les émotions et pensées perturbantes, et ils permettent de vivre avec les autres plus calmement et avec plus de bonheur.

Notre qualité de mère nous rend particulièrement mûres pour découvrir le bouddhisme, car nous comprenons intimement deux de ses principes fondamentaux : nous comprenons que la vie est souffrance ; et nous avons découvert un amour plus authentique.

Qui est le Bouddha ?

Le sens littéral du mot Bouddha est « l'éveillé ». Un certain nombre de bouddhistes au cours de l'histoire se sont « éveillés ». Autrement dit, il existe de nombreux Bouddhas, passés, présents et futurs. Cependant, lorsqu'on parle *du* Bouddha, on fait référence à Siddhârta Gautama, né vers 560 avant J.-C. dans l'Himalaya. Son père était l'un des nombreux rois de l'Inde de l'époque, mais Siddhârta était par ailleurs un homme ordinaire sans aucune autorité divine.

Les biographies de Siddhârta ont été écrites plusieurs siècles après sa mort. Il en existe différentes versions, mais l'absence de « version autorisée » ne dérange aucunement les bouddhistes. Dans le bouddhisme, l'histoire du Bouddha originel a occupé une place secondaire par rapport à son message : il existe une voie pour sortir de la souffrance et du malheur.

La biographie traditionnelle est la suivante :

À la naissance de Siddhârta, un homme saint lança la prophétie que ce nouveau-né dirigerait le monde ou serait un grand enseignant qui atteindrait l'éveil. Préférant la première éventualité, son père empêcha Siddhârta de connaître le monde extérieur. Dans l'enceinte du palais, il prit des dispositions pour que son fils mène une vie enrichissante, notamment en recevant une éducation dans les lettres, les sciences et les sports de combat.

Certains des serviteurs parlèrent plus tard à Siddhârta de la vie à l'extérieur du palais et excitèrent sa curiosité sur le monde au-delà de l'enceinte. Siddhârta entreprit des incursions hors du palais. Son père avait eu beau faire en sorte que les rues soient débarrassées des plus malheureux, Siddhârta croisa un vieillard, un malade, un mort et sa famille affligée. Il fut profondément troublé par la souffrance dont il avait été témoin et la détermination grandit en lui d'en découvrir la cause et le moyen de la vaincre. À l'âge de vingt-neuf ans, il renonça à la vie de palais, en quête d'une réponse. Il quitta de ce fait sa femme et son fils tout bébé, Rahula (ce point a été largement discuté dans les cercles bouddhistes).

Durant six années, Siddhârta erra, en quête de réponses. Il expérimenta toutes sortes de pratiques, notamment l'apprentissage excessif du dégoût des désirs physiques, l'automortification, les macérations infligées par d'autres, le yoga, la transe, les débats approfondis et enfin le jeûne. Ce dernier le rendit si malade et l'affaiblit tant qu'il le rompit et s'assit sous un arbre en faisant le vœu suivant : « Je ne quitterai pas ce lieu avant d'avoir totalement compris... ou je mourrai. » Après avoir eu plusieurs révélations sur la nature de la vie, le Bouddha attint l'éveil. Il émit le vœu de mettre tout en œuvre pour soulager la souffrance dans le monde et passa les quarante-cinq années restantes de sa vie à enseigner.

Le Bouddha trouva les réponses grâce à ses propres efforts et les bouddhistes sont engagés à faire de même. Le Bouddha avant sa mort prononça ces dernières paroles : « Puisqu'il n'existe pas de sauveur extérieur, c'est à chacun de vous d'œuvrer à sa propre libération. »

Qu'a enseigné le Bouddha ?

L'essence de l'enseignement du Bouddha est exprimée dans les quatre Nobles Vérités. Toutes évoquent la souffrance, qui peut s'entendre aussi comme insatisfaction, imperfection, anxiété, malaise, irritation – tout ce qui peut procurer un sentiment un tant soit peu désagréable. Voici les quatre Nobles Vérités :

1. La souffrance existe.
2. L'attachement cause la souffrance.
3. La souffrance peut cesser.
4. Une voie existe qui mène à la cessation de la souffrance.

La cessation de la souffrance et de l'insatisfaction n'est donc pas pour aujourd'hui, mais en adoptant les pratiques bouddhiques, on peut commencer dès maintenant à améliorer son existence en semant quelques graines.

La souffrance existe

La première des quatre Nobles Vérités est donc celle de l'existence de la souffrance. Le Bouddha a utilisé le terme *dukkha,* dont la traduction la plus proche serait « insatisfaction » ou « imperfection ». Ainsi, la première Noble Vérité est que la vie est intrinsèquement insatisfaisante et imparfaite. Avant la maternité, cet enseignement pouvait nous sembler trop pessimiste. Si nous nous sentions moins heureuse, nous pouvions aller voir un film, téléphoner à un ami, ou trouver mille autres distractions. À présent, nos enfants nous laissent peu de temps pour le faire. En outre, nous avons traversé plusieurs épreuves : grossesse, accouchement, élever un nourrisson et un enfant. Du coup, cette vision de la vie ne nous semble pas si mélodramatique. À ce stade, nous avons toutes connu l'angoisse, voire le désespoir.

En tant que mères, nous découvrons que la vie n'est pas une expérience légère. Nous avons des responsabilités ; de maigres moments à soi ; de graves soucis au sujet de nos enfants : sont-ils en bonne santé, « normaux » et capables de répondre aux attentes du monde qui les entoure et les juge ? Nous culpabilisons de ne pas nous occuper de tout ce que nous pourrions prendre en charge par ailleurs. Nous nous tourmentons au sujet de notre carrière professionnelle et, pour de nombreuses femmes, de son interruption. Dans nos moments les plus sombres, quand apparaissent les rides dues aux soucis et que certaines parties de notre corps s'avachissent, nous devons lutter pour regagner une estime de soi.

De nombreuses mères constatent que, depuis qu'elles ont des enfants, elles ne regardent plus le journal télévisé de la même manière. C'est que la condition de mère rend plus sensible à la souffrance d'autrui. Nous reconnaissons désormais dans les victimes d'un crime, d'une guerre ou d'une toxicomanie les enfants chéris de mères qui souffrent. Les histoires de kidnappings, de maltraitances ou de suicides d'enfants nous deviennent insupportables. Nous comprenons que chaque mort ou chaque perte est un coup porté à un noyau familial vulnérable. Nos réactions sont le signe de notre sensibilisation plus profonde à la souffrance et à l'insatisfaction inhérentes à la vie.

L'insatisfaction s'explique en partie par ce que les bouddhistes nomment impermanence, soit la façon dont tout est appelé à se transformer en autre chose : rien n'est immuable. Tout dans la vie – les gens, les circonstances, les objets jusqu'à la plus petite particule – est en évolution, et finalement nous ne pouvons nous appuyer sur rien de tangible ni de durable. Le bouddhisme ne nie pas la possibilité du bonheur, car celle-ci existe. Le problème est que nous ne pouvons pas nous raccrocher au bonheur. Il passe, comme tout le reste. Naissance, vieillissement, douleur et mort – telles sont, en général, les étapes de la vie. Nous pouvons passer notre temps à nous détourner de ces réalités, elles n'en demeurent pas moins inéluctables.

La vie comprend une part de souffrance, mais qui veut s'appesantir là-dessus ? Le bouddhisme pourrait sembler une voie déprimante si vous vous arrêtiez là dans votre investigation. Heureusement, les trois Nobles Vérités suivantes apportent de bonnes nouvelles. Mais pour l'instant, si vous voulez un résumé de l'essence du bouddhisme, vous le trouverez dans ces paroles de Bouddha : « J'enseigne la souffrance et la cessation de la souffrance. »

L'esprit d'amour

Il y a une seconde raison pour laquelle les mères, en tant que telles, sont mûres pour tirer avantage du bouddhisme : elles ont fait un énorme pas vers la réalisation de ce que les bouddhistes appellent l'« esprit d'amour ». La maternité ne se réduit pas à la souffrance, elle est aussi une expérience de l'amour qui ouvre l'esprit.

L'amour d'une mère pour un enfant est l'amour le plus authentique qui puisse exister. Aimer un enfant nous révèle ce qu'est le véritable amour : altruiste, patient et indulgent. Nous apprenons que l'amour est absolu, sans jugement, et qu'il attend peu ou rien en retour. Bien sûr, par moments, nous sommes irritées par nos enfants, ils nous font toucher du doigt les côtés sombres de notre nature, mais, dans l'ensemble, notre relation avec eux est empreinte d'un immense amour. « Après la naissance de mon enfant, dit une mère, j'ai pris conscience que tout l'amour que j'avais connu dans le passé – en particulier avec des compagnons – était égoïste. Je pensais constamment, que m'apporte cette relation ? Et si mes attentes n'étaient pas satisfaites, le sentiment se tarissait, quelle qu'en soit la qualité. Ma fille m'en a fait voir de toutes les couleurs mais quoi qu'elle fasse, cela ne m'empêchera pas de l'aimer.

Notre amour pour nos enfants nous apporte joie, félicité et bonheur. Mais la chose vraiment motivante est qu'en aimant un enfant, notre capacité à être une personne aimante pour d'autres se fortifie également. Les possibilités sont infinies de mettre en œuvre avec nos relations ce que l'amour pour notre enfant nous a appris. De nombreuses mères en font l'expérience : elles ressentent plus de compassion envers les êtres humains, prenant conscience qu'ils ont tous été au départ des bébés chéris par leur mère et dignes de sa dévotion. Ces mères se découvrent de nouvelles facultés de patience face à un caissier renfrogné, à un conducteur agressif ou à une connaissance dans le besoin.

J'ai participé à un cours sur le bouddhisme portant sur la manière de développer l'amour bienveillant dans les relations. Pour donner un exemple d'amour authentique, l'enseignante évoquait toujours l'amour d'une mère envers un enfant. Elle utilisait la relation mère-enfant pour illustrer le comportement induit en nous par l'amour et les bienfaits que l'amour authentique apporte. Je me sens privilégiée de pouvoir, étant mère, comprendre cet enseignement par l'expérience personnelle.

À mon avis, le commentaire le plus juste sur la maternité est qu'elle rend notre vie doublement mauvaise *et* doublement meilleure. La souffrance et l'insatisfaction sont là, mais l'amour nous sauve.

Doux, patient et persévérant

L'autre raison qui rend les mères mûres pour entendre des enseignements bouddhiques est leur exigence parfois implacable vis-à-vis d'elles-mêmes. De nombreuses mères s'efforcent de répondre aux normes et attentes les plus élevées relatives à leur rôle et ne réussissent finalement qu'à se sentir coupables de ne pas atteindre la perfection en tant que mère, compagne, relation, amie, employée, maîtresse de maison, citoyenne et femme suivant un régime amaigrissant. Alors qu'à cette étape de notre vie, nous avons besoin de soutien et de compassion, nous en venons à nous critiquer. Il ne viendrait pas un seul instant à l'idée de la plupart d'entre nous de parler à autrui aussi durement que nous nous réprimandons nous-mêmes.

Le bouddhisme enseigne la compassion envers tous les êtres vivants, et cela doit nous inclure, nous aussi. Bien que le bouddhisme exige une attitude d'un niveau élevé, il ne nous demande pas de gaspiller notre énergie à culpabiliser – nous devons éviter l'autorécrimination car elle est considérée comme stérile. Lorsque nos pensées et nos actes sont totalement dépourvus de sagesse, il nous suffit d'en être conscients, d'y prêter attention au lieu de les laisser aller de l'avant à notre insu. Nous aspirons à voir clairement ce qui se passe. Et nous cultivons activement des états d'esprit plus sains.

J'ai un jour entendu le conseil suivant d'un instructeur de méditation : « Ne vous sentez pas frustrés si votre esprit vagabonde pendant la méditation – vous devez adopter une attitude *douce, patiente* et *persévérante.* » J'ai immédiatement retenu ces paroles car j'en ai vu l'intérêt pour la méditation et la vie quotidienne. Pour nourrir notre autonomie, nous devons devenir nos propres meilleurs amis et quand nous avons l'impression de ne pas répondre à nos propres normes, nous devons nous souvenir d'être doux, patients et persévérants avec nous-mêmes, comme l'a découvert cette mère :

> Un des plus beaux dons que m'a fait le bouddhisme est, à mon avis, l'accent mis sur la patience et la compassion à l'égard de soi-même. Élevée dans un milieu très catholique, j'étais rongée, adolescente, par le sentiment de culpabilité dû à mon impuissance à vaincre le péché. Malgré tous mes efforts, je ne cessais de pécher et je finissais par ressentir un sentiment de défaite et par m'aimer moins. Le bouddhisme m'a obligée à prendre conscience de mes faiblesses à un niveau profond. Au lieu de les réprimer dès leur apparition, il a d'abord fallu comprendre d'où elles venaient et ce qui les provoquait.
>
> Par exemple, j'ai entre autres faiblesses la tendance à être critique vis-à-vis d'autrui. Le bouddhisme m'a enseigné que si j'arrivais à prendre conscience des jugements que je portais, des processus de pensée sous-jacents et de

leur effet sur mon esprit et mon corps, ma conscience me permettrait alors de beaucoup plus développer la compassion envers autrui. Je n'ai pas besoin de me mettre en colère vis-à-vis de moi-même ou de me culpabiliser. J'ai appris à être plus patiente et plus indulgente envers moi-même et cela s'est avéré un moyen bien plus efficace de surmonter mes défauts que celui de me punir en culpabilisant.

J'enseigne à mes enfants à fonder leur comportement sur l'amour et l'acceptation inconditionnelle. J'apprends maintenant à faire de même à mon égard.

Que peut offrir le bouddhisme aux mères ?

Imaginez une mère calme, sereine, qui accepte tout ce que la vie lui offre. Les événements inattendus ou indésirables ne l'ébranlent pas. Elle n'a jamais de réactions excessives. Elle se rend compte des moments où elle manque de sagesse ou de compassion, mais ne perd pas des jours entiers à culpabiliser, elle se dit simplement qu'elle pourrait faire mieux la prochaine fois. Elle a pris conscience d'elle-même, mais du fait qu'elle a favorisé le développement de l'amour de soi, son attitude n'est pas narcissique ou égocentrique lorsqu'elle s'adresse à autrui. Ses amis disent qu'elle est véritablement douce et gentille. Ses frères et sœurs ajoutent que ses raisonnements sont lucides et qu'elle sait prendre des décisions. Son attitude a pour effet que les autres se sentent bien, et se sentent même importants à ses yeux, et nombre de gens l'aiment. Ses enfants adorent sa compagnie car elle leur donne le sentiment de compter et d'être compris. Elle est pleine de créativité, de spontanéité et a le rire facile parce que, quoi qu'elle fasse, la vie est un jeu, et non un travail.

Le bouddhisme peut nous aider à mieux ressembler à cette mère. Cela prend du temps, mais avec de la compassion et de la patience envers nous-mêmes – à la place de l'autorécrimination et de la culpabilisation –, nous nous rapprochons un peu plus de cet idéal à mesure que notre pratique s'approfondit. Cela ne signifie pas que le bouddhisme va générer une multitude de clones de mères parfaites – mais il existe des millions de façons de ressembler à cette mère tout en visant le but qui est propre à chacune.

QUE DISENT LES MÈRES BOUDDHISTES ?

Un des effets importants de la pratique du bouddhisme est de nous permettre d'être vraiment présents à notre vie. Au cours de celle-ci, nous nous efforçons d'être présents ici et maintenant plutôt que mentalement ailleurs. Le prochain chapitre examine cette idée plus en profondeur, mais écoutons ce que des mères bouddhistes ont à dire de l'effet des enseignements bouddhiques sur leur vie quotidienne.

Anne, mère de deux enfants :

> Le bouddhisme m'aide à voir la maternité comme un voyage spirituel. Dans les pires moments, je me rappelle qu'élever un enfant est une pratique, et une pratique des plus rigoureuses. Mes enfants sont mes enseignants et ils ne cessent de m'obliger à vivre dans l'instant présent et à renoncer à fantasmer sur toutes les choses passionnantes et stimulantes que je *pourrais* être en train de faire.

> Quand on est mère, il faut constamment se poser les questions : « Que demande cet instant ? » et « Qu'est-ce qui est important, ici ? » Les mauvais jours, je remarque que mes filles répètent automatiquement les mêmes propos, comme si elles savaient que j'étais un zombie distant, pas vraiment là près d'elles. Quand cela arrive, je réussis à m'extraire de mes pensées et à revenir dans le présent pour leur accorder toute mon attention. Comme je suis les enseignements bouddhiques, j'ai les moyens de pouvoir élever mes enfants en pleine conscience et en réalisant ce que demande l'instant présent plutôt que de laisser mes enfants devenir les victimes de mes réactions automatiques.

Dans un livre consacré aux bouddhistes pratiquants, *Why Buddhism ? Westerners in Search of Wisdom,* Vicki Mackenzie s'entretient avec une mère américaine, Yvonne Rand, également nonne et instructrice zen. Yvonne exprime, comme Anne, le sentiment qu'élever un enfant est une pratique spirituelle :

> La méditation m'a aidée dans mon rôle parental, même si j'en étais moins consciente que mes enfants. Un jour où ma fille était chez une camarade de classe, la mère lui a demandé : « Pourquoi ta mère médite-t-elle ? » et ma fille a répondu : « Eh bien, elle est plus agréable à fréquenter et elle a l'air de se sentir mieux. » C'était tout à fait juste. Un des effets que j'ai ressentis était l'impression de me réveiller après une longue période passée dans un état de sommeil. J'ai commencé à comprendre à quel point j'avais été un automate.

> J'avais aussi le sentiment d'avoir trouvé le chemin de la maison...
>
> Il est devenu tout à fait clair que si ma relation à mes enfants n'était pas en harmonie avec ce que j'étudiais dans le bouddhisme, j'étais alors d'une certaine manière un imposteur. Je trouvais intéressant d'utiliser ma relation avec mes enfants comme une opportunité d'étudier le courant de ma pensée et de cultiver la conscience de soi. Je me rendais compte que mon état d'esprit avait un effet important sur mes enfants.

Melissa a deux fillettes, de trois et cinq ans. Elle aussi utilise le bouddhisme pour maîtriser ses émotions. Sans aller jusqu'à l'autosatisfaction, Melissa paraît avoir acquis une certaine dose d'acceptation de soi.

> Le bouddhisme m'a aidée à mieux prendre conscience du fonctionnement de mon esprit. À chaque fois que j'y pense, j'essaie d'avoir conscience de la manière dont je me parle. Cela demande de l'attention et de la concentration, qualités que je développe en méditation.
>
> Ces temps-ci, grâce à une conscience accrue de mes « marmonnements » mentaux, j'essaie de déceler mes attitudes négatives. Quand une journée se passe mal avec les enfants, nombre de mes pensées consistent en des plaintes et des plongées dans le désespoir. Lorsqu'on développe sa capacité à observer ce processus, on peut mieux mettre en doute ses perceptions et s'épargner de la souffrance.

Tous ces exemples montrent qu'en abordant avec un esprit clair et ferme les difficultés de la journée, nous sommes plus à même d'y faire face de manière constructive.

ASSURANCE CONTRE LES CAUCHEMARS DE LA VIE DE PARENT

Personnellement, je veux être prête pour tous les moments de mise à l'épreuve que me réserve l'avenir, en particulier à l'adolescence de mon fils. Je veux disposer des ressources intérieures qui feront de moi un atout dans sa vie, que ce soit comme amie, confidente, ou comme une personne capable, si nécessaire, de se mêler de ce qui la regarde. Comme la plupart des mères, ma plus grande peur est que mes bébés chéris aient à souffrir un jour. Dans les moments sombres, je me torture en les imaginant souffrant de solitude, de dépression ou victimes d'humiliations. Et si jamais l'un d'eux se suicidait, je me vois déjà périr de chagrin.

Mon intuition me dit que plus je serai sage, et facile à aborder, plus j'aurai de chance d'aider mes enfants quand ils rencontreront des problèmes. Si mes enfants me respectent, il y a plus de chance qu'ils se confient à moi. Ils auront plus de mal à me respecter si je leur donne l'impression d'être déconnectée de moi-même et incapable de contrôler mes émotions ou de manquer de compassion. Ils ne feraient sûrement pas part de leurs soucis à une personne qui aurait, à leurs yeux, des opinions trop arrêtées. En nous rendant plus conscients de nous-mêmes, la pratique du bouddhisme nous aide à nous dépouiller progressivement des côtés les plus maladroits de notre caractère et cela nous rend plus faciles à aborder pour nos enfants lorsqu'ils souffrent.

Il peut toujours arriver, même aux enfants de parents compétents, de rencontrer des problèmes, mais si les parents sont plus sages, le risque pour ces enfants d'être malheureux sera moindre. Comme le dit le Dalaï-lama dans *The Heart of Buddha's Path* : « Quand les parents sont des personnes affectueuses, paisibles et calmes, en général, leurs enfants développeront plus tard cette attitude et ce comportement. »

La pratique du bouddhisme peut nous rendre plus sages et c'est la qualité à laquelle j'aspire, ne serait-ce que pour le bien de mes enfants. Mais qu'est-ce que la sagesse ? Quand nos enfants sont en difficulté, ils ne recherchent pas forcément un expert ou une autorité. Ils ne nous demanderont pas de leur fournir des réponses tirées de nos lectures, nos expériences ou nos voyages. Dans le bouddhisme, la sagesse ne veut pas dire porter des jugements et connaître les réponses. Accepter la part mystérieuse de la vie, refuser de tirer des conclusions hâtives et automatiques comme nous en sommes coutumiers, adopter l'attitude humble de celui qui ne sait pas – voici les éléments qui contribuent à nous rendre ouverts et sensibles dans toutes nos interactions.

La cause de la souffrance

La plupart des mères connaissent le malaise et l'angoisse. La première Noble Vérité est donc relativement facile à comprendre et accepter. La seconde Noble Vérité tient plus de la révélation. Elle explique que la cause de la souffrance et de l'insatisfaction est le désir. Le monde où nous vivons a fait de nous des créatures tourmentées par d'innombrables désirs. Les objets de notre désir ne nous apportent pas de paix et nous sommes souvent aveugles aux effets de nos efforts pour les obtenir.

Nous désirons être quelqu'un d'important et admiré, faire fortune, avoir des sources inépuisables de sensations fortes. Nous poursuivons de manière obsédante nos buts, en nous disant que tout sera au point dans notre vie quand nous les aurons atteints. Nous collectionnons des masses de choses, poussés par notre envie d'être à la mode, d'avoir du goût, d'être « au top » ou « là où il faut », partout sauf *ici*. Nous considérons nos désirs comme des tremplins sur la voie du bonheur, mais à cause d'eux, en fait, nous négligeons la possibilité de bonheur dans l'instant présent.

Adrienne Howley, nonne bouddhiste australienne ordonnée par le Dalaï-lama en 1982 et mère de deux enfants, bavardait avec l'un de ses fils :

> Je déplorais, et ce n'était pas la première fois, le fait que ma mère n'était jamais satisfaite, quoi qu'on fasse pour elle ou quoi qu'on lui donne. Elle ne le refusait pas, bien sûr, mais faisait bien comprendre que ce n'était pas la couleur, la forme ou l'objet dont elle avait vraiment envie.
>
> J'ai dit qu'elle ne semblait pas savoir ce qu'elle voulait. Mon fils a souri et dit calmement : « Maman, tu ne la comprends pas. C'est tout. Elle sait *vraiment* ce qu'elle veut – simplement, elle veut *tout*. Nous sommes tous un peu comme cela et certains d'entre nous piquent une sacrée colère quand ils ne peuvent pas tout avoir ! Ils souffrent infiniment et font aussi souffrir les autres.

Une vie libre de désir ne signifie pas une vie sans efforts, aspirations ou même souhaits. La souffrance commence lorsque nous faisons de nos buts ou préférences des exigences et des besoins : pour être heureux, il me faut *x*, *y* et *z*. En désirant fortement et en insistant sur ce que nous voulons, nous ouvrons la voie à des sentiments d'anxiété et de frustration lorsque nous ne l'obtenons pas. Même quand nos désirs sont comblés, nous ne trouvons pas un bonheur durable – nous nous créons de nouveaux désirs.

Nous souffrons des désirs pour ce que nous ne possédons pas, mais nous souffrons aussi des désirs de ne plus avoir ce que nous avons. L'aversion, revers de l'attachement, a le même pouvoir de générer le malheur et s'applique tout spécialement aux mères. Planté dans un parc, votre enfant refuse de rentrer à la maison. Il vous semble que vous êtes là depuis des heures. Vous avez froid et faim. Le corps traversé d'ondes de frustration et d'impuissance, vous tentez de persuader le petit rebelle de rentrer à la maison.

Ou alors cette situation : il pleut depuis plusieurs jours. Vous manquez de sommeil et vous êtes coincée depuis des heures dans votre salle de séjour bruyante. Vos enfants n'ont pas cessé de se disputer, de vous harceler et de vous obliger à écouter leur horrible musique. Vous perdez votre calme pour une histoire de jus renversé, puis réfléchissez : « Je déteste ça. Je ne peux pas être mère ! Tout ça est une terrible erreur ! »

Plutôt que de lutter contre chacun de ses attachements séparément, le Bouddha a affirmé qu'il n'y avait qu'un seul attachement à l'origine de tous les autres et que si l'on arrivait à gérer celui-ci, les autres disparaîtraient : *notre croyance en un soi tangible, séparé et stable, un ego*. Notre ego nous rend esclaves toute notre vie, occupés à maintenir notre fragile image de soi, rechercher le plaisir et éviter la douleur. Cette révélation révolutionnaire est examinée au chapitre IX.

La souffrance peut cesser

Selon les écoles bouddhistes, il existe de nombreuses définitions et explications de l'éveil et de la cessation de la souffrance. L'éveil survient lorsque notre esprit est complètement purifié des états négatifs. N'étant plus ignorants, nous sommes alors libérés de l'illusion. Voyant clairement la vérité, nous savons comment mettre un terme à notre poursuite du plaisir et à notre fuite de la souffrance. Notre cœur est rempli d'amour et nous avons vaincu l'égoïsme. Dans l'école zen, l'éveil est à notre portée à tout instant. D'autres écoles affirment que cela prend plusieurs vies et qu'il y a plusieurs étapes. Toutes les écoles conviennent cependant que l'éveil final ne peut être restitué par les mots ni saisi par un esprit non éveillé. Toutes conviennent également qu'atteindre l'éveil est du ressort individuel – pas de sauveur ou de pouvoir magique pour décider quand nous sommes prêts.

En atteignant l'éveil pendant qu'il méditait sous son arbre, le Bouddha a dit : « Tout est extraordinairement clair. Je vois tout le paysage devant moi. Je vois mes mains, mes pieds, mes orteils et je sens le riche limon du fleuve. Je ressens une sensation d'immense étrangeté et d'émerveillement à être vivant. Merveille des merveilles ! Cet éveil est inhérent à la nature de tous mais ils sont malheureux faute de le connaître. »

En méditation, il est possible d'entrevoir par instants ce qu'est l'esprit éveillé, et cela nous encourage à poursuivre. Cette expérience est possible au plus haut niveau de concentration et cela peut prendre des années pour l'atteindre. Comme le prescrit la quatrième Noble Vérité, il s'agit de suivre la voie.

La voie hors de la souffrance

Le Bouddha a expliqué la voie hors de la souffrance et du malheur, la quatrième Noble Vérité, par le Noble Sentier Octuple, composé de trois parties : sagesse, éthique et discipline mentale. Nous constatons que tout enseignement bouddhique entre dans l'une de ces huit catégories.

SAGESSE
1. Compréhension juste
2. Pensée juste

ÉTHIQUE
3. Parole juste
4. Action juste
5. Moyens d'existence justes

DISCIPLINE MENTALE
6. Effort juste
7. Attention juste
8. Concentration juste

La *compréhension juste* consiste à voir la vie telle qu'elle est ; en particulier comprendre ces vérités : impermanence, insatisfaction et non-soi. La *pensée juste* consiste à avoir une attitude sérieuse vis-à-vis de la pratique bouddhique, être déterminé à développer sa conscience et à purifier ses pensées de l'avidité, la haine et l'illusion.

La *parole, l'action et la vie justes* donnent à la voie son assise éthique. Nous devons parler, agir et gagner notre vie en manifestant de la compassion, de l'amour bienveillant et une honnêteté envers autrui. La voie de la sagesse nous impose de vivre de façon éthique. Dans le bouddhisme, seuls ceux qui mènent une vie intègre peuvent pleinement goûter les fruits de la méditation.

L'effort, l'attention et la concentration justes concernent la pratique de la méditation, et nous les étudierons dans les chapitres ultérieurs.

Pour l'instant, cette explication comporte sans doute suffisamment de détails à digérer. Vous trouverez une explication plus complète du Noble Sentier Octuple en fin d'ouvrage et certaines des catégories sont abordées dans les prochains chapitres.

CHAPITRE II

Être parent en pleine conscience

J'adore aller chercher Zac à la sortie de la crèche en fin de journée. Le plaisir anticipé que je ressens en descendant de voiture et en traversant le centre, celui de voir son visage s'illuminer quand il m'aperçoit, de fondre sous son étreinte quand il m'accueille sont autant d'expériences joyeuses où mon esprit est complètement investi dans l'instant présent.

Le lendemain, à la maison, le temps qui s'écoule lentement me rend agitée et irritable ou léthargique. Quand je suis dans cet état, il m'arrive de ne plus me rendre compte à quel point Zac est fin, combien ses remarques sont comiques et de ne plus voir le pur miracle que constitue son existence. Il est une bénédiction, un cadeau extraordinaire. En l'observant plus attentivement et en étudiant aussi souvent que possible ce qu'il devient à chaque instant qui s'écoule, je m'offre une expérience de la maternité plus riche et plus satisfaisante.

Si nous arrivions à apprendre à vivre en étant pleinement conscient de l'instant présent que nous vivons et à étudier notre propre « être maintenant », au lieu de ressasser le passé ou de planifier l'avenir, nous trouverions plus de joie dans notre vie et même des instants de pure félicité. C'est ce qu'on appelle la pleine conscience, la septième catégorie de l'Octuple Sentier, la voie qui nous conduit hors de la souffrance et vers le bonheur. Le terme « pleine conscience » peut induire en erreur, en suggérant un esprit saturé. La pleine conscience signifie plutôt *savoir ce qui se passe au moment où cela se passe*.

Nous avons tendance à traverser nos journées au pas de charge et en pilotage automatique. Préoccupés par nos pensées, nous accomplissons nos tâches dans un brouillard mental. Nos pensées font la navette entre version du passé et projets d'avenir. Notre conscience est toute bourdonnante de conflits passés, remarques blessantes et regrets, mêlés à des fantasmes, rêveries et listes de choses à faire. Nous pouvons tout à fait, arrivés en fin de journée, découvrir que nous sommes effectivement passés à côté de l'essentiel, et n'avons aucune idée de ce qui s'est réellement vécu. Absorbés toute la journée dans nos pensées, nous avons probablement négligé de :

- Nous concentrer sur nos tâches.
- Écouter attentivement nos enfants.
- Continuer à savourer les aliments au-delà de la première bouchée.
- Prêter attention à notre cadre de vie.
- Ressentir l'accumulation de tension dans notre corps.
- Nous rendre compte de nos émotions et de ce qui les a déclenchées.

Pratiquer la pleine conscience fera de nous des parents plus sages. Seule la pleine conscience de l'instant présent nous permet d'espérer comprendre la véritable nature des choses, ou « ce qui est ». Sans cette compréhension, nous ne percevrons notre vie qu'à travers les nuages de nos illusions. La pleine conscience nous aide à devenir clairvoyants.

Prendre conscience de chaque instant de la journée est extrêmement difficile. Notre « esprit singe », qui file comme une flèche dans un mouvement d'aller-retour entre souvenirs et projets, nous éloigne du présent plus d'une centaine de fois par jour. Pourquoi ne pas fonctionner en pilotage automatique ? Il faudrait sûrement que la pleine conscience présente de nombreux avantages pour que nous nous donnions la peine de la pratiquer, pour que nous acceptions de constater les innombrables et inévitables manques d'attention.

Pour le bien de nos enfants

Jusqu'à quel point sommes-nous conscients dans notre rôle, éminemment important, de parent ? Dans quelle mesure passons-nous à côté de leur enfance par notre manque d'attention à l'instant présent ? J'ai parlé à une mère qui comprend l'importance d'être un parent conscient car elle en a été privée dans son enfance.

> Ma relation avec mes parents m'a toujours attristée et déconcertée. C'était de formidables parents – il n'y avait vraiment rien à leur reprocher, et je leur suis immensément reconnaissante. Mais le problème, dans ma famille, c'est que nous sommes tous un peu distraits, étourdis. Nous ne pouvons pas prolonger notre attention longtemps ; nous n'avons donc jamais été à l'écoute les uns des autres, et, de ce fait, nous n'avons jamais réussi à nous connaître ou à nous comprendre. Ma mère a toujours été

vraiment là pour moi, mais quand je lui parlais, elle m'interrompait, changeait de sujet, n'était pas vraiment à mon écoute ou alors elle me ressortait son éternelle réponse éculée sans avoir vraiment écouté ce que je lui avais dit. J'ai horreur de me faire passer pour une grande victime alors que ma souffrance est bien moindre que celle d'enfants abandonnés, par exemple, mais il m'est impossible de nier le sentiment de tristesse généré par le fait qu'on ne m'a jamais vraiment comprise ni accordé d'attention.

Le bouddhisme m'a enseigné que tout le problème consiste en un manque de pleine conscience, une incapacité à être calme et immobile face à l'autre, à le considérer avec attention, patience et ouverture d'esprit. Les erreurs de ma famille me servent au moins de leçon et j'essaie d'être plus présente pour mes propres enfants. Je veux leur offrir – tout comme à mon mari – des instants d'attention totale, de dialogue et de communication, pour leur éviter de se retrouver avec la sensation « d'avoir été privés d'une expérience », ainsi que mon enseignant zen le dit.

Les paroles de cette mère m'ont marquée car je sens le danger inhérent à son histoire. Les jours où ma pratique de la pleine conscience est faible, et que je suis à cent lieux de l'instant présent, il m'arrive de réaliser que Zac m'a posé la même question deux ou trois fois avant que je ne redescende sur terre et lui prête attention. Je remarque que cela arrive à de nombreux enfants avec les adultes de leur entourage et je vois là un risque pour ces enfants de se sentir insignifiants, ignorés ou invisibles. Nous le faisons tous mais ce n'est pas la peine de nous fustiger pour cela, il faut juste en être conscients et faire de notre mieux pour vaincre ce travers. Maintenant, j'essaie de faire en sorte que la voix de Zac soit le « bouton d'allumage » de ma pratique de la pleine conscience. Je dois parfois pousser du coude son père ou d'autres amis et parents : « Zac te pose une question. »

Nos enfants nous apportent dans la vie une abondance d'instants privilégiés : leur naissance, leur premier sourire, leur premier mot, leur première rentrée scolaire. Mais pris dans un torrent de pensées, nous passons à côté de beaucoup d'instants ordinaires dont il serait possible de faire des moments privilégiés avec nos enfants. Conscients de la profondeur et de la texture du présent, nous nous ouvrons pour mieux les apprécier et en jouir.

Lorsque nous vivons en étant conscients de l'instant présent, notre famille est plus en sécurité et nous réduisons la possibilité d'accidents mineurs dus à l'inattention ainsi que les risques de percuter l'arrière d'un camion ! Nous sommes également plus sensibles à ce que nos enfants attendent de nous, comme l'exprime cette mère :

> Je trouve que quand je suis inattentive, mes réactions vis-à-vis de mes enfants peuvent prendre une tournure destructive. Quand j'étudie profondément un instant donné et que je vois ce que cet instant requiert de moi, je peux aider mes enfants en étant à l'écoute de leurs besoins. Dans le zen, la tradition que je suis, nous parlons de l'« esprit du débutant », grâce auquel on voit chaque nouvel instant avec un regard neuf au lieu de se rabattre sur les mêmes réactions anciennes. Je trouve cela d'une aide précieuse pour élever des enfants : ce qui marche aujourd'hui ne marchera pas

> forcément demain, tout comme notre manière de traiter un enfant ne marcherait pas forcément avec un autre. J'essaie donc de réagir exactement en fonction de ce qu'offre le nouvel instant. Être parent n'est rien d'autre que se mesurer à l'imprévisible. Je dois donc réagir différemment face à chaque nouvelle situation, en voyant chaque instant tel qu'il est.

Et comme le fait observer cette mère, grâce à la pleine conscience, nous devenons plus conscients de l'identité de nos enfants et arrivons mieux à leur épargner la pression qu'ils pourraient ressentir de devoir répondre à des attentes irréalistes.

> En étant consciente, je vois mes enfants tels qu'ils sont et les libère des chaînes de mes attentes et de mes craintes. Je vais résister à la tentation de faire pression sur ma fille pour qu'elle devienne une danseuse classique doublée d'un philosophe et d'un bon Samaritain au chevet des malades, pour qu'elle aime les animaux et idolâtre sa mère ! Attentive à ses intérêts, je peux l'aider à réaliser ses buts qui différeront probablement de mes attentes.

Pour notre propre bien

Comme l'a constaté cette mère, la pleine conscience nous permet également de mieux nous connaître nous-mêmes et nous découvrons que sous bien des aspects, nos enfants nous « éduquent ».

> La conscience de l'instant présent m'apprend des choses sur moi et permet que le temps passé

> avec mes enfants soit un temps d'apprentissage et de développement spirituel – c'est souvent l'occasion de tirer les leçons de mes erreurs, mais c'est tout de même aussi un temps pour apprendre. Après être sortie de mes gonds ou avoir rembarré les enfants, je pourrais choisir de m'empresser de détourner mon attention de la gêne ressentie et de m'échapper d'un présent désagréable ; au lieu de cela, j'essaie d'étudier profondément l'instant pour voir quelle leçon je devrais en tirer et comment améliorer ma réaction en prévision de la prochaine fois où ces mêmes « boutons » seront actionnés.
>
> En observant mes pensées, j'ai beaucoup appris sur mes exigences irréalistes vis-à-vis de mes enfants et sur mes conditions de vie en général – des considérations stupides comme « la maison doit être bien rangée » ou « mes enfants doivent toujours être heureux ou reconnaissants »... J'ai appris qu'il fallait être plus détaché émotionnellement de toutes ces irritations mineures et s'accommoder de l'imperfection.

Et sur une note plus légère, cette mère constate qu'elle a moins de bleus depuis qu'elle s'efforce de garder son esprit fixé sur le présent : « J'avais pour habitude de m'agiter dans tous les sens, l'esprit toujours stressé par l'avenir. C'était comme si je n'arrivais jamais à avoir la tête à ce que j'étais en train de faire dans l'instant. Résultat, je me heurtais toujours à tout, me cognais les orteils dans les meubles, les hanches contre les coins de table, etc. Depuis que j'ai commencé à prêter plus d'attention à l'instant, à l'ici et maintenant, j'ai cessé de me faire mal. »

La pleine conscience est une conscience de tout le contenu de l'instant présent : sensations corporelles, sentiments, perceptions, suppositions et tendances. En constatant les sensations du corps, nous pourrions comprendre que notre humeur sombre trouve plus ses raisons dans notre estomac qui crie famine ou dans notre douleur au cou que dans le comportement de nos enfants. Nous pourrions aussi prendre meilleur soin de notre corps en apprenant quels aliments nous satisfont vraiment, quelles positions sont les plus confortables ou à quel point nous nous sentons mieux après un peu d'exercice. Comment est notre respiration – superficielle, rapide ? Quel est le degré de décontraction de nos muscles : où se situe la tension et quelle en est la cause ? À quoi ressemble notre posture et qu'indique-t-elle sur notre état d'esprit ?

Pouvoir observer en pleine conscience nos émotions surgir et disparaître nous assure de vivre pleinement notre vie, sans jamais ignorer les problèmes dont nous pouvons tirer les plus grands enseignements. Fait intéressant, il peut nous arriver de nous plaindre amèrement, mais découvrir, en y regardant de plus près, que ce n'est pas le sujet de mécontentement qui nous dérange à vrai dire, mais plutôt de prétexter ce dernier pour justifier une émotion passagère dont nous sommes en fait la proie. Qu'on l'appelle mauvaise humeur ou qu'on l'attribue à « quelque chose qu'on a mangé », il est utile d'être profondément conscient de cette tendance pour ne pas exagérer la gravité des plaintes et y réagir de manière excessive.

Au terme d'un après-midi passé avec les enfants, il m'arrive souvent d'avoir ce genre de pensées : « La maternité me rend dingue. Il faut que je m'échappe, je ne suis pas faite pour ce mode de vie. » Quand je me surprends à penser ainsi, cela m'aide à me rappeler que je suis en proie à une émotion passagère pour laquelle je dois imaginer des sujets de mécontentement. Cherchant frénétiquement une justification à mon moral en berne, je crée de toutes pièces catastrophes et frustrations. Avec quelle facilité j'oublie qu'il s'agit simplement de mon blues habituel de fin d'après-midi : mon taux de sucre est bas, je suis fatiguée et prête pour une pause. Ces sentiments ont peu à voir avec la maternité. À l'époque où je n'étais pas encore mère, et travaillais à plein temps, j'étais dans le même état d'esprit à ce moment de la journée : j'exagérais les aspects difficiles de mon travail et fantasmais sur la liberté avant de me jeter sur du chocolat comme compensation. Alors, ça vaut toujours le coup pour moi de me demander ce qui a précédé : l'émotion ou le sujet de mécontentement ?

Il est également utile de se demander comment nos émotions influent sur nos sensations corporelles. Quand je me sens en colère contre mes enfants, je fronce les sourcils, contracte mon épaule droite et ma respiration est irrégulière. Si je réussis à me surprendre dans cet état, je peux avoir recours à une certaine maîtrise de moi-même en agissant directement sur la tension corporelle, en respirant plus profondément et en me calmant.

« Maintenant » vous offre non seulement des perceptions de votre monde intérieur mais aussi la conscience de votre environnement, si vous utilisez tous vos sens : la sensation de l'air sur la peau, le craquement des feuilles sous les pieds, le paysage, les sons, les odeurs. Si nous nous incitons à faire attention à notre cadre de vie, nous serons surpris par le nombre de détails de notre quartier qui nous avaient échappé. Nous avons tendance à avancer en marchant tête baissée, absorbés dans nos pensées ou ne remarquant qu'une portion limitée de tout ce qu'il y a à percevoir. Nous comptons souvent sur nos enfants pour qu'ils nous incitent à découvrir les détails de notre paysage. De combien de beaux spectacles, sons et odeurs passons-nous à côté en raison de notre manque d'attention ? En prêtant consciemment attention à mon environnement, j'ai appris combien le chant des oiseaux peut être mélancolique et touchant. En poussant le landau dans les rues, je remarque les fleurs, les arbres, les pierres, le jeu des couleurs, le doux mouvement des nuages. La joie n'est pas forcément toujours suscitée par les grands événements retentissants de la vie.

La pleine conscience enrichit encore notre vie en nous procurant plus d'énergie, de calme et de discernement.

ÉNERGIE

Dans notre vie quotidienne, nous gaspillons de l'énergie parce que nous n'arrivons pas à nous concentrer sur l'instant présent et ce qu'il requiert : nous commettons des erreurs, nous disons des choses que nous regrettons et nous nous laissons distraire de nos tâches. Née en Grande-Bretagne, Helen Jandamit est bouddhiste et mère de deux enfants. Elle enseigne la méditation depuis plus de vingt ans à l'International Buddhist Meditation Centre de Bangkok. Dans son livre *The Path to Peace Within*, elle fait appel à une analogie utile pour illustrer la manière dont nous pouvons trouver plus d'énergie : « Imaginez que vous tenez un bol plein d'eau à ras bord. Si vous marchez avec une attention concentrée, une infime quantité d'eau se renversera. Mais si vous marchez en faisant des mouvements saccadés, incontrôlés, beaucoup d'eau sera perdue en chemin. »

La pleine conscience économise de l'énergie et du temps. Avec une faible concentration, nous devons répéter certaines de nos actions parce que nous ne les avons pas accomplies en pleine conscience la première fois. Si votre esprit n'est pas clair, vous risquez d'oublier où vous avez déposé vos affaires, pourquoi vous êtes entré dans une pièce, si vous avez verrouillé la voiture, et même le fil de vos pensées au milieu d'une conversation. La pleine conscience fait échec à la distraction et cultive la vivacité mentale.

Notre niveau d'énergie augmente pour plusieurs raisons. En particulier, la pleine conscience nous assure une forme meilleure et plus régulière ; dans cet état d'esprit plus heureux, nous sommes plus énergiques et moins léthargiques. En outre, le calme mental ressenti en méditation augmente le degré d'énergie au point que de nombreux méditants chevronnés affirment avoir moins besoin de sommeil.

En étant plus conscients du mode de réaction de notre corps aux événements de la journée, nous économisons notre énergie. Comme le dit cette autre mère bouddhiste :

> J'essaie le plus souvent possible d'être attentive aux sensations de mon corps et cela porte ses fruits. Chaque fois que je ramène ma conscience vers mon corps, je remarque une tension. En relâchant régulièrement cette tension et en pensant à me détendre, j'ai plus d'énergie au bout de la journée que si j'avais laissé la tension s'accumuler.
>
> J'ai aussi tendance à contracter mes muscles faciaux à longueur de journée. Quand je m'en rends compte, je sais qu'il est temps de sourire et de prendre les choses plus à la légère. Je suis

sûre que détendre mon visage m'aide aussi dans mes relations – les gens courent moins le risque de me surprendre en train de leur jeter un regard furieux.

CALME

La méditation et la vie en pleine conscience offrent à notre mental de vraies vacances, loin des pensées, soucis et projets qui y tourbillonnent habituellement. Elles nous procurent la même détente, nous nous sentons plus paisibles et les difficultés que nous rencontrons nous submergent moins. En vivant en pleine conscience, nous éprouvons le sentiment d'être plus heureux ; comment ne pas l'être quand nous abandonnons de bon gré toutes les préoccupations qui nous empêchent de prêter attention à la joie de l'instant présent ? Nous commençons à faire plus pleinement l'expérience du « ici et maintenant ».

En méditation, nous avons l'occasion de nous entraîner à gérer les émotions négatives, et cette capacité est transposable dans notre vie quotidienne. Nous finissons par comprendre que ces émotions sont des états impermanents et que cela ne vaut donc pas la peine d'en devenir trop prisonniers. Il n'est pas besoin de les exprimer, les supprimer ou agir sous leur emprise. Observer l'instant où un état d'esprit négatif apparaît nous aide à marquer une pause avant de réagir. En étant plus conscients de nos émotions négatives, nous augmentons nos chances de les maîtriser et d'être calmes dans la vie.

Au volant de notre voiture en pleine circulation, nous sentons soudain l'irritation monter, nous reconnaissons ce sentiment, le regardons se développer, prendre existence et, finalement, disparaître.

Observer en pleine conscience l'impatience qui grandit en nous face à un enfant pleurnichant, c'est trouver un moyen d'éviter de nous identifier trop étroitement à cette émotion. Nous marquons un temps de pause pour nous reprendre, et pouvoir ainsi réagir d'une manière que nous ressentons sage et réfléchie.

Aujourd'hui, pratiquer la pleine conscience m'a évité de « péter un plomb ». Des amis étaient en visite chez moi et je voulais vraiment qu'ils se sentent comme chez eux. Mon bébé était fiévreux, hurlait et exigeait que je le prenne dans mes bras. Mon fils Zac enchaînait les crises de colère et agressait verbalement depuis un moment déjà l'un des jeunes invités – lequel n'appréciait pas du tout. Le plombier avait fermé l'arrivée d'eau. Et il n'y avait pas de lait à la maison.

Décidée à appliquer les bienfaits de la pleine conscience à ma situation, je me suis livrée durant toute la matinée à l'observation de mon monde intérieur. Adoptant la résolution de « prêter attention », j'ai observé l'accumulation à la fois des pensées négatives (« Non, pas ça ! »... « J'aurais dû me douter que ça arriverait ! »... « C'est incroyable ! »), et des émotions négatives (frustration, exaspération et une bonne dose de cette brave vieille colère !). Je savais que si je m'identifiais trop étroitement à mes émotions négatives – si je cessais de les observer et si je me mettais à leur céder –, je sombrerais (et flanquerais sans doute une raclée à quelqu'un, en évitant si possible de m'en prendre au plombier !). Et j'ai essayé, à chaque fois que je le pouvais, d'être attentive à ma respiration pour garder mon équilibre.

Je m'apercevais que le choix était très clair. Je pouvais soit laisser toutes ces mini-catastrophes faire de moi une loque tremblotante, soit opter pour une réaction plus large de détachement relatif (« De toute façon, quelle importance tout cela aurait-il demain ? »). J'ai tenté d'accepter la situation plutôt que de gaspiller mon énergie en rejet et en résistance. En tant que mères, l'occasion ne nous est pas toujours donnée de nous sentir à l'aise et détendues, mais nous pouvons malgré tout privilégier une attitude de tolérance vis-à-vis de notre situation, en nous disant que chaque instant de la vie fait partie de notre pratique spirituelle. Dans la tradition zen, il y a un dicton : « L'univers entier est un remède. » Tout ce qui nous arrive peut être un enseignement. Nous examinerons plus en détail dans le chapitre suivant comment la pleine conscience nous aide à faire face à des états d'esprit négatifs.

VISION PÉNÉTRANTE

Penser et parler à un niveau rationnel ou intellectuel n'est pas toujours une solution pour sortir de nos illusions, de nos mauvaises habitudes ou de nos graves travers. Il est arrivé à nombre d'entre nous, dans le cadre de relations humaines, de tenter de résoudre des problèmes en en parlant. Et lorsque ça ne marchait pas, que faisions-nous ? Nous en parlions un peu plus sans rien résoudre pour autant. La même expérience nous est arrivée en examinant en détail nos problèmes : bien souvent, plus nous réfléchissions, plus nous nous emmêlions les pinceaux ! Il nous faut parfois un outil plus puissant pour transformer notre expérience.

Nous avons besoin d'une perception immédiate ou d'une capacité à voir clairement un problème. Les perceptions immédiates ou réalisations surviennent automatiquement si nous sommes attentifs ou lorsque nous développons notre capacité à voir ce qui se passe réellement. Quand, enfin, nous voyons et comprenons les illusions sous-tendant notre comportement autodestructeur, notre comportement commence à se modifier tout naturellement.

Une mère bouddhiste m'a raconté au cours d'un entretien qu'elle avait consulté une thérapeute zen à cause de son sentiment de culpabilité. Un des aspects les plus difficiles de la maternité était pour elle l'absence de reconnaissance et d'attention. Elle se sentait gênée par son désir d'être mise en vedette et adulée. Plutôt que de s'appuyer uniquement sur la discussion intellectuelle, la thérapeute avait fait appel aux techniques de pleine conscience pour déclencher chez elle une compréhension et des perceptions immédiates à un niveau plus profond, ainsi que l'explique cette mère :

> Nous avons d'abord discuté de la complexité de mes sentiments sur cette question de reconnaissance. Puis la thérapeute a amené la question à un niveau plus profond et m'a demandé de fermer les yeux et de me concentrer sur mes sensations corporelles, ma respiration et tout phénomène qui surviendrait dans l'instant présent. Elle m'a calmement dit qu'elle allait prononcer quelques mots et me laisser en leur compagnie une minute ou deux, dans le silence.
>
> Et elle les a prononcés.
>
> « Il n'y a rien de mal à être remarqué. »
>
> Je suis restée assise immobile, et j'ai laissé ces paroles me pénétrer sans vraiment y *réfléchir*, mais en étant avec elles. Je dois dire qu'au bout d'une heure de séance avec la thérapeute, c'est cette phrase précise – « Il n'y a rien de mal à être remarqué » – qui m'est restée plutôt que tous les propos que nous avons échangés à un niveau intellectuel. Cette phrase a eu un effet

très apaisant sur moi ; grâce à elle, je m'accepte et me pardonne d'avoir tant besoin de jouer les m'as-tu-vu.

Développer la pleine conscience

Chaque instant foisonne de centaines de détails, que ce soit en nous ou autour de nous. Le défi consiste à penser à se le rappeler ou à y prêter attention. En méditation et au cours de la journée, nous sommes victimes de nos pensées et impulsions qui nous font oublier d'être attentifs. Même si nos pensées n'apportent bien souvent rien d'utile, nous sommes prisonniers de nos péripéties intérieures. En pensant à nous en rappeler, nous ne nous condamnons jamais quand notre esprit vagabonde. Nous ramenons patiemment notre attention vers l'instant présent. Il ne s'agit pas de nous vider l'esprit et de devenir des zombies dénués de pensées. Le présent, quoi que nous fassions, est toujours assez plein pour occuper notre esprit.

Aucun mouvement, aucun geste n'est trop insignifiant pour la pleine conscience. Citons le Bouddha : « ... un moine sait qu'il va : "Je vais." Il sait qu'il est debout : "Je suis debout." Il sait qu'il est assis : "Je suis assis." Il sait qu'il est étendu : "Je suis étendu." » Ce moine fait des « constats mentaux ». Cela peut sembler bizarre de prime abord, mais se dire ce que l'on fait au moment où on le fait est une façon de maintenir la pleine conscience. C'est comme utiliser des roues stabilisatrices pour apprendre à monter à vélo. Vous finirez sans doute par ne plus en avoir besoin quand vous aurez amélioré votre capacité à ne faire qu'un avec l'instant présent.

En remarquant les détails de l'instant présent, il nous faut éviter de les évaluer – « bons » ou « mauvais, « agréables » ou « désagréables ». Le bouddhiste vise à développer un esprit tranquille, qui ne soit pas décontenancé ou surexcité par ce qu'il voit, à l'image de l'immobilité d'une montagne exposée aux variations extrêmes des saisons successives. Refuser d'attribuer une valeur à ce que nous percevons nous aide à cultiver des sentiments d'acceptation plutôt que de jugement, du fait que nous cessons d'exiger que la vie soit autre que ce qu'elle est. Cette qualité est l'équanimité, dont les bouddhistes font très grand cas. Elle nous aide aussi à éviter de tomber dans l'autocondamnation et la culpabilité dont souffrent tant de mères. Il est inutile de conserver le sentiment d'être médiocre dans ses performances.

Dans les tout prochains jours, pendant que vous vaquez à vos occupations, incitez-vous à vivre dans l'instant présent. Soyez conscient de vos sensations corporelles et des fluctuations de vos états émotionnels. Essayez d'observer vos pensées au lieu de les laisser suivre leur propre cours. Voyez à quelle fréquence votre esprit voyage dans le passé et l'avenir, et quelle est la persévérance nécessaire pour l'arrimer dans le Maintenant.

Lors de vos tentatives pour rester dans l'instant présent, vous aurez de fortes chances de recevoir une véritable leçon d'humilité – peu de gens peuvent en effet y parvenir longtemps ! Il nous faut entraîner notre esprit pour réussir finalement à prolonger notre attention. Nous augmentons notre aptitude à la pleine conscience par la méditation, moment propice à la pratique de la concentration sur un aspect de l'instant présent – habituellement le mouvement de la respiration. Dans le chapitre IX, nous étudirons les méditations de la pleine conscience qui nous permettent de faire un travail sur nos capacités de concentration et d'augmenter notre possibilité d'éprouver de la joie dans l'instant présent. Mais à part la méditation, nous pouvons pratiquer la pleine conscience à tout instant ; chaque seconde de la journée constitue une opportunité pour être conscient : manger, boire, attendre, se reposer, parler, travailler...

Vivre en pleine conscience quand on dispose de peu de temps

Vous avez peut-être un bébé depuis peu, vous n'avez donc pas votre compte de sommeil ou vous devez jongler entre votre travail et vos enfants. Que vous disposiez de peu de temps, ou que vous en soyez carrément dépourvue, la pleine conscience peut tout de même avoir des effets extrêmement bénéfiques sur votre vie. Vous pouvez n'avoir quasiment jamais de temps pour la méditation, mais vous disposez de chaque seconde de la journée pour cultiver la pleine conscience. La difficulté est de penser à se le rappeler.

Selon Thynn Thynn, instructrice de méditation en Californie et auteur de *Living Meditation, Living Insight*, être assis en méditation est simplement une aide et ne doit pas prendre plus d'importance que de méditer dans les activités de la vie quotidienne. Elle affirme que la méditation doit être une « activité dynamique » à intégrer dans le chaos quotidien : « La méditation est ici et maintenant, au milieu des hauts et des bas de la vie, des conflits, déceptions, chagrins, joies, succès et stress de la vie. C'est au milieu du chaos que nous devons pratiquer la pleine conscience pour trouver la paix en nous et voir cesser notre souffrance. »

Elle nous suggère d'utiliser toutes les stimulations environnantes pour enraciner notre esprit dans l'instant : « La pratique de la méditation dans la vie ne consiste pas à fuir ou ignorer les distractions mais à en faire justement le point de mire de notre pratique de la pleine conscience. »

Tenzin Palmo, une nonne bouddhiste britannique ayant passé douze années à méditer dans une grotte, affirme dans *Cave in the Snow* que tout le monde a du temps pour méditer : « Vous pouvez méditer en marchant dans le couloir, en attendant le démarrage de votre ordinateur, aux feux de signalisation, en faisant la queue, en allant aux toilettes, en vous peignant les cheveux. Il faut juste être dans le présent, sans commentaire mental. » Elle suggère que nous commencions par choisir une action effectuée quotidiennement, comme boire du thé, pendant laquelle méditer.

Kamala Masters a reçu le même conseil de son enseignant. Actuellement, elle est codirectrice de la Vipassana Metta Foundation à Maui, Hawaii. Dans *Voices of Insight*, Kamala raconte comment une jeune mère, qui désirait vraiment suivre une voie spirituelle, se sentait frustrée par son absolu manque de temps : mère célibataire de trois enfants, elle cumulait deux activités professionnelles. Décidée à ne pas renoncer, elle a fait la connaissance d'un enseignant qui est venu chez elle. Il lui a indiqué deux occasions de méditer. La première, c'était de méditer en faisant la vaisselle : « Prenez globalement conscience de tout simplement faire la vaisselle, du mouvement de vos mains, de la tiédeur ou de la fraîcheur de l'eau, de l'acte de saisir un plat, de le savonner, le rincer, le reposer. Rien d'autre ne se passe maintenant – tout simplement faire la vaisselle. »

Son enseignant a remarqué aussi qu'elle passait plusieurs fois par jour dans le couloir. Il lui a donc conseillé, à chaque fois qu'elle s'y trouvait, « de profiter de ce moment pour être présente au simple acte de marcher. À chaque pas, vous pouvez observer mentalement : "Je fais un pas, je fais un pas, je fais un pas" ». Ce court moment, répété plusieurs fois par jour, a aidé Kamala à vivre plus calmement avec ses enfants. Elle n'a pas mis longtemps à appliquer la pleine conscience à d'autres tâches ménagères et à constater tous les bienfaits générés par la pratique de la méditation. Dans les monastères zen, les travaux du ménage sont une occasion importante de pratique et dans certains monastères, le travail le plus humble est attribué aux membres plus anciens de la communauté.

Voici quelques méthodes pour cultiver la pleine conscience dans notre vie quotidienne :

- En marchant, dites-vous : « Je marche » et éprouvez les effets sur vos pieds du contact avec le sol.
- En vaquant à vos tâches ménagères, prêtez attention à chaque détail de la tâche.
- En mangeant, soyez consciente du mouvement de vos mains, du goût de la nourriture, des sensations quand vous avalez et digérez, du contact des aliments avec l'estomac.
- En faisant la queue à la banque ou au supermarché, prêtez attention à toutes les sensations de votre corps. Ressentez-vous le besoin de détendre certains muscles tendus, de corriger votre posture ou de lisser les traits de votre visage ?
- Partout où vous vous trouvez, prenez connaissance de votre environnement. Efforcez-vous de remarquer chaque jour un nouveau détail de votre quartier.

- Écoutez attentivement les autres et marquez une pause avant de vous lancer dans la conversation.
- Observez le plus souvent possible vos processus de pensée, sans exprimer de jugement.
- Saisissez chaque occasion de vous concentrer sur votre respiration pour reposer votre esprit.
- Recherchez les opportunités de silence et de tranquillité. Cela a parfois du bon de résister à l'autoradio, à la télé ou à un bavardage futile.

Je vous recommande aussi la technique de la « minute saisie au vol ». Au cours d'une journée entière avec les enfants, trouvez-vous de temps à autre un moment à consacrer à vous-même ; cela peut généralement durer une minute environ. J'utilise souvent ce moment pour pratiquer la pleine conscience de la respiration. Je suis constamment étonnée des résultats que même une seule minute de concentration peut entraîner sur les mouvements de ma respiration. Cela est apaisant et vous vous sentez après coup plus positive. Curieusement, cette transformation peut survenir même quand ma concentration n'est pas soutenue. Je constate une augmentation des effets si, au cours de cette courte méditation, j'adopte le classique demi-sourire du Bouddha.

J'ai essayé de dégager du temps pour une méditation assise plus formelle également. Peu de temps après l'arrivée de mon second bébé, j'ai dû trouver du temps pour déménager, entreprendre des rénovations (idée de mon mari !) et finir d'écrire le livre. Trouver du temps pour la méditation assise relevait d'un véritable exploit, mais j'ai quand même réussi à caser quelques courtes séances dans la semaine. Elles se déroulaient pour la plupart à six heures du matin après la tétée du bébé et presque toutes étaient interrompues par l'appel de la vie quotidienne. J'ai eu la chance à la même époque de réussir à entendre une conférence du lama tibétain Choedak, père de trois enfants. Il a exposé l'idée que la pratique et le rôle parental ne devraient faire qu'un et que nous ne devions pas les cloisonner. Si votre enfant pleure en plein milieu de votre méditation, votre concentration doit se poursuivre, sans heurt, sans résistance, sans commentaire mental, et se porter sur ce que requiert de vous cet instant : consoler votre bébé. Selon les propres termes du lama, « la continuité de la pratique en toute situation est plus importante que la pratique formelle elle-même. Ce n'est pas à la station-service que l'on utilise l'essence ».

Esclaves du temps, nous pouvons vivre avec l'obsession de « faire avancer le schmilblick », de construire et de réaliser. Quand nous « dérapons » trop loin dans ce mode de pensée, nous finissons par caser nos enfants quelque part dans notre organisation de vie et par devenir moins sensibles à leurs besoins. Nous ne pouvons pas profiter de nos enfants parce que notre esprit est ailleurs. Concentrés sur le présent, nous nous libérons pour nous ouvrir aux possibilités de l'instant, pour simplement « être ». Susan Murphy, enseignante zen et mère de deux enfants, dit de la pleine conscience qu'elle est « la porte de sortie hors des mâchoires d'acier du temps » :

> L'enfant offre une invitation constante à la présence et au jeu. Et vous ne pouvez jouer avec un enfant que si vous êtes prêt à être totalement présent. En approfondissant notre pratique, une énergie créative pour le jeu se développe en nous. Pensez à une promenade avec un tout petit enfant, et au temps incroyablement long

qu'il faut pour arriver au bout du pâté de maisons – il y a tant à regarder, à commenter et sur quoi poser des questions. En vous penchant sur une flaque, vous découvrez qu'elle ressemble en fait à un miroir. Miroir ou fenêtre ? Que voyons-nous dans cette flaque, nous-mêmes ou un autre monde ? Cela semble différent de notre monde. Je me souviens, quand ma fille avait six ans, que nous devions nous arrêter chaque fois que nous voyions de la mousse, et qu'alors nos doigts devenaient des fées que nous faisions marcher dans ce monde féerique où les toutes petites touffes de mousse ressemblaient à des arbres de conte de fées. Les promenades étaient donc très longues tout comme le temps. C'est comme si les enfants étiraient le temps jusqu'à ce qu'il commence à s'effacer. Ils ne vivent pas dans notre temps réglé par le tic-tac de l'horloge. Ils nous obligent à laisser pour un moment de côté l'attitude habituelle consistant à se focaliser sur des objectifs. Et c'est là un extraordinaire don et un enseignement.

Karma

Une fois vos enfants devenus grands, quelle sorte de mère aurez-vous été pour eux ? Comment vos enfants vous décriront-ils ? Martyre ? Patiente ? Grincheuse ? Exigeante ? Facile à vivre ? Quel effet nos paroles et nos actes auront-ils eu sur nos enfants ? Et quelle sorte de modèle aurons-nous constitué ? Dans le bouddhisme, on dit souvent : « Si vous voulez une explication de votre présent, regardez votre passé ; si vous voulez connaître votre avenir, regardez votre présent. » Nous ne pouvons changer notre passé ni dicter notre avenir ; tout ce sur quoi nous pouvons influer est l'instant présent, c'est donc là que nous devons investir notre conscience. C'est pourquoi la pleine conscience est si importante : elle a une incidence sur notre avenir et, bien entendu, sur celui de nos enfants.

Le magique ou le superstitieux n'ont pas à intervenir dans notre compréhension du karma. Tel que décrit par le Bouddha, il semble parfaitement logique. Il ne s'agit pas là d'un univers qui porterait des jugements, punirait les mauvaises actions et récompenserait les bonnes. Le karma est une histoire de cause et d'effet : tout ce que vous faites, pensez et dites produit un résultat. Le Bouddha a dit :

Où que nous allions, où que nous demeurions
les résultats de nos actes nous suivent.

Tous les phénomènes sont interdépendants, chacun de nos actes conditionne le suivant. Rien ne se produit de lui-même. Dans cette stance, le Bouddha montre l'importance des pensées dans la création de notre karma :

La pensée se manifeste par la parole,
La parole se traduit en acte,
L'acte se mue en habitude,
Et l'habitude se cristallise en caractère.
Observe donc soigneusement la pensée
et ses modalités,
Et laisse-la jaillir de l'amour
Né de la sollicitude pour tous les êtres.

Votre mère venait toujours en aide à ses amis. Vous voyez une mère dans le besoin, vous vous souvenez de l'exemple de votre mère et vous aidez votre amie. Cela vous a paru assez facile et vous a procuré un sentiment agréable, vous aidez donc votre amie à nouveau. Vous ne tardez pas à aider d'autres amis encore et avant d'avoir eu le temps de vous en apercevoir, vous voilà dotée du caractère d'une personne obligeante ; et c'est un destin marqué de ce sceau qui vous attend.

Un membre de votre famille fait une remarque désobligeante sur vos enfants. Vous vous sentez submergée par l'injustice, l'hypocrisie de cette remarque. Plutôt que de la laisser passer, vous vous hérissez et vous vous portez au secours de vos enfants, créant une tension entre votre parent et vous. Cela se reproduit à votre prochaine rencontre et votre colère fait boule de neige. Avec le temps, vous prenez l'habitude de réagir face à quelqu'un dont les commentaires ne méritent pas de réplique ; ce faisant, votre caractère s'endurcit à chaque fois un peu plus et vous finissez par être « sur la défensive » et « facilement froissée ». Cela a des répercussions subtiles sur la perception que les gens ont de vous, sur leur conduite à votre égard ainsi que sur vos propres chances de trouver le calme et le bonheur.

Dans ces deux exemples, vous vivez une expérience qui conduit à une *pensée* ou un *sentiment*, lesquels dictent au bout du compte votre *attitude*. Vous réitérez l'*acte* et créez un *schéma* qui devient vite une *habitude*. Nos habitudes forment notre *caractère* et notre caractère détermine notre *destin*. Tel est le fonctionnement du karma.

En matière de karma, les intentions à l'origine de nos actes importent bien plus que ces derniers. Des actes motivés par la culpabilité ou le devoir ont une valeur karmique bien moindre que ceux inspirés par l'amour et la sollicitude. Fait intéressant, le

Bouddha a enseigné que ce sont les pensées d'amour et de sollicitude envers les autres qui ont le meilleur effet sur votre karma.

Mon amie Lorraine, séjournant chez des amis une fin de semaine, se rendit compte que faire la vaisselle après chaque repas lui donnait le sentiment d'être vertueuse. Elle se disait qu'elle se créait du bon karma. Sachant que les intentions à la base d'un acte priment l'acte, elle chercha à découvrir quelles pouvaient bien être ses motivations. Être considérée comme « une bonne invitée », éviter d'être perçue comme un fardeau, se donner bonne conscience – telles étaient ses motivations. Elle espérait également que ses hôtes s'en souviendraient et lui donneraient un coup de main pour le ménage quand ils viendraient séjourner chez elle.

Lorraine reçut comme une leçon d'humilité la découverte que, malgré l'apparence généreuse de son acte, ses motivations ne l'étaient aucunement. Tout en continuant à laver la vaisselle, elle entama une méditation sur l'amour bienveillant pour transformer ses intentions en amour et compassion pour ses hôtes. Elle eut une pensée pour la fatigue que pouvaient ressentir ces derniers, leur gentillesse envers elle et son propre sentiment de gratitude pour leur amitié. Elle cultiva le vœu sincère qu'ils soient heureux et libres de toute souffrance.

Changer notre destin, une fois que nous sommes prisonniers de nos habitudes et réactions automatiques, demande un gros effort. Chaque fois que l'on adopte un certain comportement, on accroît les chances de le reproduire parce que l'on a entamé un processus de conditionnement. Les actes répétés deviennent des schémas dont nous sommes habituellement inconscients, lesquels créent notre manière de vivre.

En proie à l'agitation, confinée dans ma salle de séjour en souhaitant être ailleurs, je peux observer mes pensées se transformer en schémas éculés. Je me conditionne à avoir une tournure d'esprit de plus en plus négative en pensant : « Je m'ennuie ; si seulement nous avions plus d'amis dans le voisinage avec des enfants ; si seulement nos amis du voisinage étaient plus disponibles. J'aimerais bien que Marek rentre à la maison ; vingtième couche-culotte de la journée ; je suis incapable de faire face à un livre d'enfant de plus ; je n'ai pas envie d'aller au parc ; je regrette d'avoir mangé toute cette pâte à gâteau ; si seulement les enfants étaient plus grands ; je suis fatiguée de toutes ces tâches ménagères répétitives ; et voilà, c'est reparti pour un tour de lave-vaisselle ; non, qu'on ne vienne pas encore me demander un jus de fruit ! »

Si je cédais régulièrement à ces pensées – qui pourraient s'éterniser –, je commencerais à façonner mon caractère pour qu'il soit axé sur le côté négatif des choses. Le Bouddha a fourni en abondance des conseils pour gérer les pensées négatives. J'en étudie certains dans le chapitre suivant consacré à la colère. J'utilise une méthode étonnamment efficace pour échapper au tourbillon de l'auto-apitoiement : je pratique quelques étirements de yoga conscients, même si les enfants m'escaladent pendant ce temps-là. Concentrée sur mon corps et respirant profondément à chaque étirement, je produis immédiatement une énergie étonnante pour repartir de plus belle – me voilà soudain participant à leur jeu de poursuite, ou époussetant le landau ou donnant un coup de pied dans le ballon de foot. Je trouve que dans les moments où notre esprit a tendance à voyager, le yoga peut nous ramener dans notre corps. Fait intéressant, ma voisine de palier, professeur de yoga, joue souvent avec ses deux enfants d'une manière qui peut paraître folle et débridée. Elle semble prendre du bon temps avec eux, et elle considère elle aussi qu'être connectée avec son corps et les besoins de son corps apporte énergie et présence.

En comprenant le karma, nous prenons conscience que notre avenir est entre nos mains. Il n'est pas nécessaire pour nous d'être la personne que nous avons toujours été ni de mener la vie que nous avons toujours menée – nous avons le choix, mais, avant tout, nous devons prendre conscience des schémas que nous avons développés. À chaque instant de notre vie, nous faisons des choix qui nous accompagneront le restant de nos jours. Cela laisse peu de latitude pour rendre nos parents, nos conditions de vie ou la politique responsables de notre insatisfaction. Même dans les pires circonstances extérieures, nous avons le choix de nos réactions intérieures : opterons-nous pour la colère, le pardon, la tristesse ou la compassion ? Nos réactions face aux événements sont bien plus importantes que les événements eux-mêmes.

Comprendre le karma nous persuade de concentrer notre attention sur l'instant présent, car c'est le seul moment qui nous est donné d'influer sur notre karma. Comme le dit le Bouddha : « Si tu veux savoir ce que sera ta vie future, considère ta vie actuelle. »

Répétez-vous constamment : « Quel est le meilleur usage que je puisse faire de l'instant présent ? » Le message bouddhiste est d'un grand optimisme : en exerçant notre esprit, nous pouvons créer du bon karma et améliorer nos chances de bonheur dans le futur.

– *Ce que nous pouvons faire* –

- Prendre le temps de pratiquer la pleine conscience dans notre vie quotidienne avec nos enfants pour les aider à grandir avec le sentiment qu'ils sont pris en compte, entendus et compris.
- Nous rendre compte de l'abondance d'instants privilégiés contenus dans la plus ordinaire des journées.
- Cultiver l'« Esprit du débutant » qui voit chaque instant avec un regard neuf et réagit à ce que requiert cet instant.
- Étudier attentivement nos enfants pour apprendre à les connaître vraiment plutôt que de projeter nos espoirs, craintes et attentes sur eux.
- Utiliser la pleine conscience pour découvrir ce que chaque situation peut nous apprendre – nos exigences par rapport à la vie sont-elles irréalistes ou acceptons-nous l'imperfection inévitable ?
- Observer les fluctuations de nos sensations corporelles, émotions et pensées pour cultiver la conscience de soi qui nous aide à nous développer.
- Éviter d'associer à nos états émotionnels passagers des sujets de mécontentement créés de toutes pièces.
- Être conscient de toute la tension accumulée durant la journée et la relacher consciemment.
- Prêter attention à notre environnement.
- Se rappeler que vivre en pleine conscience nous procure énergie, calme et capacité de discernement.
- Prendre conscience que nous avons le pouvoir de choisir nos réactions émotionnelles – stress et irritation ou esprit vaste et acceptation.
- En observant les détails de l'instant présent, éviter de les évaluer – « bons » ou « mauvais », « agréables » ou « désagréables ».
- Nous rappeler que nous pouvons pratiquer la pleine conscience dans toutes nos activités.
- Chaque fois que nous en trouvons le temps, ne serait-ce qu'une minute, méditer.

- Prendre conscience que le seul instant sur lequel nous pouvons intervenir est le présent. Donc l'utiliser pour créer du bon karma pour notre avenir.
- Nous attendre à échouer dans nos tentatives pour être conscient et accepter ce fait. Faire preuve de patience envers nous-mêmes.

CHAPITRE III

Trouver le calme

Certains jours, mes enfants semblent être les acteurs d'un plan divin destiné à me pousser à bout. Intercalés avec des jours où c'est une vraie joie de me trouver là, il y en a d'autres où je ne peux plus supporter leur épouvantable musique, les éternelles mêmes vidéos qu'ils repassent, véritable séance de torture, et leurs sempiternelles exigences. Ces jours-là, les enfants offrent un terrain d'entraînement idéal pour développer le calme – si vous pouvez parvenir au calme au milieu d'enfants pénibles, c'est que vous êtes vraiment un maître.

De trop nombreuses mères sont surmenées à force de répondre aux exigences d'une maisonnée active ou de jongler entre leur travail et leurs enfants. Nous avons toutes fait l'expérience de ces longues journées passées à la maison en proie à l'ennui, à l'agitation, à l'indécision voire au désespoir. Nous avons tendance à penser que le calme de l'esprit ne peut s'installer que lorsque toutes nos tâches sont terminées et que les enfants dorment ou sont confiés à la garde d'une personne. Alors, effectivement, c'est une aubaine que de disposer d'une heure dans la journée pour se détendre un tant soit peu. Dans le bouddhisme, pourtant, nous trouvons des enseignements qui nous aident à être calmes quelle que soit notre activité ou la personne à nos côtés. Dans ce chapitre, nous étudierons la meilleure méthode pour gérer certains états d'esprit qui se présentent à nous, et en particulier le sentiment de culpabilité.

Recourir au bouddhisme pour gérer des états d'esprit négatifs nous fait progresser lentement, à petits pas. Selon mon observation, toutes les mères qui pratiquent des techniques bouddhiques affirment y avoir trouvé de l'aide pour devenir plus patientes et calmes, mais le changement ne se fait pas en un jour. Il s'étale sur une période de temps plus longue. Comme pour de nombreux aspects de l'évolution spirituelle, à un pas en avant succéderont peut-être deux pas en arrière – l'amélioration se fait rarement de manière constante et en ligne droite. Ce qui est toutefois encourageant, c'est qu'à long terme, une amélioration générale est nettement visible. Le jour viendra où vous saurez que vous avez progressé et vous constaterez que, de toute évidence, vous réagissez plus calmement à une situation donnée.

Chaque mère que je rencontre semble être aux prises avec l'une ou l'autre de ces difficultés : manque de soutien familial, tension avec son compagnon, manque de temps à soi, manque de sommeil ou préoccupation pour son enfant. Toutes les mamans que j'ai rencontrées méritaient des tonnes de compassion, alors pourquoi se considérer comme une exception ? Plutôt que de nous sentir coupables ou frustrées quand nous nous débattons avec des émotions perturbantes et toutes les souffrances qu'elles nous apportent, nous devons avoir encore plus de compassion et de patience pour nous-mêmes. Me rappeler fréquemment que la compassion envers moi-même, mes propres difficultés et défaillances est le premier pas vers une vie empreinte de compassion m'apporte un vrai réconfort.

Gérer les états d'esprit négatifs

La maternité nous fait découvrir des états d'esprit et des émotions intenses qui peuvent nous paraître tout à fait étranges et déconcertants. Dans son livre *Life after Birth : What Even Your Friends Won't Tell You About Motherhood,* Kate Figes écrit : « En ayant un enfant, nous revivons les émotions brutes de notre propre enfance. Nous ressentons un amour profond, une haine et une colère pures, ainsi qu'une anxiété et une peur intenses, et nous pouvons passer d'une émotion extrême à une autre. »

À cela s'ajoute, comme le note également l'auteur, une autre tension générée par le fait de dissimuler à nos enfants tout sentiment d'inquiétude pour leur sécurité afin de leur permettre, en grandissant, d'affronter le monde avec courage. De plus, nous devons supporter non seulement les émotions suscitées par nos enfants mais aussi celles qui apparaissent au cours de notre adaptation au mode de vie d'une mère. Par exemple, en repensant à l'époque où nous n'étions pas encore mamans et où nous prenions relativement du bon temps, il peut nous arriver de nous sentir accablées par tous les sacrifices consentis. Comment pouvons-nous gérer toutes ces émotions complexes et atteindre à une certaine paix de l'esprit ?

RIEN NE DURE

« J'en ai marre. » « Ça va trop loin. » « À bout de nerfs. » « Je ne sais plus à quel saint me vouer. » « Épuisée. » « Déprimée. » Voilà exprimée toute une gamme d'états émotionnels dans lesquels peut sombrer une mère.

Je remarque que lorsque je suis au plus bas sur le plan émotionnel, j'ai tendance à avoir une vision totalement négative : tout est terrible, il en a toujours été ainsi et le sera toujours et tout est ma faute – et celle de tous les autres aussi ! Quand je retrouve une humeur plus légère, cela me paraît rétrospectivement presque comique, mais sur l'instant, je crois à ces pensées. En mettant l'accent sur l'impermanence, le bouddhisme nous aide dans ces moments-là à reconnaître que cette humeur passera, que nous ne resterons pas longtemps dans cet état et que nous pourrons peut-être nous sentir tout à fait heureux, ne serait-ce que quelques heures plus tard ; nous pouvons supporter cette situation dans l'immédiat et éviter de lui accorder une grande importance.

L'enseignement de l'impermanence est un cadeau pour nos enfants aussi, même quand ils sont très jeunes. Nous pouvons nous servir de notre compréhension de l'impermanence pour les aider quand ils viennent de subir des émotions pénibles – nous pouvons leur parler de ce qu'ils ont ressenti, de la transformation, en l'espace de quelques minutes, de cette émotion en une autre. Dès lors, ils apprendront que les zones d'ombre où ils trébuchent n'ont pas de prise durable sur eux.

DISCERNER LA LEÇON À APPRENDRE

Mon amie bouddhiste Joanne n'est pas en Australie depuis longtemps et vit en ce moment cette phase difficile de la première année que tous les immigrants connaissent. Quand elle était en Afrique du Sud, elle travaillait comme avocate pour les femmes victimes de violences. Je l'ai rencontrée alors qu'elle venait de passer une fin de semaine particulièrement pénible. Elle se plaignait de sa vie de mère bien difficile, comparée même avec sa vie contraignante d'avocate en Afrique du Sud : « J'écrivais des livres, je défendais les opprimés, suivais des cours de tai-chi et de poterie. À présent, avec mes enfants malades, j'ai passé la fin de semaine à faire la navette entre l'hôpital et la maison, ou bien j'étais bloquée dans ma salle de séjour à leur éponger le front et à penser : “Que suis-je devenue ?” Cela fait plus de cinq ans maintenant que je suis mère, mais je suis encore sous le choc “culturel” dû au changement de ma condition. »

En guise de consolation, Joanne s'est rappelé cette proposition utile du bouddhisme zen : « L'univers entier est un remède. » Dans toute situation, nous pouvons nous demander quelle leçon en tirer, ou comment nos difficultés pourraient éventuellement nous guérir. Le bouddhisme aide Joanne à prendre avec philosophie les réajustements que la vie lui impose. Plus tard, elle m'a envoyé cet email : « Je dois prendre des leçons d'humilité, c'est pourquoi je me trouve en ce moment réduite à une vie casanière, hors de mes réseaux, bien loin d'une “image” que je m'étais forgée, m'efforçant de découvrir quelle identité je pourrais avoir dans ce nouveau pays. Anonyme, ne gagnant pas ma vie, devenue l'exemple même de tout ce que je n'ai jamais voulu être (femme au foyer, maman à plein temps et dépendante d'un homme), je considère comme gratifiante cette période où, finalement, je marque une pause tranquille entre la personne que j'étais et celle que je deviendrai. »

La maternité nous oblige vraiment à réfléchir à notre propre existence, à nos priorités et à la manière dont nous voulons vivre le restant de nos jours. Elle nous fait remettre en question toutes nos valeurs et nous observons un retournement de beaucoup de nos anciennes opinions – en particulier sur certains aspects de l'éducation de nos enfants. Quand la maternité nous fait souffrir, nous pouvons tout au moins la prendre comme la plus grande expérience éducative au monde, que nous adhérions ou non à cette croyance de nombreux bouddhistes : les leçons que nous n'aurons pas apprises dans cette vie-ci seront les leçons mêmes que nous aurons à comprendre dans la prochaine.

HOSPITALITÉ

Pour nous aider à survivre aux fluctuations des diverses émotions qui, au cours de la journée, « visitent » notre esprit de mère, accueillons-les avec hospitalité. Nous devons nous occuper de chacun de ces « visiteurs » émotionnels, qu'ils soient agréables ou non ; ne les évitons pas et ne les renvoyons pas. Acceptons chacun d'eux et accordons-leur du temps sans trop nous impliquer émotionnellement ni les prendre trop au sérieux, mais en les considérant tous avec recul. Nous ne nous disons pas : « Je ne peux pas supporter celui-ci », car nous le pouvons – nous avons survécu à ce visiteur par le passé, nous survivrons donc cette fois-ci encore. N'abordons pas non plus notre voyage vers le futur en imaginant des scénarios cauchemardesques à propos de la destination où pourrait nous entraîner ce visiteur. Au lieu de cela, demeurons plutôt avec lui dans l'instant présent.

Une mère bouddhiste de ma connaissance, trouvant cette idée d'hospitalité utile, essaie d'accueillir ses émotions à mesure qu'elles arrivent ou qu'elle ressent leur présence. Adoptant le même ton qu'elle utilise pour des visiteurs à sa porte d'entrée, elle dit : « Ah, Colère, c'est toi ! », ou « Salut, Ennui, te revoilà ! », et « Oh, Agitation, c'est ton tour ! ». Elle dit que ces salutations mentales l'aident à prendre du recul par rapport à l'émotion. De plus, considérer chaque émotion comme un visiteur lui rappelle on ne peut mieux que, justement, cette émotion ne s'attardera pas indéfiniment.

Quand nous ignorons ces visiteurs ou tentons d'oublier la présence d'états d'esprit perturbants, nous sommes déconnectés de nos émotions et de notre sagesse. Nous pouvons essayer de nous anesthésier en plongeant dans l'alcool, les drogues, le shopping, la boulimie de nourriture ou les reproches. Fuir ainsi nos problèmes donne aux états d'esprit négatifs un pouvoir de nuire excessif – et nous ratons l'occasion d'une prise de conscience qui nous guérirait.

Certains de nos états d'esprit peuvent nous effrayer, aussi bien éventuellement que leurs souvenirs douloureux dans des situations de perte de contrôle par faiblesse ou adhésion. Rien ne nous oblige pourtant à agir en fonction de ce que nous trouvons dans notre esprit – en fait, nous agissons probablement plus sagement en étant conscients de nos visiteurs les plus détestables qu'en les niant.

Accepter l'existence de sentiments comme la haine, la solitude, la confusion, la colère, la culpabilité et le ressentiment est le seul moyen de les transformer en états plus salutaires. C'est la voie vers la sagesse : accepter le côté déplaisant de la vie, sans le combattre ni le fuir ou l'extirper de notre conscience. Rappelons-nous également que si nous ressentons pleinement nos émotions, notre compréhension de la douleur d'autrui et de sa joie s'approfondit elle aussi.

RÉAGIR EN PLEINE CONSCIENCE

Pour être conscients de nos émotions, nous devons prendre du recul et les observer sans nous réprouver. Nous remarquons, sans porter de jugement, les pensées qui nourrissent l'état d'esprit ainsi que toutes les sensations et tensions corporelles. Cette maman qui pratique la pleine conscience explique : « Étant mère, je suis en proie à des sentiments de frustration : il y a toujours des choses que je voudrais mais ne peux pas faire parce que mes enfants nécessitent énormément d'attention. Le bouddhisme m'aide à maîtriser ce sentiment de frustration, non pas en le supprimant mais en observant ses effets : ma façon de monologuer, mes épaules tendues, mes froncements de sourcils, ma respiration superficielle. J'essaie d'observer l'apparition de l'émotion et le bavardage de mon esprit. Je commence alors à respirer plus consciemment, je souris et relâche mes tensions musculaires. »

Tout comme le moine conscient décrit par le Bouddha se dit qu'il est assis, debout, étendu, etc., nous pouvons nommer nos expériences intérieures, en faisant des constats comme « sentir... sentir... sentir... ». Que ce soit en méditation ou dans la vie quotidienne, le fait de nommer un phénomène est une manière de rester observateur, d'être assis à la place du conducteur plutôt que de devenir un passager emporté par des émotions échappant à son contrôle. Si nous sentons que nous nous crispons, nous le notons lentement, « tension... tension... tension... » et plus tard peut-être « détente... détente... détente... » pendant que nous relâchons la tension. Nous pouvons nommer une émotion qui surgit, en répétant lentement « colère... colère... colère... » ou « culpabilité... culpabilité... culpabilité... ». Sans porter aucun jugement positif ou négatif, nous observons l'émotion naître, exister et disparaître – comme toutes les émotions finissent par le faire. Aucune émotion ne doit nous dominer.

En voyant notre état d'esprit tel qu'il est, nous pouvons connaître un instant de clarté. L'enseignement bouddhiste a été résumé dans la formule « s'arrêter et prendre conscience » qui fait référence, entre autres, à la capacité d'être conscient d'un état d'esprit négatif et de se rendre profondément compte que la possibilité d'avoir un esprit plus clair, plus constructif existe. Comprendre que l'état d'esprit négatif ne peut que saboter nos efforts pour améliorer une situation nous fait adopter instantanément une alternative plus positive. Nous nous « éveillons » à ce que requiert vraiment de nous l'instant. L'illusion se mue en clairvoyance.

Culpabilité

S'inquiéter de savoir si elles ont consacré assez de temps et d'énergie à leurs enfants est une source de souffrance pour de nombreuses mères actives ; plus les enfants sont petits, plus forte est l'inquiétude. Et les mères trouvent bien d'autres raisons encore de souffrir de culpabilité. Ce peut être le sentiment de n'avoir pas réussi à être une mère parfaite et comblée en permanence par la maternité. Nous négligeons des personnes de notre entourage parce qu'il semblerait que nous n'ayons apparemment pas assez de temps à leur consacrer, trop accaparées par notre compagnon, la famille, les amis et connaissances. Une pensée nous ronge : quelle que soit notre activité du moment, ce n'est jamais celle qu'il faudrait. Par exemple, en faisant le ménage, nous avons l'impression que nous devrions vraiment être en train de lire des livres à nos enfants et vice versa !

La culpabilité est une émotion déconcertante : elle menace de toute évidence notre bonheur, mais nous n'avons aucun mal à nous dire que c'est un état d'esprit louable. Nous pouvons considérer la culpabilité comme un moyen de nous contrôler. Nous nous disons même : « Je fais peut-être quelque chose de condamnable, mais, au moins, je me sens coupable – si ce n'était pas le cas, je serais alors vraiment un affreux personnage. » De même, la culpabilité nous sert de prévention contre la désapprobation des autres quand nous tentons de les convaincre qu'en tout cas, nous nous maudissons vraiment de notre incapacité à être parfait.

Nous devons traiter la culpabilité à l'instar de tout autre état d'esprit en visite. L'attention nécessaire pour ce faire ne consiste pas à se tourmenter ou se tordre les mains, mais à pratiquer la pleine conscience. Nous devons demeurer avec nos sentiments de culpabilité, ressentir les sensations corporelles qu'ils provoquent. Point important, nous devons découvrir quelles croyances nourrissent nos pensées de culpabilité, tout en observant le temps que nous accordons à cet état d'esprit et en nous interrogeant sur son degré d'utilité.

Si vous voulez résoudre un problème délicat, par exemple savoir s'il faut faire appel à un service de garde d'enfants, faites-le avec un stylo et du papier et, si vous en avez eu le temps, un esprit apaisé par la méditation. Écrire vous permet d'être plus consciente de vos pensées et réduit par conséquent le risque qu'elles s'emparent de vous et vous torturent. Mettez noir sur blanc les questions qui vous aideront à étudier vos sentiments complexes. Votre culpabilité est-elle accrue par des croyances ou attentes irrationnelles ? Tentez-vous d'apaiser les critiques d'un ami, d'un parent ou d'une quelconque autre personne ? Quelle preuve solide avez-vous pour étayer vos inquiétudes ? Pour prendre une décision, dressez la liste du pour et du contre et évaluez l'importance des éléments de chaque liste. Adopter cette méthode consciente vous permettra de résister à la tendance à ruminer.

J'ai toujours aimé tenir un journal précisément pour ces mêmes raisons. Brasser mes problèmes en les jetant sur le papier me permet de mettre de l'ordre dans un esprit dispersé, organiser ma réflexion et me livrer à un remue-méninges des options possibles. J'ai pu résoudre mes problèmes consciemment au lieu d'avoir des réactions inspirées par la colère, l'ennui ou d'autres états stériles. J'ai une liste de pour et de contre pour quasiment chaque grande décision que j'ai eu à prendre, et des centaines de pages dans lesquelles j'ai étudié les émotions perturbantes. Je les relis rarement, mais je ne pourrais pas me passer de cette ressource utile pour la pleine conscience.

De la même manière, nous pouvons utiliser la méditation pour dissiper des sentiments de culpabilité ou résoudre des problèmes préoccupants. Avec notre méthode de réflexion habituelle, nous nous créons des nœuds, des blocages ou des obsessions. Tandis que trouver une certaine tranquillité d'esprit dans la méditation nous permet au contraire de créer un espace entre nos problèmes et nous et de les relativiser. Commençons par trouver la tranquillité de l'esprit en nous concentrant sur notre respiration. Puis penchons-nous sur notre problème avec un esprit d'investigation pour examiner les faits objectivement. Ne nous laissons pas embarquer par les pensées et émotions fortes qui apparaissent et prêtons plutôt attention à toutes nos réactions et à leur façon d'alimenter le problème. Créer cet espace peut nous amener à trouver des solutions inventives à notre problème. De nouvelles possibilités peuvent soudain nous venir à l'esprit.

Tout embrasser : l'équanimité

« Équanimité » est l'un de ces termes qu'il me semble n'entendre que dans le contexte du bouddhisme. Il est dommage qu'il ne soit pas plus largement utilisé : le concept est en effet si motivant et si enrichissant. C'est la capacité à appréhender tous les aspects de notre vie avec acceptation et patience plutôt qu'avec nos réactions extrêmes habituelles. L'équanimité est la capacité de rester calme en toutes circonstances. Quand survient un événement normalement qualifié de « mauvais », nous pouvons le gérer – nous ne sommes pas déstabilisés. De même, si quelque chose de « bon » arrive, nous ressentons de la joie sans être dépendants de cet événement ni attachés à lui pour autant.

Dans *Enseignements sur l'amour,* Thich Nhat Hanh, ce moine vietnamien qui jouit d'une grande considération, propose ces termes pour nous aider à comprendre ce qu'est l'équanimité :

- Inclusivité
- Égalité d'esprit
- Non-attachement
- Non-discrimination
- Équilibre

- Rejet des extrêmes
- Lâcher-prise

Le Bouddha a enseigné que le plus grand bonheur a pour origine une paix qu'un changement de conditions ne perturbe pas. Par conséquent, un être éveillé embrasse tout ce que la vie offre, rien ne peut l'agiter ni le surexciter. Pour le commun des mortels, tout effort pour cultiver l'équanimité l'aide à devenir plus calme. Réagir avec équanimité ne signifie pas que nous devenions indifférents au déroulement de notre vie. Nous tendons à ressembler à de sages parents capables de lâcher leurs enfants devenus grands dans le monde des adultes – des parents sages continuant à se préoccuper du bien-être de leurs enfants mais pouvant lâcher prise et accepter leur liberté. Des parents qui ne ressentent pas le besoin d'exercer un contrôle sur eux, d'envahir leur nouvel espace ou de s'inquiéter pour eux. Ils n'exigent rien de leurs enfants et ceux-ci ne leur manquent pas.

ACCEPTER L'IMPERFECTION

Mon amie Joanne a tiré une leçon importante de son expérience de l'accouchement : si elle voulait s'en sortir dans sa nouvelle vie, il fallait qu'elle lâche prise complètement. Elle s'était préparée soigneusement pour son travail – elle avait quasiment lu tous les livres, planifié le moindre détail – et s'attendait à une naissance naturelle : « Je voulais des sages-femmes, des bougies, de l'encens et de la douleur. » Et en fin de compte :

> Au bout de trente-quatre heures de contractions vaillamment endurées, j'ai accepté avec reconnaissance la proposition d'un médecin

(un homme) de m'ouvrir le ventre et me soulager de mon calvaire.

Et à partir de cet instant a pris fin le but de ma vie, être mon propre patron. J'étais là, moi, la guerrière, la lutteuse, celle devant qui les hommes, en la croisant, tremblaient de peur, à la merci d'un petit E.T. tout fripé qui ne comprenait pas que j'étais une femme à l'écoute de son instinct. Soudain, tout ce que je m'étais imaginé être se voyait fondamentalement remis en question par cette nouvelle condition. Toute ma vie, j'avais lutté pour ces valeurs : indépendance, respect, maîtrise. Maintenant, j'étais une zombie dégoulinante, effondrée, handicapée.

Avec équanimité, nous acceptons « ce qui est » et mettons un terme à nos tentatives de maîtriser l'inévitable et l'impermanent. Le bouddhisme parle des huit Conditions mondaines : la vie est gain et perte, plaisir et douleur, louange et blâme, renommée et mauvaise réputation. Quels que soient nos efforts pour attirer ou éviter l'un de ses constituants, nous les connaîtrons tous tour à tour. Chacun viendra et partira, tout comme chaque aspect de notre vie est en mutation constante. Nous ne savons jamais ce qui nous attend « au tournant » et cela peut nous mettre mal à l'aise, mais s'attendre à une stabilité ou à un contrôle entiers sur les événements est irréaliste et nous fera immanquablement souffrir plus qu'il ne faut. Mère de deux enfants et enseignante zen, Susan Murphy propose ces paroles de réconfort aux perfectionnistes parmi nous : « Il est important d'être conscients de la difficulté diaboliquement inhérente au rôle de parent et ne pas s'attendre à la perfection. La perfection n'est pas de ce monde et nous n'avons pas à être parfaits. Au lieu de cela, nous coopérons avec la vie qui, mystérieusement, est la nôtre, constituée d'un tissage au motif original d'amour et de douleur. Et nous convenons d'être présents à cette vie, d'accepter ce qu'elle offre d'instant en instant, de cultiver une bienveillance illimitée envers ce qui est et ce que nous sommes. »

En tant que mères, nous avons souvent du mal à nous détendre avec nos enfants dans les parages. Nous ne savons jamais ce que nous apportera l'instant suivant : pagaille ? demande ? saute d'humeur ? danger ? Pour être plus calme, nous devons apprendre à abandonner en partie notre attachement à la stabilité, la maîtrise et l'ordre, et accepter que notre situation change constamment. Avec équanimité, nous cessons d'avancer dans la vie en nous battant et commençons à prendre cette dernière comme elle vient, à faire avec. Nous développons la tolérance, définie ici par Susan Murphy : « C'est l'intensité de l'amour que nous éprouvons pour nos enfants qui nous permet, instant après instant, d'abaisser notre seuil de tolérance. La tolérance n'est pas synonyme de détente et tranquillité d'esprit. Elle signifie accepter les sensations pénibles et trouve une certaine sérénité d'esprit dans cette acceptation. »

Nous trouvons la tolérance en découvrant que notre esprit peut être vaste et en nous gardant contre toute tendance à le rendre étroit, mesquin et petit. Si nous ajoutons une cuillerée de poison dans un verre d'eau, une gorgée peut nous être fatale. Ajoutons la même quantité de poison dans un vaste lagon, buvons-en une gorgée et il ne nous arrivera rien. Quelqu'un nous fait une remarque désobligeante : si notre esprit est étroit, nous aurons une réaction excessive, et nous remâcherons peut-être le commentaire pendant des jours. Avec un esprit ouvert, nous arrivons à en faire peu de cas – il n'est pas important.

TOUTES CES PETITES CHOSES

Songez à toutes les situations où nous avons tendance à « péter un plomb » et à gâcher l'occasion qui nous est donnée de connaître la paix dans l'instant présent primordial. Bien souvent, les incidents qui nous abattent n'ont aucune conséquence durable ; en pétant un plomb, nous ignorons que d'autres manières de réagir existent. Imaginez combien la vie quotidienne serait différente si nous pouvions cultiver un esprit vaste empreint d'équanimité. Notre enfant renverse du lait sur le tapis : équanimité. Notre fils pleurniche un soir : équanimité. Notre fille est renfrognée ; notre compagnon travaille tard ; bruits, odeurs, spectacles désagréables : équanimité. Sinon, nous nous laissons troubler inutilement par beaucoup trop de détails et nos réactions d'impatience se transforment vite en habitude.

Nous oublions que les innombrables irritations qui nous assaillent ne doivent pas forcément nous dominer. Nous pourrions même apprendre peu à peu à les accueillir comme des opportunités de pratiquer la patience. Thich Nhat Hanh, par exemple, conseille de sourire aux feux de signalisation. Même si, au premier abord, ce conseil peut sembler bizarre, le pratiquer permet de relâcher la tension et d'arriver à destination en meilleure forme.

Fiona a deux fils âgés de trois et quatorze ans. Pratiquant depuis trois ans le bouddhisme, elle explique comment cela a influencé sa vie à la maison : « Je sais que je suis devenue en quelque sorte une personne "plus posée". Je ne me mets pas en colère aussi rapidement et, étant donné que j'ai un adolescent, je suis assez fière de moi. J'ai remarqué autre chose : si un accident arrive, qu'une boisson se renverse ou que la serviette de toilette tombe dans la baignoire, cela n'a absolument pas d'importance, on nettoie le tout et on poursuit ses activités. » Grâce à sa pratique, Fiona a visiblement augmenté son aptitude à aborder avec équanimité les petites contrariétés de la vie quotidienne.

Mais l'équanimité ne s'applique pas seulement aux événements « malheureux ». Quand arrive un événement que nous qualifions d'« heureux », nous développons parfois des sentiments d'attachement qui peuvent altérer notre calme. Si nous laissons notre bonheur dépendre de ces événements agréables, alors, nous créons un attachement. En pratiquant l'équanimité, nous pouvons fêter les résultats brillants de notre enfant en dictée ou en natation sans en exiger la réédition. Nous pouvons être reconnaissants à notre voisine de sa proposition de garder notre enfant ou de faire la cuisine pour nous soulager sans ressentir de colère si elle n'a pas tenu ses promesses. Nous apprécions de grignoter quelques biscuits au chocolat sans éprouver le besoin de dévorer tout le paquet.

DÉVELOPPER L'ÉQUANIMITÉ

Les personnes qui sont dotées d'équanimité savent que chaque instant est d'égale importance. Qu'il s'agisse de changer une couche-culotte, d'essuyer le nez d'un enfant, de lire une histoire ou de faire la queue – toutes ces situations sont des opportunités de pratiquer la pleine conscience, d'acquérir plus de sagesse. Chaque instant est magnifiquement nouveau. Il ne durera pas, car il est en train de se muer en autre chose – c'est ce qui le rend précieux. La vérité sur la réalité réside dans chaque instant. L'astuce consiste à la percevoir avec une acceptation complète, exempte de jugement, d'évaluation et d'exigences – et, bien sûr, de lui prêter attention avant tout.

Le Bouddha a dit :

Ne recherchez pas le passé
Ne vous perdez pas dans le futur.
Le passé n'est plus.
Le futur n'est pas encore advenu.
Observant profondément la vie telle qu'elle est
Dans l'ici et maintenant uniquement,
Le pratiquant demeure
Dans la stabilité et la liberté.

Nous pratiquons l'équanimité en méditation quand nous nous abstenons de tout jugement sur ce qui se passe. Nous sommes distraits : sans nous réprimander, nous ramenons notre attention vers la respiration. Nous éprouvons une démangeaison : au lieu de nous précipiter pour la soulager, nous pouvons passer un moment à étudier la sensation. Nous sommes agités ou nous sommes en état de torpeur[1] : là encore, sans nous condamner pour ces états d'esprit, nous restons là avec eux, nous les regardons naître, exister et finalement disparaître.

Selon le conseil du Bouddha : « Quand on voit, simplement voir. Quand on entend, simplement entendre. Quand on sent une odeur, simplement sentir. Quand on goûte, simplement goûter. Quand on éprouve une sensation tactile, simplement l'éprouver. Quand on perçoit un objet mental, simplement le percevoir. Si l'on ne va pas au-delà, la

---

1. Habituellement, dans le contexte de la méditation, l'état opposé à l'agitation.

vision pénétrante apparaîtra automatiquement. » Pratiquer la pleine conscience nous aide à être calmes et paisibles, à relativiser tous les événements.

On pourrait croire que la pratique de l'équanimité nous conduit à réprimer nos émotions ou à tenter d'en maîtriser l'intensité. Mais ce n'est pas le cas. L'équanimité accompagne automatiquement l'approfondissement de la pratique et l'évolution spirituelle – nous n'ignorons pas ni ne fuyons les états d'esprit en chemin. Si la colère ou l'irritabilité frappent à notre porte, nous les regardons naître, exister et disparaître sans leur accorder le moindre pouvoir. Ainsi, nous ressentons nos émotions mais y réagissons calmement en refusant de les laisser nous entraîner.

UN SENS DE L'ABSURDE ET DE L'HUMOUR

Après avoir commencé à développer un esprit équanime et vaste, vous découvrirez peut-être que vous pouvez rire d'incidents qui vous mettaient en rage auparavant.

Une brève histoire de caca (les mères sont habituées à ce registre) :

> Un dimanche pluvieux, alors que mon fils avait deux ans, mon mari était à une séance sportive dans une salle de l'université de Sidney. Désirant vraiment lire le journal en paix, je promenais en voiture mon fils Zac autour des bâtiments de l'université, espérant qu'il s'endormirait. Au bout de quinze minutes, il était encore éveillé et j'observais ma frustration grandir. Pour me calmer, j'essayais de me concentrer sur ma respiration et mes sensations

> corporelles quand Zac a annoncé : « Je veux faire caca. »
>
> Je n'avais pas la moindre idée de l'endroit où se trouvaient les toilettes et il aurait été dangereux de perdre du temps à chercher. Je me suis garée sous un panneau « Interdit de stationner », nous nous sommes extraits de la voiture sous la pluie et Zac a fait sa commission. En lui remontant son pantalon, j'ai laissé tomber mon trousseau de clés directement dans son caca. Les six clés ont parfaitement sombré. Me précipitant à la voiture – pour découvrir que je n'avais pas de mouchoirs en papier –, j'ai vu de loin un policier du parking, qui s'avançait lentement vers moi. Il ne me restait plus qu'à nettoyer hâtivement mes clés avec des feuilles mouillées tandis que mon fils ne cessait de demander : « Maman, pourquoi tu as fait tomber tes clés dans mon caca ? »

L'aspect intéressant de cette débâcle, c'est que tout en nettoyant les clés, je souriais. Ma situation était si pathétique que je la trouvais drôle. Mon mari passait du bon temps au chaud et au sec dans une salle tandis que je me tenais là, trempée, les doigts couverts de caca, sans espoir de lire le journal. En tant que mères, nous avons toutes des histoires de mini-désastres du même style, sans conséquences durables mais qui peuvent mettre nos nerfs à bout si on les laisse agir. On a le choix entre se mettre la rate au court-bouillon ou alors en rire. L'esprit d'équanimité nous aide à rire, à relativiser ce type d'événement de façon à éviter de devenir trop prisonniers de nos émotions.

J'ai observé chez les enseignants bouddhistes que j'ai rencontrés cette propension au rire. Il peut leur arriver de parler d'un sujet complètement dénué d'humour et de laisser échapper de temps à autre un petit rire. Un des sons que j'aime le plus au monde est le rire de Sa sainteté le Dalaï-lama. S'il existe un rire contagieux, c'est bien le sien.

Notre « nature de Bouddha »

Les clés de la paix et du calme sont intérieures. Message réjouissant du bouddhisme, chacun est foncièrement un Bouddha, doté de l'amour et la sagesse d'un Bouddha – c'est notre véritable nature. Nous sommes déjà complets, entiers et bons, mais nos peurs et nos désirs nous masquent ce fait. L'œuvre de notre vie consiste à réaliser, à faire émerger notre soi authentique – notre « nature de Bouddha ».

Dans *Buddhism Plain and Simple : The Practice of Being Aware Right Now, Every Day,* Steve Hagen, moine zen, explique clairement et simplement notre bonté innée : « Vous êtes déjà éveillés. Tout ce que vous avez à faire est d'arrêter de vous créer des blocages et de vous décider sérieusement à prêter attention à ce qui se passe. Il ne vous manque rien. Il suffit que vous arrêtiez de bloquer ou d'interpréter votre vision. »

Il affirme que chaque instant nous offre une chance de nous éveiller à la réalité, ce qui n'est possible que dans l'instant présent. Voir clair dans chaque instant, c'est ne faire qu'un avec notre nature de Bouddha.

Notre nature de Bouddha est toujours à notre portée – en la recherchant, nous ne poursuivons pas quelque chose en dehors de nous, mais nous essayons de mettre au jour ce qui se trouve déjà en nous. Hagen nous rappelle les dernières paroles du

Bouddha : « Ne recherchez aucun refuge en dehors de vous-même. »

Quand notre monde se contracte, quand nous nous sentons piégés et accablés, nous pouvons nous rappeler ce but plus élevé : réaliser notre véritable nature et consacrer du temps à aspirer à être la meilleure personne possible. Pour trouver la paix de l'esprit, il suffit simplement de se tourner vers l'intérieur. Rechercher ma nature de Bouddha m'a aidée à cultiver la compassion envers moi-même – tout comme mon soi supérieur aime et prend soin de mes enfants, il peut m'aimer, moi, et prendre soin de moi. Quand je suis en méditation, je m'attarde en pensée sur l'existence d'un Bouddha intérieur qui m'aime d'un amour parfait, et je me sens alors plus forte et plus autonome, et cela m'apporte le calme.

Inutile donc de parcourir le monde entier, amasser des expériences impressionnantes ou franchir d'innombrables étapes pour se sentir complets. Ce que nous recherchons est à l'intérieur de nous. La solution consiste à modifier le *lieu* de notre quête.

– *Ce que nous pouvons faire* –

- Quand nous nous débattons avec les fluctuations des émotions, manifester de la compassion envers soi-même.
- Se rappeler que notre état émotionnel du moment, quelle que soit son intensité, disparaîtra. Trouver des occasions de partager cet enseignement avec nos enfants.
- Se demander ce que nous pourrions bien apprendre d'une situation difficile. Se rappeler que l'univers entier est un remède.

- Considérer chaque nouvelle émotion comme un visiteur digne d'hospitalité – à ne pas éviter ni supprimer mais à accepter.
- Observer nos émotions et les nommer, que ce soit « sentir... sentir... sentir... » ou plus particulièrement, par exemple, « agité... agité... agité... ».
- Si nous sommes prisonnier d'un état émotionnel destructeur, créer de l'espace entre lui et nous pour nous « arrêter et prendre conscience » ou nous rendre compte qu'il existe une alternative plus salutaire.
- Si nous luttons contre des sentiments de culpabilité, écrire ou méditer pour dissiper nos sentiments consciemment.
- S'efforcer d'accepter l'imperfection et les sensations pénibles – lutter contre ne peut que les rendre plus dures à supporter.
- Dès que nous en avons l'occasion, choisir de réagir avec un esprit vaste à de petites irritations.
- Essayer d'être sensible à la valeur de chaque instant.
- Comprendre qu'il y a en nous un Bouddha parfait. Faire de notre nature de Bouddha ou de notre soi supérieur une force et un réconfort.

CHAPITRE IV

Gérer la colère

Notre compagnon fait des remarques dépourvues de tact, travaille tard, ne donne pas de coup de main, ronfle ou mange trop bruyamment. Nos enfants nous désobéissent, se disputent, nous harcèlent ou geignent. La vie de famille nous offre toutes les possibilités de passer de larges plages de temps dans un état de colère. Parfois, nous ressentons une forme atténuée de colère, un simple agacement ou une contrariété, et cela a pour effet que nous enguirlandons nos enfants ou nous nous chamaillons avec notre compagnon. À d'autres moments, la colère nous submerge vraiment et nos pensées deviennent violentes ou vengeresses. En dehors de notre famille, il nous est facile de connaître une ou de nombreuses personnes susceptibles également de déclencher notre hostilité. Et nous pouvons même ressentir de la colère contre des inconnus : rouler en ville, par exemple, transforme les plus doux d'entre nous en de féroces guerriers !

Les causes ne manquent assurément pas pour provoquer la colère d'une mère. L'une d'elles est simplement la somme de travail que lui impose sa vie de famille, son invariabilité et, par conséquent, l'impossibilité pour la mère de famille de satisfaire ses exigences personnelles. Dans les pires moments, une simple douche prend l'allure d'un luxe immense et, pour certaines mères, les heures de travail qu'exigent des enfants en bas âge sont complètement exténuantes. Dans *Of Woman Born*, Adrienne Rich décrit ce qu'elle ressentait quand elle volait un peu de temps précieux pour écrire, avant d'être finalement interrompue par son enfant : « Dans ces moments-là, ses exigences m'apparaissaient toujours comme frauduleuses, comme une tentative, en plus, de me spolier ne serait-ce que quinze minutes de ma vie personnelle. Alors, ma colère montait ; je sentais la futilité de toute tentative de sauver ma peau, et en même temps l'inégalité existant entre nous : mes besoins toujours mis en balance avec ceux d'un enfant, et moi, perdant toujours la partie. Je me disais : "Si je m'accordais ne serait-ce qu'un petit quart d'heure d'égoïsme, de paix, de détachement de mes enfants, je pourrais alors donner tellement plus d'amour." »

C'est dans un état d'esprit similaire que Joanne, maman bouddhiste, a écrit ce poème où elle parle de la suppression de la colère et du renoncement à son ancienne vie :

... elle livre bataille contre la honte
D'une colère déclenchée par les menues infractions
Commises par ses enfants (Dieu merci pour eux)
Elle n'aurait jamais pu penser qu'une telle colère [couvait,
Brûlant d'exploser.
Elle sombre dans ses souvenirs et ses rêves
Repliant les coins de son propre moi
Comme elle le ferait d'une serviette toute nette

Dissimulant les taches, les salissures
De son moi si merveilleusement bohème
Pour que cette vie – cette vie si parfaitement
[heureuse –
Se déroule sans accroc.
Celle qui écrit ce chant pour son propre moi
Chante maintenant pour tous les moi
Qui n'ont nulle part où être chantés.

Ces deux femmes, comme beaucoup d'entre nous, se sentent révoltées par le niveau de sacrifice de soi que l'on exige des mères.

Dans le bouddhisme, la colère – et en particulier les actes qui la traduisent – est considérée comme un ennemi. Gérée habilement, la colère peut nous fournir les ressources intérieures nécessaires pour protéger un opprimé ou œuvrer pour la justice. En nous ramenant au fond du problème, la colère nous offre une opportunité de sagesse pendant que nous l'étudions et que nous cherchons une solution. Étant toutefois le plus grand ennemi de l'amour bienveillant, elle a le plus souvent une influence destructrice. L'effet perturbateur de la colère sur la paix de notre esprit et sur notre capacité de compassion en fait une menace redoutable pour notre vie spirituelle. Le Bouddha a dit :

Tuer la colère supprime la souffrance et apporte
[paix et bonheur.
La colère est le seul ennemi que tous les sages
[conviennent de tuer.

Certains d'entre nous peuvent sentir qu'ils ne sont pas particulièrement portés à la colère. Mais celle-ci ne se manifeste pas seulement sous forme d'explosion émotionnelle ou de confrontation hostile. De nombreux comportements relèvent de la colère, allant de la bouderie et la réserve à une attitude froide et à des commentaires sarcastiques. Pour les femmes, la colère est moins acceptable socialement, ce qui contraint nombre d'entre nous à la supprimer. Souvent, c'est seulement en méditant que nous découvrons à quel point nous sommes habitées par la colère – la pleine conscience nous fait prendre conscience des émotions qui frémissent sous la surface. En fait, de nombreux méditants sont stupéfaits de l'ampleur de la colère qu'ils ont accumulée au fil des années.

Le problème avec la colère

Dans les toutes premières semaines après la naissance d'Alex, mes nuits ne duraient que quatre heures en moyenne d'un sommeil entrecoupé. Quand Alex s'accrochait à mon sein, cela me donnait la sensation d'une agrafeuse et me faisait hurler de douleur plusieurs fois par jour. Folle de joie d'avoir mon nouveau bébé, j'avais également du mal à me remettre de la perturbation entraînée dans notre vie de famille. J'étais un yo-yo émotionnel. Un samedi, mon mari a osé se montrer d'humeur quelque peu négative une bonne partie de la journée. J'en étais folle de rage. Si quelqu'un avait le droit d'être de mauvaise humeur, ce devait être moi. C'était son boulot que d'encourager mes efforts héroïques et de me soutenir, moi, en tant qu'unité de survie. J'ai tenu le coup toute la journée sans dire mot.

Mon mari m'a toujours décrite comme « patiente », il a donc été un peu surpris quand je suis entrée cette nuit-là au pas de charge dans notre chambre à coucher, ai saisi la lampe de chevet, la lui ai lancée à la figure et l'ai cassée (la lampe). Ce n'était pas très malin car mon mari a refusé après cet éclat de m'adresser la parole. Je me suis assise dans la chambre du bébé et me suis demandé ce que j'allais faire ensuite, quand il m'est venu à l'esprit que j'étais censée être une bouddhiste non violente qui refuse d'agir sous l'impulsion de la colère. Je suis retournée dans la chambre à coucher, ai présenté des excuses à mon mari et me suis lancée dans un discours paisible mais émouvant (je me sentais de toute façon émue) dans lequel je lui disais que durant ces semaines difficiles et éprouvantes, nous devions nous serrer les coudes et fonctionner comme une équipe soudée, etc. Nous avons parlé, la tension s'est dissipée et tout est rentré dans l'ordre. J'aimerais pouvoir dire que nous avons ensuite fait l'amour passionnément jusque tard dans la nuit mais, parents d'un nouveau-né, nous étions trop fatigués pour y songer.

De nombreuses mères voient dans la colère une réaction préventive contre le fait d'être exploitée – les gens pourraient leur marcher sur les pieds si elles ne se mettaient pas en colère ! Mais nous pouvons être fermes avec nos enfants et faire preuve d'assurance avec d'autres personnes sans pour autant céder à la colère. Celle-ci, en fait, ouvre la voie à de futures difficultés. D'abord, ce n'est pas bon pour notre karma : chaque fois que nous agissons sous le coup de la colère, nous augmentons le risque de récidiver, en nous conditionnant à devenir belliqueux.

Exprimer notre colère peut nous procurer un sentiment de soulagement, pendant un glorieux instant d'autosatisfaction où nous nous disons d'un ton convaincu : « Bon, ils ont vu de quel bois je me chauffe ! » Mais la grande ironie de la colère est de causer plus de dommages à nous-mêmes qu'aux objets de notre colère, membres de la famille, amis, connaissances ou inconnus. Nous pouvons considérer la colère comme une réaction inévitable et renoncer à notre liberté de choisir une alternative plus salutaire. Incontrôlée, la colère pompe notre énergie, menace notre santé et compromet notre aptitude à prendre de sages décisions. Quant à la rancœur, elle empoisonne la paix de notre esprit et nous conduit à justifier nos actes d'une manière qui amoindrit notre aptitude à prendre conscience de nous-mêmes.

Étroitement liée à la haine, la colère peut conduire à une spirale malsaine de violence et de destruction, comme nous le constatons dans nombre de nations et groupes religieux : chaque nouvelle atrocité exacerbe la colère de l'autre si bien que la violence n'a jamais de fin. Le Bouddha a dit : « La haine ne mettra jamais un terme à la haine en ce monde. Seul l'amour peut le faire. C'est une loi éternelle. »

Dans le cadre de nos relations, nous observons que les actes commis sous le coup de la colère par une partie tendent à induire aussi des actes colériques chez l'autre partie, ou du moins défensifs. Le seul moyen d'arrêter ce processus est d'accorder une place plus grande aux actes d'amour. Comme l'a découvert cette mère :

> Pendant quelques années, entre mon mari et moi, les manifestations de colère sont devenues une routine. Nous avions des confrontations régulières qui ne nous aidaient ni l'un ni l'autre à obtenir ce que nous voulions. Si je l'attaquais, il se défendait instantanément sans chercher à savoir si mon argument était bon et, bien sûr, je faisais de même quand il m'attaquait. Nous avons finalement compris que notre attitude ne faisait qu'agrandir le fossé et nous figer sur nos positions. Et, inutile de le dire, l'atmosphère à

la maison était loin d'être agréable. Nous savions qu'il nous faudrait trouver d'autres moyens de résoudre nos différends, en particulier pour le bien des enfants. Pour commencer, nous avons concentré nos efforts à éliminer la colère de notre foyer. Nous nous sommes mis à discuter des différends plus calmement et avec plus d'égard, quittant même la pièce lorsque la température montait.

Dompter la colère

Pour nous aider à gérer correctement la colère, nous pouvons tenir compte de la vérité de l'impermanence et de celle de la souffrance. Nous devons d'abord comprendre que même si la colère peut nous consumer dans l'instant présent, ce n'en est pas moins un état transitoire, impermanent. Puisque *agir* sous l'impulsion de cet état transitoire serait désastreux, nous faisons donc preuve de retenue ; nous marquons une pause. Nous nous rappelons aussi la première Noble Vérité selon laquelle la souffrance, l'imperfection et l'insatisfaction font inévitablement partie de la vie. Se mettre en colère n'y changera rien, alors pourquoi gaspiller notre énergie émotionnelle ?

Alors, que faire quand la colère nous prend ? Se réprimander est inutile – se mettre en colère contre nous-mêmes parce que nous ressentons de la colère ne fait que mettre de l'huile sur le feu. Au contraire, nous devons regarder en face notre colère avec détermination, pour rester avec elle jusqu'à ce qu'elle change de forme ou se dissipe. Nous sommes attentifs à ne pas nous complaire dans notre colère ou ne pas être absorbés finalement par elle. Nous la voyons simplement comme un visiteur de plus sans la laisser nous ballotter émotionnellement. Yvonne Rand, mère et nonne zen, interviewée par Vickie Mackenzie dans *Why Buddism ?*, comprend les enseignements bouddhistes sur l'impermanence et sur l'observation de notre colère :

> Quand mes enfants étaient petits, si j'étais effrayée, je l'exprimais sous forme de colère, et ensuite, je me sentais vraiment mal. Une des conséquences très importantes de la méditation a été pour moi d'apprendre à gérer cette forte émotion négative – sans la supprimer ni l'exprimer. J'ai compris qu'une troisième option existait : arriver à l'accompagner, en évitant de la nier, de l'enfouir ou de la laisser sortir. Si vous vous mettez en colère et vous fâchez, prêtez attention à ce que vous ressentez dans votre corps, dans votre estomac, ou à votre serrement de gorge, ou à un serrement de poitrine éventuel – vous pouvez alors vous rendre compte qu'il y a une grosse colère qui monte en vous. C'est une chose que de la décrire et en être conscient et une autre que d'agir sous son impulsion. J'ai vite compris qu'une émotion qui montait, quelle qu'elle soit, pouvait se dissiper extrêmement rapidement. Cela m'a été très utile avec mes enfants.

L'enseignant tibétain Geshe Kelsang Gyatso écrit – dans l'un de ses nombreux ouvrages, *Transformez votre vie* – que la colère se compose de trois éléments :

1. Nous percevons un *objet que nous trouvons déplaisant*.
2. Nous *exagérons* le mal ressenti.
3. Nous développons un *souhait de faire du mal*.

Récemment, j'ai participé à une retraite de deux nuits en famille avec mes deux fils. Les « retraitants » étaient tous prévenus de faire le moins de bruit possible la nuit aux abords des dortoirs. Il était près de 21 h 30 et mon fils Zac était très fatigué après une journée pleine d'aventures. Sans aucun motif valable, il a commencé à gémir bruyamment – comme le fait un petit enfant de trois ans lorsqu'il est fatigué – et cela juste devant le dortoir. Prise de panique devant ses hurlements, j'ai en vain tenté de lui fermer la bouche car je voyais en imagination tous les enfants se réveiller et tous les parents se mettre à jurer. Une autre retraitante est venue à mon secours et a emmené mon bébé, Alex, tandis que j'attrapais Zac et le traînais, folle de rage, vers notre chambre.

J'étais extrêmement en colère tandis que Zac continuait à brailler, disant à l'autre retraitante que je lui faisais mal. Entourée de dortoirs, je ne pouvais même pas crier après lui. Tout ce que je pouvais faire, en lui serrant un peu trop les bras, c'était de chuchoter, les dents serrées, la menace d'interrompre brutalement nos vacances. L'autre retraitante m'observait et j'avais honte de moi, mon image de mère bouddhiste calme et aimante ayant volé en éclats. Elle a mis Zac au lit pendant que je donnais le sein à Alex qui avait également commencé à crier. Zac s'est endormi presque aussitôt après qu'elle eut quitté la chambre et j'ai poussé un soupir d'exaspération. Le lendemain matin, je suis entrée dans le réfectoire. Quinze visages se sont tournés vers moi et j'ai compris à ce moment-là qu'ils avaient été informés de ma petite scène de famille. Mais je me trompais – la veille, au moment de la scène, la plupart des enfants dormaient profondément et les adultes étaient dans la salle de méditation.

Cet épisode illustre bien les trois éléments. J'ai *perçu un objet que j'ai trouvé déplaisant* : Zac, qui criait et risquait de réveiller des gens. J'ai *exagéré le mal* : tout le monde allait se réveiller et être en colère après moi, parler de moi et me fixer d'un air entendu au petit déjeuner. J'ai *souhaité faire du mal à mon fils* : je voulais lui faire peur avec la menace de mettre un terme aux vacances. J'avais envie de lui crier dessus, de lui faire peur et de me faire obéir de lui. Et peut-être même qu'un côté plus obscur en moi voulait l'étouffer... provisoirement. Je ne m'en souviens plus maintenant.

La colère conduit à un état d'esprit nuisible auquel nous devons renoncer, si nous voulons évoluer sur le plan spirituel. Ce renoncement se fait en deux étapes : d'abord, nous reconnaissons la force négative de la colère et la considérons comme un ennemi ; puis nous essayons de procéder à une introspection pour en comprendre les causes et les éliminer. La colère a tendance à focaliser notre esprit sur les conditions externes. Cela n'aide pas à se tourner vers l'intérieur pour rechercher la cause du problème et c'est pourquoi nos réactions naturelles face à la colère consistent en reproches et autojustification frénétique. Mais quand nous procédons à une introspection, nous découvrons nos conceptions de ce qui est « bon » et de ce qui est « mauvais » – nous trouvons l'attachement et l'aversion.

Me tournant vers l'intérieur après mon incident durant la retraite, j'ai découvert la terreur que j'avais toujours ressentie à l'idée de déclencher une colère, justifiée ou pas, contre moi. L'idée de décevoir autrui ou lui déplaire provoque automatiquement en moi une aversion forte et exagérée. C'est comme si j'avais besoin que tout le monde me délivre un carnet de notes impeccable. À cause de cette aversion, j'attendais de mon enfant de trois ans qu'il se tienne sage comme un ange et ait des égards pour autrui alors qu'il était à un stade égocentrique de son développement. En poussant l'examen encore plus loin, je rencontre mon « critique » intérieur qui me dit que si je dérange les autres, je suis une personne moins intéressante, moins valable. Si je ne plais pas à tout le monde en permanence, je suis une ratée. Comme nos croyances irrationnelles apparaissent ridicules quand nous mettons des mots dessus ! Et pourtant, nous les laissons orienter toute notre vie. Rétrospectivement, je me rends compte que j'aurais pu voir le côté cocasse de la situation au lieu d'exacerber la crise de Zac. Tout du moins, je n'aurais pas dû réagir aussi excessivement.

Geshe Kelsang Gyatso conseille d'utiliser la méditation pour générer la ferme détermination d'abandonner l'esprit de colère. Nous nous répétons « Je ne céderai pas à la colère » ou « J'abandonnerai l'esprit de colère ». Cette mesure préventive prépare notre esprit – nous programme, si vous voulez – pour des événements susceptibles de déclencher notre colère. Nous travaillons à développer un esprit d'acceptation patiente qui nous permet de ne plus exiger que la vie soit autre qu'elle n'est.

La vie offrira toujours son lot d'irritations et de souffrance. C'est seulement avec un esprit patient, acceptant tout ce qui se produit, que nous connaîtrons un bonheur durable. Tant que notre bonheur sera subordonné aux conditions extérieures, nous ne connaîtrons pas la paix. Le progrès spirituel nous apprend à devenir plus patients et à mieux accepter toutes les circonstances. Nous développons l'équanimité. Cela ne signifie pas que nous devenons passifs ou indifférents, mais que nos actes sont guidés par une sagesse calme plutôt que par des états émotionnels extrêmes.

Gérér les lendemains

Et ces moments où il est trop tard : vous avez éclaté ou agi sous le coup de la colère ? Betsy pratique depuis plus de douze ans et enseigne le bouddhisme dans les écoles. Mère d'un garçon de sept ans, Sam, elle pense qu'elle doit être transparente avec lui au sujet de sa pratique. C'est pourquoi, depuis qu'il a trois ans, elle lui fait part de certains détails de cette pratique. En riant, elle admet que son fils lui donne souvent des conseils – il est maintenant parfaitement évident pour lui que lorsqu'elle perd son calme, ce n'est généralement pas à cause de lui, mais plutôt d'une difficulté qui relève de son propre monde psychologique.

Comme Betsy le souligne, nous voulons que nos enfants soient capables de présenter des excuses quand ils ont tort, et nous devons donc leur donner l'exemple de ce comportement. Quand elle perd son calme, elle essaie d'en assumer la responsabilité et de lui avouer qu'elle est fautive. Betsy et Sam discutent ensemble des incidents, en notant a) que sa réaction n'était pas utile, et b) en constatant la nécessité d'une démarche différente. Ensuite ils parlent des différentes façons d'aborder ces incidents. Au cours de ces discussions, elle met en relief l'enseignement du karma, que chaque action a une conséquence – quand vous avez dit *x*, j'ai ressenti *y* et quand vous avez fait *a*, *b* s'est ensuivi.

Betsy a même conçu un « Tableau du langage cru » pour aider Sam et elle-même à assumer leur responsabilité. Si l'un d'eux utilise un langage cru et admet après discussion que c'est le cas, une croix est placée en face du nom du contrevenant et, à la fin de la semaine, celui qui a le moins de croix reçoit une récompense. Betsy reconnaît que cela ne lui arrive jamais mais que le tableau a provoqué des discussions très constructives, par exemple, sur la différence entre un langage ferme, affirmatif et un langage inapproprié et agressif.

De nombreuses mères bouddhistes avec qui je me suis entretenue tiennent absolument à présenter des excuses à leurs enfants si elles perdent leur calme. Présenter des excuses, selon elles, est un moyen efficace de « se départir » de leur colère, de faire acte d'humilité. Comme nous le raconte cette mère :

> C'est comme céder un peu de pouvoir à vos enfants au lieu de le monopoliser complètement. En particulier, si vous leur demandez de vous pardonner. Tant de parents pensent qu'ils doivent apparaître parfaits aux yeux de leurs enfants mais je pense que vous leur rendez un meilleur service en leur enseignant des méthodes pour supporter d'être imparfaits – comme nous le sommes tous. Si vous pouvez leur dire, de temps en temps, « J'ai commis une faute », vous pourrez un jour les trouver disposés à vous dire la même chose. Ils auront alors appris à assumer la responsabilité de leur comportement.
>
> Je pense aussi que nous devrions prévenir nos enfants si nous ne sommes pas de bonne humeur ou que nous avons du mal à faire face. Leur faire part de notre état d'esprit leur évite de se sentir visés par notre comportement. Les enfants doivent savoir qu'ils ne sont pas nécessairement responsables de nos mauvaises humeurs.

Quant à réagir face à des conducteurs agressifs, des patrons mal lunés ou autres individus stressés qui suscitent notre ire, nous pouvons nous inspirer des Tibétains. Le Dalaï-lama et des témoins parlent de la manière dont de nombreux Tibétains ont survécu à la torture, sans les dommages psychologiques habituels vécus par les victimes de traumatismes graves. Les plus avancés spirituellement ressentaient même de la compassion pour leurs tortionnaires, sachant que la conduite de ces derniers ne pouvait émaner que d'un esprit profondément perturbé. Comprenant la loi du karma, ils savaient qu'avec un esprit si impur et si illusionné, ceux-ci souffriraient énormément. En tant qu'Occidentaux, nous avons du mal à comprendre une telle réaction mais c'est une leçon instructive que nous pouvons appliquer à nos propres problèmes. Nous pouvons nous dire que ce n'est pas toujours notre rôle de punir les comportements blessants puisque la loi du karma s'en charge – nous pouvons même aller jusqu'à essayer de ressentir de la compassion pour ceux qui se créent un mauvais karma.

Pour nous encourager à abandonner l'esprit de colère et tous les actes commis sous le coup de la colère, le Bouddha a dit ceci :

Celui qui offense un autre
Après avoir été offensé par lui,
Se blesse et blesse l'autre.
Quand vous êtes blessé
Mais ne blessez pas l'autre,
Vous triomphez vraiment.
Votre pratique et votre triomphe sont bénéfiques
pour tous deux.
Quand vous comprendrez la racine de la colère
qui est en vous
Et en l'autre,

Votre esprit jouira de la paix, la joie et la clarté.
Vous serez alors le médecin qui se guérit
et guérit l'autre.
Si vous ne comprenez pas,
Ne pas se mettre en colère sera à vos yeux
l'acte d'un idiot.

Pardon

Nous pouvons arriver à un stade dans certaines relations où le seul moyen d'avancer dans notre vie est d'accorder une amnistie, de pardonner. Si nous continuons à nourrir des ressentiments, en ruminant tous les jours notre colère à cause de blessures passées, notre esprit devient trop exigu pour accueillir les joies de la vie. Le pardon peut sembler une réaction irrationnelle face à un comportement dépourvu de tact, mais une fois que nous avons réussi à pardonner, nous abandonnons des sentiments et souvenirs pénibles qui nous font souffrir. C'est un acte de compassion dont nous pouvons nous sentir fiers, une opportunité de goûter notre progrès spirituel. Dans certains cas, c'est l'acte d'amour et de compassion absolu.

Certes, il est souvent irréaliste de passer trop rapidement de la force de la colère à un pardon après un épisode blessant. Nous ne pouvons pas pardonner simplement parce que nous le « devrions » ; nous ne pouvons nous l'imposer avant d'en être prêts – et cela peut demander un certain travail qui peut prendre plus d'une forme : la communication recourant à la parole juste et à l'écoute consciente (voir chapitre VII) ou la méditation de l'amour bienveillant par laquelle nous plantons les graines de notre intention de finalement pardonner (voir chapitre IX).

Parfois, le pardon ne peut être qu'un but à long terme qui demandera de nombreuses années de travail. Il nous faudra peut-être attendre que cela arrive et, entre-temps, nous observons nos émotions suscitées par un événement passé se transformer subtilement. La fureur peut se muer en un sentiment plus modéré, moins déstabilisant, de résignation. Nous aurons peut-être à souffrir mille morts sur le chemin qui mène au pardon, mais pour nous soulager du fardeau de la rancune, l'effort en vaut la peine.

Le pardon peut être le constat judicieux que nous luttons tous contre l'illusion, la confusion et l'imperfection. Il peut être utile de se rappeler les circonstances où nous avons fait du mal à autrui, où nous sommes comportés égoïstement et avons eu besoin d'être pardonnés. Ou nous pouvons découvrir que nous devons accepter notre propre responsabilité dans un conflit – nos intentions, nos actions et nos propos étaient-ils tous salutaires ?

Soyez conscients de l'effet sur votre corps du refus de pardonner. Où stockez-vous la tension ? Comment cela affecte-t-il votre état d'esprit ? Comprenez l'effet qu'une rancune a sur vous et sur votre karma. Imaginez les façons dont votre vie serait différente si vous étiez libérés de cette rancune.

Maîtriser les pensées erronées

Quand nous nous observons au moment où nous sommes dans un état de colère, nous remarquons que nos pensées en sont le combustible : « Je ne devrais pas avoir à supporter ça ! » ; « C'est absolument insupportable ! » ; « Il n'a aucun respect pour moi ! » ; « Comment ose-t-elle me marcher sur les pieds ainsi ! » Tant de nos problèmes ont nos pensées pour origine. Quand nous avons discuté du karma, j'ai cité les paroles du Bouddha au sujet de la manière dont les pensées modèlent notre caractère, et au fait que nous devons par conséquent prendre soin d'elles et veiller à ce que ce soit des pensées aimantes (voir chapitre VI).

Pour avoir un espoir de maîtriser notre tendance à la colère, nous devons intervenir sur nos pensées. Il s'agit en premier lieu de les remarquer plutôt que de se laisser embarquer par elles. Elles peuvent parfois être tellement puissantes et irrésistibles, et nous emmener si loin de l'instant présent que nous devons vraiment nous « arrêter et prendre conscience » ou « penser à nous rappeler » pour pouvoir vraiment être attentifs. Nous devons ensuite repérer les pensées erronées, stériles qui nous empêchent d'être heureux et calmes.

Dans son *Discours sur les formes de la pensée*, Bouddha nous a donné cinq options pour gérer les pensées perturbantes. En résumé, il nous a conseillé de :

1. Nous concentrer sur le côté positif.
2. Considérer les conséquences de nos pensées.
3. Détourner notre attention de nos pensées.
4. Envisager de modifier notre mode de pensée.
5. Utiliser notre volonté.

Aucune d'elles n'est particulièrement originale. Nous entendons ce type de conseil tout le temps parce qu'il a fonctionné à travers les âges. Ce que je trouve intéressant, toutefois, est que le Bouddha présente ce conseil sous la forme de cinq *alternatives* parmi lesquelles choisir. Par exemple, il ne dit pas : « Quand vous avez des pensées perturbantes, il suffit de vous concentrer sur le côté positif. » Il ne dit pas non plus : « Évitez les pensées perturbantes en faisant appel à la volonté pure. » Comme nous le savons, de toute manière, pas une seule de ces options ne nous séduirait. Nous pouvons utiliser notre bon sens pour choisir l'option la plus utile, ou une combinaison d'options, selon l'instant particulier dans lequel nous nous trouvons.

NOUS CONCENTRER SUR LE CÔTÉ POSITIF

Comme première option, le Bouddha a suggéré : « Si des pensées erronées liées au désir, à l'aversion ou à la confusion apparaissent et perturbent l'esprit, vous devez à la place vous concentrer sur un autre sujet lié à ce qui est correct... tout comme un charpentier habile se sert d'une petite goupille pour en éjecter une grande. »

Par manque de sommeil ou d'énergie, ou des deux à la fois, les mères pourraient finir par être en colère contre beaucoup de gens : leurs propres enfants, ceux des autres, et tous ces adultes « qui devraient avoir un peu plus de bon sens ». Nous pouvons nous rappeler, pour chacune de ces personnes, ses qualités et l'une de ses gentillesses – tout comme nous espérons que les autres le feront pour nous quand nous aurons suscité leur ire. J'essaie d'en prendre note mentalement quand je remarque qu'un ami ou une relation agit généreusement et gentiment. Je peux alors me rappeler ces actes le jour où je commence à porter un regard négatif sur ce personnage. Cette mère fait de même pour son compagnon : « Il y a des jours où, consumée par la colère, je me déclare solennellement que mon mariage est fichu et qu'il n'y a absolument aucun moyen pour mon compagnon et moi d'atteindre la ligne d'arrivée ensemble. Quand j'arrive à redescendre de ces montagnes russes sur lesquelles m'embarquent mes pensées, je peux me rappeler les multiples qualités de mon mari et les occasions où je lui ai été reconnaissante pour sa générosité ou sa prévenance. »

Une autre pratique possible consiste à accorder aux gens le bénéfice du doute pour couper court aux pensées négatives avant qu'elles ne commencent à défiler. Ainsi, par exemple, nous comprenons qu'un commentaire ne nous visait pas forcément ; que le retard des gens à notre rendez-vous n'a rien à voir avec nous, mais avec leur problème de gestion du temps ; que le comportement épouvantable de notre enfant n'est pas une attaque personnelle mais une réaction à un changement dans sa routine.

CONSIDÉRER LES CONSÉQUENCES DE NOS PENSÉES

Comme seconde option, le Bouddha a suggéré : « Examine minutieusement le danger de ces pensées erronées et pense : "Ce sont des pensées fausses, des pensées renfermant des erreurs, ce sont vraiment des pensées aux conséquences douloureuses." »

Rappelez-vous la grande ironie de la colère – elle vous fait tellement plus de mal qu'elle n'en fait à ceux qui l'ont suscitée. Songez à votre propre karma. Chaque fois que vous choisissez de réagir par la colère, vous vous conditionnez à récidiver. Comment pourrons-nous connaître la paix de l'esprit si nous nous conditionnons à être des gens coléreux ?

Personnellement, j'ai de très douloureux regrets des moments où j'ai réagi avec colère face à des problèmes. En laissant la tension monter pendant de nombreuses années avant qu'elle n'explose, non seulement je me suis rendue ridicule, mais en plus j'ai causé un tort irréparable à mes relations. J'ai appris qu'il est très important de gérer la tension avec prudence et retenue, pour éviter d'agir sous le coup de la colère et de faire du mal à autrui.

Nous devons donc nous demander : où ces pensées me mènent-elles ? Vais-je entrer en éruption comme un volcan si je continue à penser ainsi ? Quand est né mon second fils, Alex, et que mes responsabilités de mère se sont accrues, je me suis aperçue que je perdais facilement patience avec Zac. Cette capacité nouvelle à me mettre en colère, et même à ressentir de la violence en moi, m'a inquiétée. Au lieu de rejeter la responsabilité sur un petit enfant de trois ans pour des scènes de famille plutôt déplaisantes, j'ai dû reconnaître que les dégâts étaient imputables à ma colère. Quelle sorte de mère voulais-je devenir ? Quelle sorte de relation voulais-je avoir avec mes enfants ? Voulais-je augmenter la souffrance de mes enfants ? Pour mon bien également, il me fallait contrôler cette nouvelle facette de mon caractère, sinon ma santé mentale risquait d'en pâtir.

DÉTOURNER NOTRE ATTENTION DE NOS PENSÉES

Comme troisième option, le Bouddha a suggéré : « Fais subir à ces pensées l'oubli et l'absence d'attention [...] tout comme un homme qui ne voudrait pas voir les formes matérielles se présentant dans son champ de vision fermerait les yeux et regarderait ailleurs. »

Les enseignements bouddhistes évoquent souvent notre tendance à accorder une « attention inappropriée » à des événements mineurs et à nous mettre en colère. Par moments, notre mode de pensée devient obsessionnel et répétitif, nous revoyons des événements passés et nous les ressassons. Nous devons être vigilants pour déceler une attention inappropriée et refuser alors de continuer dans cette direction. Souvent, si nous arrivons à abandonner l'attention inappropriée, la colère subit le même sort. Cela exige de nous de déplacer notre attention. La pleine conscience de la respiration permet de nous détendre et d'arrêter le cours de l'attention inappropriée. Dans des situations tendues, respirer profondément nous calme et nous fixe.

Avant que nous ne devenions mères, nous distraire était souvent le parfait antidote aux pensées destructives. Nous pouvions généralement trouver du temps dans la journée pour nous jeter sur un roman ou courir au cinéma. Ce n'est plus tellement le cas maintenant, les besoins de nos enfants sont trop immédiats et nous devons être sur le pont. Néanmoins, quand notre façon de penser est contreproductive, obsessionnelle ou stérile, nous pouvons nous distraire en donnant un autre cours à nos pensées.

Il m'est arrivé de constater qu'organiser un dîner était un antidote utile à un esprit perturbé. En apportant une touche bouddhiste à l'affaire, j'ai essayé de le préparer avec amour et un désir sincère d'offrir à mes invités une expérience merveilleuse. Toute la semaine, mon espace mental était occupé par l'élaboration du menu et des détails. La soirée elle-même a laissé un souvenir agréable. Quelquefois, entraîner votre famille pour une sortie constitue une distraction efficace. Ou alors vous pouvez appeler un ami ou rechercher la compagnie d'autres adultes ; faire des mots croisés ; lire quelques articles d'un magazine ; écrire un poème ; rechercher une recette originale ; trier vos photos.

Comme pour les autres options, celle qui consiste à se distraire n'est pas la meilleure réponse pour toute situation. Elle n'est pas appropriée quand, par exemple, nous devons nous pencher sur nos sentiments et les comprendre.

ENVISAGER DE MODIFIER NOTRE MODE DE PENSÉE

Comme quatrième option, le Bouddha a suggéré : « Tout comme il pourrait venir à l'esprit d'un homme marchant vite de se dire : “Allons, pourquoi est-ce que je marche rapidement ? Et si je marchais lentement ?” il pourrait également lui venir à l'esprit, s'il marchait lentement, de se dire : “Allons, pourquoi est-ce que je marche lentement ?... Et si je m'étendais ?”... Cet homme, ayant abandonné la posture la plus difficile, pourrait adopter la posture la plus facile. »

Dans un esprit d'investigation, mettez en question votre raisonnement : pourquoi pensé-je ainsi ? Qu'est-ce qui m'y a conduite ? Puis : existe-t-il une façon de penser différente, qui ferait que ma vie s'écoulerait avec moins de heurts ? Rien ne nous oblige à rester coincés dans une version rigide de notre réalité. Les pensées vont et viennent et ont souvent peu à voir avec *ce qui est*. Nous n'avons pas à leur accorder plus de pouvoir parce que nous croyons en elles. C'est une des découvertes les plus banales de ceux qui expérimentent la méditation en pleine conscience : les pensées ne sont que des pensées, elles ne sont pas moi et elles ne sont pas la réalité.

Comme le Bouddha l'a constamment rappelé, l'esprit crée la réalité : ce que nous nous racontons est plus puissant que la situation elle-même. C'est à nous de décider de l'importance que nous choisissons d'accorder à un événement perturbant. Quand nous sommes irrités ou en colère, nous devons convenir que nous avons choisi de percevoir cette perturbation et de la juger comme mauvaise. Existe-t-il une autre façon d'interpréter cette situation ? Devons-nous vraiment en faire une affaire personnelle ? Cette situation mérite-t-elle vraiment un si grand investissement émotionnel ? La colère est-elle la réponse inévitable ? Une remise en cause peut produire en nous un état plus salutaire.

Une mère décrit la fraction de seconde où elle se ravise et abandonne la réaction automatique qu'elle allait avoir avec son bambin : « Je me sens grincheuse et je vais sans doute gronder ma fille pour la vingtième fois. Mais au lieu de "Ne touche pas ça !", je me retrouve en train de dire "Si on se faisait des chatouilles ?" et nous nous roulons par terre pour passer un moment totalement différent de ce qui aurait pu se produire. Ce n'était pas ce que j'avais envie de dire mais, très vite, mon esprit a rattrapé mes paroles.

UTILISER NOTRE VOLONTÉ

Comme cinquième option, le Bouddha a suggéré : « À l'aide de l'esprit, soumets, maîtrise et domine l'esprit [...] Tout comme un homme fort qui, ayant saisi un homme plus faible par la tête ou les épaules, le soumettrait, le maîtriserait et le dominerait. »

Si nous sommes vraiment déterminés à nous entraîner à avoir un état d'esprit plus sain et si nous en faisons un but sérieux, combattre alors les pensées erronées par la force de notre volonté pourrait être couronné de succès. Il suffirait d'être doux mais ferme avec nous-mêmes, en disant : « Lâche prise » ou « Ça suffit ». Comme le suggère Geshe Kelsang Gyatso, nous pouvons utiliser le moment de la méditation pour développer une forte détermination à abandonner l'esprit de colère. Cela peut tenir au fait de se demander : « Quelle importance des relations saines ont-elles pour moi ? » Aussi, bien que : « Quelle est l'importance de mon progrès spirituel ? »

– *Ce que nous pouvons faire* –

- Nous rappeler que les pensées et paroles furieuses sont mauvaises pour notre karma.
- Nous rappeler que la colère n'est qu'un état passager, et qu'il ne faut donc pas lui accorder de pouvoir.
- Reconnaître notre colère et l'accompagner sans nous abandonner à elle – observer ses effets sur notre corps, la manière dont elle change de forme et se dissipe finalement.
- Chercher à l'intérieur de nous les causes de la colère pour pouvoir les éliminer.
- Utiliser la méditation pour développer une forte détermination à abandonner l'esprit de colère.
- Faire part de certains de nos combats à nos enfants pour qu'ils puissent tirer les leçons de nos erreurs – inutile de leur enseigner que nous sommes parfaits.
- Demander des excuses à nos enfants quand nous avons tort.
- Prévenir nos enfants si nous sommes de mauvaise humeur de façon qu'ils ne se sentent pas visés.
- Envisager de pardonner à ceux contre qui nous sommes en colère – ne serait-ce que pour notre bien.
- Examiner les cinq options du Bouddha pour gérer les pensées erronées :
  1. Se concentrer sur le côté positif.
  2. Considérer les conséquences de nos pensées.
  3. Détourner notre attention de nos pensées.
  4. Envisager de modifier notre mode de pensée.
  5. Utiliser notre volonté.

CHAPITRE V

Se faire du souci pour ses enfants

Ma défunte grand-mère était une nature inquiète, mais pas seulement. Elle était le véritable pilier de la famille, pour laquelle elle se sacrifiait. Toujours présente durant notre enfance, elle nous gardait constamment, mes deux sœurs et moi, nous racontait des histoires, surveillait nos résultats scolaires, écoutait nos divagations enfantines. Quand elle n'était pas aux petits soins avec nous, elle s'affairait dans les moindres recoins de la maison, nettoyant tout sur son passage. Elle a vécu pour nous servir, dédaignant la compagnie de tous ceux qui n'étaient pas de la « famille ». Un appel téléphonique à Grand-Mère ne pouvait jamais durer moins d'une demi-heure et, pas une seule fois dans les annales de la famille, elle n'a raccroché la première.

Des parents moins admiratifs diraient qu'étant l'inquiète autoproclamée de la famille, Grand-Mère ne trouvait son bonheur qu'en se rendant malade à force d'inquiétude. Le souci était chez elle un si grand art que nous nous étions tous mis d'accord pour ne jamais lui annoncer une nouvelle susceptible de mettre en branle son imagination – naturellement, cela restreignait sévèrement la communication. Ses deux enfants, ma mère et mon oncle, évitaient de lui en parler quand ils partaient en voyage à l'étranger, qu'ils devaient être hospitalisés ou quand ils étaient confrontés à la moindre difficulté. Grand-Mère était noble et affectueuse, mais, hélas, sa nature d'inquiète compulsive l'a exclue de nombreuses tranches de notre vie à tous. Dans ces conditions, nous, les êtres qu'elle chérissait, ne pouvions lui faire des confidences, lui demander des conseils ou compter sur son écoute quand nous étions en difficulté.

C'est une histoire banale : les filles et les fils ravalent leurs problèmes parce qu'ils « ne veulent pas inquiéter Maman ». Pourtant, comment pouvons-nous, en tant que mères, aider nos enfants s'ils ne se confient pas à nous ? Comment pouvons-nous être leur alliée lorsqu'ils sont confrontés à des problèmes tels que brimades, drogue, dépression ou même idées de suicide ? Pour aider nos enfants à affronter ces difficultés, nous devons être, à leurs yeux, solides, pleins de ressources et sages. Nous devons aussi être héroïques et dissimuler notre anxiété, serait-elle à son comble, au sujet de leur bien-être.

Ma propre mère était une excellente confidente. Mes sœurs et moi n'hésitions jamais à lui faire part de nos préoccupations et il ne nous a jamais traversé l'esprit que cela pouvait lui être lourd à porter. Un de mes souvenirs les plus poignants remonte à celui de l'époque où, âgée d'une petite vingtaine d'années, je traversais une phase douloureuse et me sentais prise au piège et déprimée. J'ai parlé avec ma mère de ma situation, et je suis ensuite repartie en voiture pour rentrer chez moi. M'apercevant que j'avais oublié quelque chose, je suis revenue et l'ai trouvée le visage baigné de larmes. Elle a nié que ça n'allait pas. Reprenant le chemin de la maison, j'ai ressenti une profonde gratitude. J'ai pris conscience que ma mère avait toujours donné d'elle-même l'image d'une personne forte devant nos difficultés mais qu'elle tenait sans doute plus de Grand-Mère que nous le pensions : c'était douloureux pour elle de voir ses enfants souffrir.

Jusqu'à un certain point, le souci peut avoir une utilité en nous obligeant à planifier, passer au crible nos options et réagir. Et pourtant, nous avons tendance à nous faire du souci bien au-delà de ce seuil tout en sachant que cela ne servira à rien. Si nous cédons à cette tendance, nous pouvons passer le restant de nos jours sans jamais connaître la paix. Il semble qu'il y ait deux manières de se faire du souci : la première est inutile ou fondée sur des scénarios imaginaires. Selon la formule de Mark Twain : « Ma vie a été remplie de malheurs terribles... dont la plupart ne sont jamais arrivés. » Et il y a le souci légitime ou justifiable, par exemple, dans les cas où nos enfants souffrent vraiment.

Le prix du souci

Les conséquences du souci sont néfastes, tant sur le plan physique que mental. D'après le corps médical, le souci permanent affaiblit nos fonctions physiologiques et entraîne hypertension, problèmes cardiaques, ulcères à l'estomac et difficultés respiratoires. Et nous n'avons pas besoin d'avoir recours à un médecin pour savoir que le souci anéantit nos espoirs d'avoir un sommeil paisible, un niveau d'énergie satisfaisant et la paix de l'esprit. Avec un esprit prédisposé au souci, nous risquons d'être enclins à fuir certaines situations et, de ce fait, à restreindre le champ de nos capacités et de nos opportunités, ainsi que celles de nos enfants.

Le souci trouble notre esprit, réduisant ainsi notre efficacité : nous perdons l'aptitude à réfléchir clairement, à distinguer l'essentiel de l'accessoire et à réagir avec sang-froid et calmement. Comme l'écrit Adrienne Howley, nonne bouddhiste et mère de deux garçons, dans *The Naked Buddhas* : « Si nous sommes mentalement occupés à nous cramponner et à désirer, à nous inquiéter au sujet de ce que nous appelons la sécurité, nos réactions seront inadéquates et le résultat ne sera pas celui que nous espérions. » Elle affirme que nous devons utiliser une méthode d'investigation et d'analyse conscientes pour voir les choses telles qu'elles sont vraiment et trouver des solutions à nos problèmes.

Et comme cela s'est passé pour ma grand-mère, plus on développe l'habitude de se faire du souci inutilement, plus il est difficile d'arrêter. Se faire du souci est devenu son karma, son caractère, son destin. À chaque fois qu'elle s'inquiétait, son habitude s'en trouvait renforcée jusqu'à devenir un état d'esprit naturel, inévitable. Se faire du souci est l'un des comportements les plus aptes à créer une accoutumance, obligeant notre esprit à habiter un monde futur imaginaire et sans joie. Cela ne laisse aucune place à la conscience de l'instant présent.

Une mère bouddhiste, Sue, avait gravement souffert d'une de ces conséquences du souci. C'est avec une douleur croissante à l'estomac qu'elle a constaté l'apparition chez sa fille des mêmes imperfections du visage dont elle avait souffert étant jeune. Sue voyait toujours son visage comme un assemblage de traits trop petits ou trop grands et, malheureusement, cette perception était partagée par certains des spécimens les plus cruels de la cour de récréation.

J'ai du mal à croire que je dois revivre certains des pires souvenirs de ma vie à travers ma pauvre fille. Qu'elle puisse souffrir ne serait-ce qu'une parcelle de mon angoisse me brise le cœur et peut me rendre très déprimée par moments. Il est rare que je parle ouvertement avec ma fille de mon anxiété parce que ce serait, me semble-t-il, la trahir d'une certaine manière. Des gens pourraient rire, en parler à quelqu'un ou avoir pitié de ma fille. C'est donc un problème auquel je dois faire face seule. Il m'arrive parfois de la regarder et même si je la trouve très belle, je me sens envahie de tristesse – mes pensées finissent par me déprimer et gâcher ma journée. Et d'autres jours, je surprends d'autres enfants parlant entre eux de son apparence et je reçois comme un coup de poing dans l'estomac. Elle n'en est pas encore affectée mais je ne pourrai pas la protéger dans l'avenir.

Sue s'est rendu compte que son souci pouvait s'amplifier au point de détruire en elle tout espoir de paix de l'esprit. Elle se prédisait un destin d'âme torturée et elle a tenté de modifier son karma :

J'ai compris que je devais commencer à diriger les pensées qui étaient en train d'échapper à mon contrôle. Un jour, je me suis assise en méditation jusqu'à atteindre une plage de calme. Je me suis ensuite levée, me suis assise à mon bureau et j'ai écrit sans m'arrêter. J'ai couché sur le papier tous les sentiments que mon propre sens de la laideur physique avait suscités en moi en grandissant : isolement, humiliation, sentiment de rater quelque chose, de ne pas être respectée. Mettre des mots sur ces sentiments confus m'a aidée : maintenant, je les avais enfin exprimés.

J'ai ensuite trié et nommé toutes mes peurs au sujet du physique de ma fille et j'ai essayé de trouver un ensemble de pensées ou de contre-arguments efficaces. Peut-être ma fille ne serait-elle pas aussi sensible et timide que je l'étais – qu'elle souffrirait moins profondément ou d'une autre manière. J'étais assurément une enfant vraiment très mélancolique et portée à m'appesantir sur mes problèmes. D'ailleurs, ses expériences seront différentes des miennes ou de tout scénario issu de mon imagination – mystère total. Alors, pourquoi perdre mon temps à imaginer les horreurs qui pourraient lui arriver ?

Elle pourrait avoir des traits de caractères qui rachètent ses défauts, par exemple un formidable sens de l'humour lui permettant de supporter des défauts physiques et de devenir le genre de personne agréable qui « ne se prend pas trop au sérieux ». Je peux l'aider à se polariser sur d'autres talents et capacités en elle pour y puiser sa confiance en soi. Je peux concentrer mes efforts à créer une atmosphère aimante dans notre foyer et constituer un entourage de personnes qui l'aiment, ce qui peut atténuer l'impact des coups qu'elle pourrait recevoir. D'ailleurs, un environnement familial positif devrait être le facteur le plus important pour contribuer au bonheur d'un enfant.

Je me rappelle d'autres personnes aux imperfections physiques similaires qui mènent une vie relativement heureuse et réussie. Je pourrais même me tourner vers ce type de personnes pour que ma fille puisse trouver des modèles dont s'inspirer. Comme moi, ces personnes ont développé en elle d'autres aspects que leur apparence et elles ont en général une certaine profondeur émotionnelle.

La souffrance à laquelle elle va peut-être être confrontée pourrait l'aider à se transformer en une personne mûre et très évoluée. Elle pourrait apprendre d'importantes leçons, telle la compassion envers autrui. Il est possible qu'il y ait une raison précise à ces traits physiques et nous devons toutes deux en tirer un enseignement. Et mon expérience pourrait lui être utile, si je m'en sors avec sagesse. Cela pourrait nous rapprocher.

Quoi qu'il en soit, revenir à cette liste de contre-arguments m'aide quand mes soucis recommencent à couver. Je ne peux pas affirmer avoir maintenant surmonté mes peurs mais disposer d'une telle liste m'aide à y voir plus clair. Je suis moins absorbée dans mes idées noires quant à l'avenir, moins prisonnière de mon aversion envers moi-même. C'est important car je sais que pour pouvoir l'aider, je dois être calme et équilibrée.

Combien d'entre nous ne tireraient-ils pas profit de l'examen en profondeur d'une question qui les préoccupe ? Que ce soit sur le papier ou dans le cadre d'une méditation assise, nous avons tous la capacité de projeter ou de regarder en face nos soucis et même, à des degrés divers, de les résoudre.

Accepter une certaine dose de souffrance

Avec les progrès technologiques, nous vivons à une époque de solutions miracles, de solutions instantanées et d'appareils économiseurs de temps. Grâce à des millions de publicités, on nous berce dans l'illusion que nous ne sommes pas obligés de supporter la moindre sensation pénible, le moindre aspect « négatif » ; c'est pourquoi nous luttons contre les sensations pénibles et nous y opposons, refusant de nous en accommoder. Nous oublions la première Noble Vérité : la souffrance existe, la vie est par essence insatisfaisante.

À travers l'histoire, la plupart des femmes ont vécu une vie de corvées domestiques permanentes, leurs enfants tombaient souvent gravement malades ou mouraient, leurs époux les possédaient comme un bien matériel et la fin d'un mariage pouvait les obliger à devenir domestiques ou prostituées. La plupart des femmes n'avaient aucun statut dans la société, et leur sort éveillait peu de compassion. Ce ne sont certainement pas elles qui auraient mis en doute souffrance et insatisfaction, notions qui faisaient tellement partie intégrante de leur vie – et une large proportion de femmes à travers le monde vit encore dans de telles conditions. Comparées à ces femmes, nous sommes gâtées, avec notre moyenne de 1,8 enfant, notre confort moderne et notre relative liberté.

Malgré cela, notre niveau de vie supérieur ne nous épargne pas la souffrance et l'imperfection, quelles que soient les promesses de la technologie moderne et les publicités. Les femmes tout comme les hommes modernes connaissent inéluctablement de nouvelles façons de souffrir, car telle est la nature de l'existence. Ce qui rend la souffrance moderne particulièrement pénible est notre conviction que nous ne sommes pas obligés de souffrir, que nous n'avons pas à tolérer de sensation pénible et qu'elle doit être éliminée à tout prix. Nous exigeons de la vie qu'elle soit autre qu'elle ne l'est, nous nous attachons à notre vision de ce qui devrait être et nous nous sentons terriblement frustrés quand nos espérances sont anéanties.

Mais notre crainte et notre inquiétude ne sont point tant suscitées par une situation que par les émotions que celle-ci déclenche en nous. Nous nous inquiétons de ce que nous ressentirions si un événement redouté arrivait. Ou alors nous nous angoissons à l'avance des nombreux soucis qui pourraient survenir encore dans notre vie. Ce n'est pas tant la souffrance et l'insatisfaction qui nous font mal que l'aversion que nous en avons et la lutte émotionnelle que nous livrons contre elles. Au lieu d'essayer de contrôler des détails extérieurs, cela vaudrait la peine d'investir plus d'efforts pour étudier nos réactions émotionnelles. Ce pourrait être un moyen bien plus efficace de diminuer notre capacité à souffrir. Selon les termes d'Adrienne Howley : « L'esprit libre de souci... sait que le plus important n'est pas ce qui nous arrive mais la manière dont nous réagissons. » Quand nous ne pouvons pas éliminer de notre vie ce que nous craignons, il est plus pertinent de pratiquer la patience, l'acceptation et l'équanimité que de nous faire du souci. Continuer à lutter contre l'inévitable ne fait qu'aggraver notre souffrance et notre tristesse.

Gérer le souci

Contrairement à ce que nous supposons habituellement, nos soucis ne nous affligent pas de « l'extérieur », mais sont présents dans notre esprit. Si nous pouvons maîtriser notre esprit, nous pouvons alors influer sur la qualité de nos expériences.

Le Bouddha l'a exprimé de plusieurs manières, notamment :

> Nous sommes ce que nous pensons. Tout ce que nous sommes provient de nos pensées. Avec nos pensées, nous créons le monde.

> Votre pire ennemi ne peut vous blesser autant que votre propre esprit. Mais une fois maîtrisé, nul ne peut vous aider autant que lui.

> L'esprit est le précurseur de tous les états.
> L'esprit est chef ;
> Créés par l'esprit sont ces états.

> La personne qui souffre le plus dans ce monde est celle qui a de nombreuses perceptions fausses... Et nombre de nos perceptions sont erronées.

Pendant la méditation et en vivant en pleine conscience, nous développons la capacité d'observer nos pensées et de suivre les histoires terrifiantes que nous inventons. Nous remarquons tout phénomène de boule de neige, où chaque nouvelle pensée est un peu plus dramatique que la précédente. Nous remarquons de telles distorsions et exagérations de la réalité qu'elles peuvent nous mener à un rapprochement avec la scène du film *Parenthood* où Steve Martin, torturé par ses difficultés en tant que père, s'égare dans un fantasme où son jeune fils est le personnage du tireur qui provoque un massacre dans une cour de récréation.

Comme nous l'avons vu dans le cas de la colère, se faire du souci peut être la résultante d'une attention inadéquate – nous choisissons de ne percevoir que la portion la plus étroite de la réalité, nous l'exagérons et nous nous y complaisons. Le célèbre moine vietnamien Thich Nhat Hanh, a expliqué dans *Enseignements sur l'amour* la nécessité d'être ferme avec son propre esprit quand on se surprend en plein état d'inquiétude : « En étant conscients, nous... abandonnerons l'attention inadéquate, en observant : "Je suis conscient que cette attention inadéquate ne profitera ni à moi-même ni à ceux qui comptent pour moi." »

À QUOI VOUS ACCROCHEZ-VOUS ?

Nous devons mettre au jour toute croyance irrationnelle générant l'inquiétude. Tout ce pour quoi nous nous inquiétons provient d'une sorte d'inadéquation entre nos croyances et nos expériences. Nous croyons que les choses devraient « être comme ça » et ce n'est pas le cas. Il est donc avisé de constamment démêler les croyances qui provoquent tous nos soucis. Cette mère s'est rendu compte de l'inconvénient d'avoir des opinions trop rigides : « Mon éducation religieuse m'a conduite à voir le monde en termes de dualités inutiles : bon et mauvais, paradis et enfer, heureux et triste, sûr et dangereux. Le travail que j'ai à faire maintenant est de transcender ce mode de pensée dualiste. Voir le monde sous la forme rigide du noir et blanc, du ou bien... ou bien n'a fait que créer de la tension et de l'anxiété en moi. Je dois abandonner mes opinions trop ancrées sur ce qui est bon et mauvais. Ce qui me tient à cœur maintenant est de m'efforcer d'atteindre l'équanimité et la stabilité. »

Vous pensez peut-être que ce serait terrible pour vos enfants de souffrir, qu'ils devraient toujours être heureux. En mettant en évidence cette croyance, vous vous demandez si elle est bien rationnelle et vous décidez qu'elle ne l'est pas du tout. Les enfants doivent tirer les leçons des déceptions et de la souffrance, tout comme vous. Vous pourriez décider d'être plus philosophe quant il s'agit de la souffrance de vos enfants ou de mieux l'accepter. Les psychologues affirment que les difficultés de l'enfance peuvent être une excellente préparation à la vie d'adulte et que l'absence de difficultés dans l'enfance pourrait bien générer un adulte mal armé. Protégés des coups durs de la vie, les enfants n'apprennent jamais à acquérir sagesse, compassion ou sensibilité.

Le professeur Martin Seligman, l'un des psychologues les plus influents aux États-Unis, a avancé un solide argument dans un documentaire intitulé *Myth of Childhood* : « Je pense que les efforts des parents et des éducateurs pour que nos enfants se sentent toujours bien ne font que les affaiblir. Ils les empêchent d'être armés pour faire face aux échecs et rebuffades que la vie nous apporte inévitablement à tous. Les courants de pensée qui suggèrent que nos enfants devraient se sentir bien tout le temps ont privé ces derniers de la capacité de lutter contre la dépression. Ils ont préparé les enfants à avoir à l'âge adulte autant de ressentiment que si nous les avions physiquement contrecarrés, humiliés à chaque étape de leur développement. »

Le père du Bouddha a appris à ses dépens qu'en dépit de sa fortune et de sa position de roi, il ne pouvait protéger du monde son fils, Siddhârtha. Il a eu beau essayer de donner à son fils une vie d'enfant comblé, ce dernier a tenu à être libre de voir le monde tel qu'il est. Comme Siddhârtha et tout être humain sur terre, nos enfants doivent souffrir. Plus nous nous opposons à cette idée et plus nous persistons à la nier, plus elle nous fait mal. Même si nous nous soucions vraiment du bien-être de nos enfants et faisons de notre mieux pour les aider à faire face à la souffrance, nous devons protéger notre esprit des ravages causés par une inquiétude incessante et sans objet.

En observant notre inquiétude, nous pouvons mettre au jour nos exigences vis-à-vis de la vie ou, en termes bouddhistes, les domaines d'attachement qui sont la cause de souffrance et d'anxiété. Plus nous avons d'exigences, plus notre capacité à nous faire du souci augmente. Nous serait-il possible de convertir nos exigences opiniâtres en quelque chose de plus nuancé, disons, en « préférences » ? Nous pourrions peut-être passer de : « Mon enfant *doit* exceller dans ses études » à « Ce serait bien si mon enfant pouvait exceller dans ses études, mais nous n'en mourrons pas s'il n'y arrive pas ». Il est évident que la seconde attitude contribue bien plus à la paix de l'esprit chez tous les membres de la famille.

Mon amie Anna, qui est très sage, a un fils âgé de neuf ans. Quand il était bambin, le développement du langage s'est fait, chez lui, plus lentement que chez les enfants du même âge. Aujourd'hui, elle dit qu'il n'est pas très doué pour les études et qu'il est assez maladroit dans le domaine des sports. Par ailleurs, il adore réparer, bricoler, créer de ses mains et il a une ingéniosité sans faille. Anna s'étonne que certains membres de la famille se soient inquiétés et tracassés au sujet du manque de « polyvalence » de son fils mais elle n'exige pas de lui qu'il soit parfait ni qu'il avance au même rythme que ses camarades de classe. Bien sûr, elle fait tout ce qu'elle peut pour l'aider et lui faire prendre des cours particuliers, mais elle l'accepte et l'aime tel qu'il est et refuse de se faire du souci au sujet de ce qu'elle ne peut pas changer. Elle y accorde de l'importance, mais ne se fait pas de souci. Elle manifeste de l'intérêt mais pas d'impatience qui pourrait blesser son fils, un garçon enjoué qui apprécie visiblement la vie.

Dans certains cas, les exigences que nous nourrissons envers nos enfants ne sont pas signe d'amour, mais d'attachement. Bien sûr, nous pouvons avoir des exigences envers un enfant pour la simple raison que nous souhaitons son bonheur, mais vouloir absolument que nos enfants présentent des aptitudes qu'ils n'auront jamais relève de l'attachement et prépare le terrain pour l'inquiétude. Nos enfants ont besoin de pouvoir s'accepter sans que cela soit conditionné par leurs performances. Dans l'environnement scolaire actuel fort compétitif, c'est beaucoup demander mais nous pouvons faciliter la chose en acceptant « ce qui est » et en saluant les meilleurs efforts fournis par nos enfants.

MÉDITER

Là encore, comme pour la colère, l'antidote au souci est de méditer, ne serait-ce que pour accorder une pause à notre esprit. Comme on redémarre un ordinateur quand il commence à présenter des dysfonctionnements, nous pouvons revenir plus calmement à notre vie avec un écran mental nouveau. Quand nous nous faisons du souci, maintenir l'esprit dans le présent nous demande des efforts car le présent est seul contrôlable – une méditation en pleine conscience sur la respiration est le meilleur moyen de pratiquer la concentration sur l'ici et maintenant. Se faire du souci rend notre monde vraiment petit et la méditation est un moyen de créer de l'espace, de se connecter avec un univers tellement plus grand que l'univers restreint que nous nous sommes créé. Nous reconnaissons que la vie est tellement plus vaste que ce problème passager.

Nous confiner dans une vision étroite de notre problème est aisé. Nous prenons tellement l'habitude de penser à notre problème à un niveau intellectuel, en poursuivant je ne sais combien de fantasmes et de fils de pensée différents que nous oublions de mettre en question notre vision même de ce problème ou notre manière de l'aborder. Bien souvent, nous apportons tant de bagages émotionnels dans une situation que nous ne voyons pas les simples faits. La méditation peut nous aider sur ce point en nous procurant de l'espace pour examiner à fond notre problème dans des conditions parfaites d'immobilité et de concentration. Une partie de cet « examen en profondeur » consiste à mettre en doute toutes nos croyances et pensées au sujet de ce problème plutôt que de les prendre pour argent comptant. En nous posant à nous-mêmes des questions comme : « À quoi aboutit ma façon actuelle d'aborder le problème ? » et « Jusqu'à quel point suis-je vraiment piégé ? », nous serons plus imaginatifs dans notre recherche d'alternatives. Lorsque notre esprit erre, nous pouvons le ramener vers notre respiration pour le rendre immobile et vaste avant de reprendre notre investigation.

Quand à notre inquiétude se mêle un sentiment de tristesse, de panique ou de désarroi, quand elle nous fait l'effet d'un objet solide, d'une « chose » qui sape notre énergie et notre bien-être, utiliser notre respiration pour nous calmer est très utile. Subhana Barzaghi est mère de trois garçons, enseignante zen et psychothérapeute. Elle recommande de prendre le temps de respirer avec le souci : déceler dans quelle partie de votre corps se concentre la tension provoquée par ce souci, de concentrer votre attention sur ce point, puis de relâcher la tension sur l'expiration. À chaque expiration, visualisez-vous en train d'abaisser peu à peu cette tension et d'atténuer cette négativité qui provoquent votre souffrance. Subhana affirme que cette pratique « émoussera » l'intensité de vos sentiments.

SOURIRE

Il est également très utile de sourire aussi souvent que possible, en particulier quand vous vous prenez en flagrant délit d'inquiétude. Certains méditants s'emploient à sourire en méditant à la manière du Bouddha. D'autres se souviennent de sourire au cours de la journée. Essayez de sourire à vous-même là, tout de suite, et observez l'effet subtil sur votre esprit ou sur une tension dans votre corps. Essayez de sourire davantage au cours de conversations et remarquez comme vous vous sentez plus heureux.

Quand vos pires craintes se concrétisent

Comment le bouddhisme peut-il nous aider quand nos peurs et soucis sont fondés ? Parfois, il ne s'agit plus d'examiner nos pensées pour découvrir à quel point nous fabriquons notre propre souffrance : la souffrance est là – indéniable et assez proche de l'insupportable. Votre enfant peut être gravement malade, il peut se bagarrer à l'école ou subir des brimades dans la cour de récréation. Dans un célèbre magazine australien, *Sydney's Child*, un article est paru en mars 2001 dans lequel une mère s'exprimait. Intitulé « Quand ils étaient méchants – Ma fille est bannie et nous vivons un enfer », la mère raconte à propos de la première année de sa fille au lycée : « Elle est passée du statut de membre de la "bande" à celui de bannie attitrée. On parlait d'elle, on la haïssait, on la méprisait, on ne l'invitait pas, on la ridiculisait – mais, surtout, on l'ignorait vraiment cruellement. »

L'histoire décrit le flot de courriels méchants, de vacances scolaires sans amis, d'une fille qui se levait le matin « malade » et ne voulait pas aller à l'école. Comment une mère pourrait-elle ne pas être dans des affres et ne pas se faire un sang d'encre ? La mère écrit : « Je me suis lentement perdue. J'ai évité les amis, je ne répondais plus aux invitations et je souffrais avec ma fille. Combien de temps cela allait-il durer ? Combien de temps tiendrions-nous ? »

Cela a duré toute l'année, jusqu'à ce que finalement sa fille change d'école et que ses problèmes disparaissent. Quelle leçon la mère a-t-elle tirée de ce cauchemar ? Selon ses propres termes : « Il n'existe pas d'immunisation contre les blessures. Il n'y a pas de protection contre la cruauté. Sauver ma fille des mauvais tours que joue la vie ne fait pas partie des secours que je peux lui apporter. Dure leçon sur toute la ligne. »

Dans ces moments-là, nous admettons la réalité de la première Noble Vérité, à savoir que la souffrance et l'insatisfaction existent. Inutile d'essayer de nous rassurer ou de nous détourner de la douleur. Nous n'avons pas d'autre choix que de faire face à la plus désagréable des émotions. Une des maximes les plus sages décrit bien cela : si nous ne pouvons pas contourner la douleur, nous devons la traverser. Consolation soulignée par les enseignements bouddhiques : en éprouvant cette souffrance, nous approfondissons notre capacité de compassion envers nos compagnons de souffrance. Dans cette histoire, la fille est vite devenue une confidente réceptive de la victime suivante dans son ancienne école. Et la mère, qui avait également été victime de brimades pendant sa scolarité, a été mieux armée pour consoler sa fille durant toute cette période difficile.

L'autre consolation que le bouddhisme offre dans ces circonstances est l'enseignement de l'impermanence, exprimé ainsi dans les textes sacrés bouddhiques, tels *Les cent mille chants* de Milarepa :

Ne craignez-vous pas les peines
Que vous avez connues par le passé ?
Sûrement, votre douleur sera immense
Si les malheurs vous attaquent ?
Les tribulations de la vie se succèdent
Telles les vagues incessantes de l'océan –
L'une est à peine passée
Que la prochaine prend sa place.

Quelle que soit l'expérience vécue, elle passera. Et qui plus est, elle changera de forme et variera en intensité. Pour la jeune fille, les brimades se sont effectivement atténuées après leur intensité du début, mais pas suffisamment toutefois pour qu'elle veuille rester dans cette école. Cependant, comme pour toute forme de souffrance, sa nature n'a pas cessé de se transformer avant de finalement disparaître.

Lyn est bouddhiste et mère de trois garçons. Elle remarque qu'avec son premier fils, elle était dans tous ses états à chaque nouveau problème, au moment de son allaitement, de ses sevrages successifs ou de son adaptation à l'école. Elle était souvent agréablement surprise de voir que chaque problème finissait par se résoudre et même disparaître complètement. Elle s'est alors sentie bien plus détendue face aux problèmes rencontrés avec son second fils et, avec le troisième, elle a très peu ressenti le besoin de se faire du souci, dit-elle en plaisantant. Rétrospectivement, elle s'est vraiment demandé pourquoi elle s'était tellement préoccupée.

Les propos de Myla Kabat-Zinn, qui a élevé trois enfants, peuvent également nous encourager. Avec son mari bouddhiste, elle a écrit *Everyday Blessings : The Inner Work of Mindful Parenting*, qui souligne combien nous pouvons aider nos enfants simplement en les acceptant tels qu'ils sont. « Les enfants, dit-elle, peuvent faire face à toutes sortes de difficultés et défis s'ils ont la possibilité de revenir puiser dans notre amour inconditionnel. Car c'est quand nous faisons honneur à la totalité de leur soi que l'évolution intérieure et la guérison se produisent. »

Écouter nos enfants

Quand j'étais enceinte de mon premier enfant, j'ai naïvement suivi un cours pour devenir conseillère bénévole par téléphone. C'était naïf parce que du fait que j'allaitais, je n'aurais jamais pu être présente à mon poste pendant les quatre heures exigées, outre le fait que la vie de famille permet rarement aux mères de disposer de telles plages de temps. Avant l'arrivée de Zac, j'ai réussi à suivre le cours jusqu'au bout et à assurer près de dix postes et cela m'a donné l'occasion d'apprendre certains principes de base pour une écoute efficace. Plus tard, en lisant les livres sur l'éducation des enfants, j'ai retrouvé exactement les mêmes principes et ils étaient tous imprégnés d'enseignements bouddhiques.

Écouter peut être une forme de méditation exigeant de la concentration, de la retenue et un degré de silence. Utilisant la méthode de l'attention sans commentaire que nous pratiquons dans la méditation formelle, nous maintenons nos pensées et opinions le plus possible en dehors du processus de façon à pouvoir nous concentrer sur la version de la réalité de la personne qui parle. Quand les enfants expriment des émotions comme la tristesse ou la colère, ils vous offrent l'occasion de devenir une confidente et la chance de pouvoir leur enseigner que les émotions sont normales et qu'elles constituent un moyen constructif de gérer des sentiments négatifs. Quand ils sont plus tard confrontés aux défis plus sérieux de l'adolescence, vous êtes alors une alliée éprouvée. Une mère de deux enfants affirme qu'écouter attentivement ses enfants a été la partie la plus utile de sa pratique bouddhique.

Trouver le temps est toujours un problème si nous devons écouter nos enfants consciemment. En plus de la nécessité d'être ouvertes et patientes, il nous faut également gérer la présence d'autres enfants qui nous sollicitent et leur grabuge plus ou moins sonore. Cependant, tout ce travail est payant sur le long terme. Lorsqu'un parent permet à un enfant de vivre une gamme complète d'émotions, celui-ci peut se développer normalement sans esquiver tout ce qui est désagréable ni se fermer émotionnellement.

ÉCOUTER SANS JUGER

Parfois, les préoccupations qui perturbent un enfant sont ridicules aux yeux des adultes. Mais qu'il s'agisse d'un « monstre dans la penderie » ou du vol de crayons par le petit voisin, ce sont là des problèmes qu'un enfant considère comme très sérieux. Nous devons donc laisser de côté notre point de vue d'adulte et examiner le problème du point de vue de l'enfant ; nous devons pénétrer dans son monde intérieur pour comprendre la « gravité » du problème. Quand nous disons : « Ne sois pas stupide » ou « Ne sois pas aussi sensible », quand nous ne prenons pas au sérieux ses préoccupations, l'enfant a l'impression que sa version de la réalité est sans importance ou dépourvue d'intérêt.

LAISSEZ-LES PARLER JUSQU'AU BOUT

Quand votre enfant est perturbé, accordez-lui un moment où il peut parler sans interruption. Dites peu de mots et encouragez-le – « Continue », « Hum hum » – ou bien soyez silencieux pour être à son écoute. Il est difficile de résister à la tentation de l'interrompre ou de lui donner précipitamment une solution instantanée, mais votre enfant a surtout besoin de se sentir entendu. Retardez le moment de présenter vos propres opinions ou expériences – « Ça me rappelle la fois où je... » et concentrez votre attention sur le problème de votre enfant : trop d'enfants cessent de se confier à des parents qui s'approprient leur temps de parole.

DONNEZ-LEUR LE SENTIMENT QU'ILS SONT COMPRIS

Plutôt que de déverser sur votre enfant une cascade de questions, paraphrasez ce qu'ils ont dit – reformulez l'essentiel des propos de votre enfant, en utilisant vos propres termes, sans ajouter vos commentaires. Par exemple :

ENFANT : C'était mon ballon, mais ils ne voulaient pas me laisser l'utiliser. Tous les autres ont joué avec, et moi, je ne l'ai même pas touché.

PARENT : Alors, ils ne voulaient pas te laisser jouer quand c'était ton tour.

Cet enfant se sentira compris et libre de continuer à dire ce qu'il veut plutôt que d'avoir à répondre à une question.

CONCENTREZ-VOUS SUR LES SENTIMENTS

Les enfants ont le droit d'avoir les sentiments qu'ils ont, même trop intenses ou socialement inacceptables. Nous devons faire passer le message qu'il n'existe pas de sentiments incorrects, seulement des comportements incorrects. Plus leur vocabulaire pour décrire les sentiments s'enrichit, plus ils deviennent capables de communiquer des émotions négatives et de diagnostiquer leurs propres problèmes. Pour aider nos enfants à se sentir compris, nous pouvons leur renvoyer leurs sentiments. Utilisons la liste suivante de synonymes correspondant aux quatre grands états émotionnels afin d'aider nos enfants à trouver le mot juste pour exprimer la manière dont ils se sentent – « Tu as l'air d'être... »

En colère	**Triste**	**Stressé**	**Troublé**
Frustré	Rejeté	Paniqué	Désorienté
Fâché	Atterré	Menacé	Embrouillé
Fou de rage	Désespéré	Nerveux	Déboussolé
Furieux	Blessé	Choqué	Soucieux
Irrité	Abattu	Stupéfait	Perdu
Perturbé	À plat	Agité	Piégé
Contrarié	Malheureux	Tendu	Incertain
Furibard	Accablé	À cran	Hésitant
Ennuyé	Démoralisé	Anxieux	Inquiet
Revêche	Déprimé	Mal à l'aise	Bouleversé

Ignoré	Au bord des larmes	Désemparé	Indécis
Incompris	Vidé	Négatif	Déconcerté

LAISSEZ-LES RÉSOUDRE LEURS PROPRES PROBLÈMES

Laissez vos enfants décider de la manière dont ils vont résoudre un problème, même si c'est souvent plus facile de leur dire ce qu'il faut faire. Bien que vous soyez là pour les guider et leur proposer des suggestions, donnez-leur, sur la marche à suivre toute l'initiative dont ils sont capables. Cela fera d'eux des êtres plus compétents pour résoudre des problèmes dans des circonstances où vous ne pourrez être présents. Demandez à votre enfant :

- Que penses-tu que tu devrais faire ?
- Que feras-tu si ça ne marche pas ?
- Qu'as-tu tenté auparavant ?

Confrontez les options avec les valeurs que vous essayez de cultiver pour votre famille. Cette solution est-elle juste ? Honnête ? Prend-elle en compte les autres ? Risque-t-elle de blesser quelqu'un ? Gardez cependant à l'esprit que la résolution d'un problème ne se produit qu'après que vous avez écouté votre enfant et examiné ses sentiments. Cela nous frustre lorsque l'on essaie de résoudre notre problème avant que nous ayons fini de l'expliquer.

Pratiquez la pleine conscience. Contrôlez vos sentiments et réactions et demandez-vous : « Que requiert de moi cet instant ? » En particulier, demandez-vous : « Dois-je parler ou rester silencieuse ? Nous devons être vigilants avec nous-mêmes et tirer les leçons de nos erreurs. Il est utile de réfléchir à la conversation plus tard et de nous demander : « Ai-je coupé la parole ? » « Ai-je trop parlé avant d'entendre tout ce que mon enfant avait à dire ? » « Me suis-je précipitée pour régler le problème avant de donner à mon enfant une chance de s'exprimer complètement ? »

La souffrance nous rend plus forts

Vivre une vie spirituelle peut sembler relativement facile quand notre vie se déroule sans heurt. Les jours où les problèmes sont rares et les joies nombreuses, nous sommes en forme et notre pratique se déroule plus facilement. Il faut peut-être passer par une période de souffrance pour voir notre degré d'évolution sur la voie spirituelle. C'est dans les moments difficiles que nous avons les meilleures opportunités de nous connaître et de développer la conscience de soi. Et la mise à l'épreuve n'est jamais aussi grande que dans les moments où nos enfants souffrent.

Dans *Périls et promesses de la vie spirituelle*, Jack Kornfield offre ces mots d'encouragement aux parents qui souffrent : « La vie spirituelle devient plus authentique lorsque les choses deviennent plus difficiles. Nos enfants ont d'inévitables accidents et maladies. Des tragédies surviennent. Ces situations nous demandent de la constance dans notre amour et notre sagesse. C'est par elles que nous touchons l'essence de la pratique et que nous trouvons notre véritable force spirituelle. »

Avec les exigences de la vie domestique, nous pouvons déplorer notre manque de temps pour la pratique spirituelle formelle. N'oublions pas toutefois que la vie de famille, si nous l'exploitons, est une pratique spirituelle des plus valables.

– *Ce que nous pouvons faire* –

- Nous rendre compte de la nécessité de veiller à ce que notre esprit préoccupé n'affecte pas nos enfants.
- Nous rappeler que plus nous nous faisons du souci, plus le processus s'amplifie. Chaque pensée a un effet karmique.
- Considérer l'écriture comme un moyen d'étudier et gérer consciemment nos soucis.
- Écrire une liste de pensées positives pour contrer celles qui alimentent nos soucis.
- Accepter qu'une dose de souffrance est une partie naturelle de la vie, en comprenant que le rejet de la souffrance ou la lutte contre elle peuvent être plus douloureux que la souffrance elle-même.
- Observer nos pensées et remarquer quand elles s'amplifient ou se déforment.
- Être conscient quand nous prêtons une « attention inadéquate » et utiliser notre volonté pour l'arrêter.
- Identifier toutes les croyances stériles, comme « Mon enfant ne doit pas souffrir ».
- Prendre conscience de nos exigences (inconscientes) et tenter de les convertir en préférences plus nuancées.
- Méditer pour créer de l'espace et atténuer notre tension.
- Examiner nos soucis à l'aide de l'investigation consciente, en observant tout ce qui surgit et en restant ouvert à de nouvelles orientations.
- Sourire. En toutes circonstances.
- Quoi que nous vivions, cela changera de forme, variera en intensité et passera.
- Écouter nos enfants sans les juger – les laisser aller jusqu'au bout quand ils parlent ; leur donner le sentiment d'être compris ; nous concentrer sur les sentiments et les laisser résoudre leurs problèmes.
- Nous rappeler que la souffrance renferme la capacité d'enrichir notre vie spirituelle.

CHAPITRE VI

Créer des relations aimantes

Rien ne dure. Tout est transitoire ou en cours de changement. C'est particulièrement évident quand nous observons comment le fait de devenir parent modifie nos relations avec nos amis et notre famille. Des relations qui semblaient établies, faites pour durer des années, sont susceptibles de subir d'importantes modifications et transformations. Avec nos parents et notre belle-famille, toutes sortes de changements sont possibles. Nous pouvons décider de les fréquenter beaucoup plus souvent, ou alors, dans certains cas, beaucoup moins. Selon leur réaction devant nos enfants et notre nouveau rôle, nous pourrons ressentir de la gratitude, ou nous sentir froissés. Nous souffrirons peut-être de ce syndrome bien connu où nous avons l'impression que « grands-parents et petits-enfants s'unissent contre l'ennemi commun », à savoir, nous.

Nos amitiés avec les personnes sans enfants sont souvent détériorées à cause de nos responsabilités de parents. Les enfants nous volent une partie du temps que nous consacrions à ces amis, en interrompant nos conversations et en nous laissant rarement parler au téléphone. Nous risquons de constater que la nature de ces amitiés évolue radicalement – jusqu'à quel point pouvons-nous attendre de nos amis sans enfants qu'ils s'intéressent aux petits détails concernant les soins maternels ? Une amitié doit être forte pour survivre à la présence d'enfants. Certaines amitiés anciennes peuvent s'estomper progressivement et d'autres disparaissent brusquement de notre vie. Les deux situations peuvent être douloureuses pour nous – et pour nos vieux amis.

Nos relations avec d'autres parents peuvent s'approfondir en raison de notre intérêt partagé pour l'éducation des enfants. Un lien privilégié s'établit du fait que nos enfants aiment jouer ensemble et que nous nous apportons un soutien mutuel et nous tenons compagnie. Mais avec certains autres parents, nous voyons naître en nous un esprit de compétition, nous devenons critiques ou jaloux. Après tout, chacun de nous prend des décisions différentes quant à la place à accorder à la carrière, ou quant à l'importance des relations en dehors du cercle familial et à la manière d'élever ses enfants. Beaucoup trouvent difficile de respecter les décisions prises par d'autres mères et d'être tolérants à l'égard des valeurs différentes des leurs.

Et, fait non négligeable, il y a aussi le rapport que nous entretenons avec notre famille immédiate. Notre relation avec notre compagnon mérite à elle seule un chapitre entier (voir le chapitre VII) et nous savons l'importance qu'ont nos enfants à nos yeux. Dire qu'ils sont nos enseignants spirituels est une litote. Ils ressemblent plus à des maîtres zen à demeure, nous ramenant constamment et de manière brusque dans l'instant présent, nous posant des problèmes à résoudre et nous contraignant à remettre en question nos hypothèses. C'est comme s'ils avaient pour mission de défier la moindre de nos attentes, la moindre de nos opinions et le moindre de nos traits de caractère. Ce sont les meilleurs enseignants que l'on puisse trouver quand il s'agit de nous montrer que rien ne dure : à peine avons-nous l'impression que nous appréhendons notre relation avec eux qu'ils nous présentent de nouveaux défis ou qu'ils sont entrés dans leur phase suivante.

Nos relations nous fournissent un excellent terrain d'entraînement en matière d'enseignements bouddhiques. Nous pourrions nous bercer de l'illusion que nous gagnons en sagesse avec les années, mais c'est seulement à travers nos relations que nous pouvons vérifier la validité de cette intuition. Les relations nous montrent si notre pratique est efficace. Les personnes qui font partie de notre vie sont tous nos enseignants spirituels. Si nous examinons la manière dont nous nous comportons envers eux, ce que nous leur disons et ce que nous pensons d'eux, ils font office de carnets de notes ambulants qui nous révèlent si nos pensées sont aussi empreintes de patience, de bienveillance et de sincérité que nous voulons le croire, et si elles sont dénuées d'avidité, de haine et d'illusion.

Attachement à nos opinions et avis

Lorsque nous devenons parents, nous découvrons que cette nouvelle condition met à mal nombre des théories que nous avons sur la vie, par exemple l'idée que nous nous faisons de nous-mêmes ou de nos capacités, ou encore la manière dont nous concevons l'éducation des enfants. Comme le dit mon amie Joanne : « Je pensais savoir beaucoup de choses, mais j'ai reçu une vraie leçon d'humilité en découvrant que je ne connaissais pas grand-chose à quoi que ce soit, mis à part que Tinky-Winky, Dipsy, La-la et Po s'aimaient beaucoup. » Vu sous un angle bouddhique, ce processus de transformation ou d'abandon des idées anciennes est utile, car s'accrocher à nos opinions et avis entraîne autant de souffrance que tout autre attachement. Cela ne veut pas dire que nous ne devrions pas avoir d'opinions, mais que nous souffrirons si nous nous cramponnons à elles avec un esprit avide, dépendant.

L'expérience de parent comporte, comme c'est le cas de tous les épisodes de notre vie, un risque pour notre esprit de devenir plus étroit et plus mesquin. Quand nous nous sentons fatiguées et éreintées, ce qui arrive souvent, il y a peu de chances que nous voyions chez les autres leurs meilleurs côtés et il est plus facile de nous mettre dans des états de colère et d'illusion. Nous nous découvrirons, par exemple, une tendance à juger les autres mères : « Elle travaille tard – ça explique pourquoi ses enfants se tiennent si mal » ; « elle ne travaille pas – elle a la vie belle » ; « elle est trop stricte – ça explique que ses enfants n'aient jamais l'air heureux » ou « elle n'est pas assez stricte – c'est pourquoi ses enfants sont toujours déchaînés. »

Si nous nous arrêtions un instant pour imaginer ces mêmes affirmations émises à notre encontre, nous trouverions facilement une foule d'explications raisonnables pour nous défendre, comme toute mère victime de ces critiques. Les situations que nous vivons sont si complexes qu'il est rare qu'une personne extérieure puisse porter un jugement équitable. Un observateur ne peut pas savoir à quel genre de journée une mère est confrontée, quel soutien elle reçoit ou quelles intentions président à ses actions. Pas plus qu'il ne peut connaître le contexte familial qui influe sur le comportement d'une mère, son grand retard de sommeil ou son état émotionnel.

Nous entendons trop souvent parler d'amitiés de longue date qui se désagrègent en raison de divergences quant au mode de vie parental choisi. Dans le bouddhisme, il n'est pas grave en soi d'avoir des opinions, mais si nous nous identifions trop à elles, si nous les laissons déterminer qui nous sommes, si nous nous en servons pour justifier le fait de traiter autrui d'une manière assez froide, alors, nous souffrons d'attachement. Et comme l'explique la seconde Noble Vérité, l'attachement entraîne l'insatisfaction.

J'étais surprise, au début, que le bouddhisme puisse enseigner que l'attachement à nos opinions est dangereux. Notre éducation occidentale nous encourage à débattre, prendre des positions et les défendre – cela nous fait apparaître forts et bien informés. Sans points de vue ni opinions tranchées, nous pourrions avoir le sentiment d'être sans valeur – nous avons tendance à nous créer une identité en ayant des points de vue. Fait intéressant, avoir des points de vue est également un moyen pratique de justifier nos sentiments négatifs envers autrui et donc de couper les ponts avec lui. À propos de la tendance généralisée chez les parents à se juger mutuellement, une amie dotée de sagesse a fait remarquer : « Le monde serait parfait si tous les enfants étaient élevés par leur voisins de palier. »

Grâce au bouddhisme, j'ai réalisé que nombre des conflits que j'ai eus avec des amis au cours des années ont été provoqués par le fait que je me cramponnais à mes positions, sans tact à l'égard d'autrui. Dans des situations où la retenue aurait été l'option la plus sage, je me suis crue obligée d'exprimer mon opinion, souvent en blessant les sentiments d'un ami. Pour défendre une conviction à laquelle je tenais, je n'ai pas su écouter autrui avec l'ouverture d'esprit nécessaire ou bien, encore, il m'est arrivé d'exprimer hâtivement mon opinion sans considération pour les complexités d'une situation.

Une fois parents, nous nous sentons en droit d'avoir toute une nouvelle gamme d'opinions affirmées. Je m'aperçois que je pinaille au sujet de la permissivité de parents qui autorisent leurs enfants à consommer des quantités excessives d'aliments malsains. Mais il est possible que j'ignore, au moment où je juge ces parents, que la maman souffre d'insomnie, est enrhumée ou a eu une semaine éprouvante. D'ailleurs, les aliments considérés comme malsains ne sont pas *complètement* ou *toujours* « mauvais », alors pourquoi me cramponner à mon opinion comme s'il s'agissait d'une loi sacrée ? (Sans parler du fait que lorsque j'ai des semaines très éprouvantes, il m'arrive à moi aussi de faire amplement usage pour mes enfants de ces « gâteries » condamnables, et sans compter ma propre tendance à m'empiffrer quotidiennement de chocolat.) En jugeant d'autres parents, je me fais le plaisir, un bref instant, de me poser en moralisatrice mais cela m'égare loin de mon but qui est de devenir tolérante, patiente et compréhensive.

Je peux toujours maintenir ma position sur les « aliments-camelotes », mais si je me cramponne à elle pour me déterminer et m'aliéner les autres, elle me fera plus de mal que de bien. Le bouddhisme nous encourage à être ouverts, à aborder chaque situation avec l'innocence d'un enfant plutôt qu'avec les préjugés d'un adulte. Nous devons être ouverts à la multiplicité des questions qui se posent dans la vie, aux mystères plutôt qu'aux « faits ». Pendant la méditation et en vivant notre vie en pleine conscience, nous nous exerçons à refuser de juger et de donner une note, à éviter de ressortir une opinion toute faite ou à avoir recours à une réaction automatique.

Plutôt que de jauger et d'évaluer d'autres parents, manifester de la compassion dans notre réaction consisterait à leur accorder le bénéfice du doute, comme nous espérons ardemment qu'ils le feraient à notre égard quand nous sommes loin de la perfection. Comme l'affirment certaines mères expérimentées, nous pouvons rencontrer deux fois plus de difficultés avec un enfant qu'avec un autre et tous les enfants sont différents ; vivre dans un monde où toutes les mères élèveraient leurs enfants de la même manière est donc impossible.

Les enseignements bouddhiques nous recommandent de nous servir de nos propres expériences pour apprendre et évoluer. Quand nous nous surprenons à avoir des pensées « jugeantes », nous devons adopter une attitude d'investigation et y regarder d'un peu plus près. Nous devons être fermement honnêtes en nous posant les grandes questions. Qu'est-ce qui fait que je permets à cette personne de provoquer en moi une telle tension et dans mon cœur et dans mon esprit ? Me rappelle-t-elle les difficultés avec lesquelles je me bats ou des problèmes que je préférerais ne pas aborder ? Suis-je en train d'instaurer une rivalité entre nous ? Quelle leçon devrais-je tirer de cette relation ? Comment puis-je transformer mes pensées négatives en compassion ?

L'attachement à nos amis et aux êtres chers

Le Bouddha nous a enseigné que l'attachement est la cause de notre souffrance et nous rend malheureux. Cela est particulièrement vrai pour nos relations. L'attachement rend toute bonne intention envers autrui conditionnelle : quand quelqu'un ne se conforme pas à nos attentes rigides, notre sentiment d'amitié se tarit. Nous avons des demandes non dites et nous espérons que les gens les devineront plus ou moins ; nous nous sentons amèrement déçus quand ils ne répondent pas à notre attente. N'étant ni amour ni sollicitude, l'attachement ne nous permet pas de développer en nous le vœu que les autres soient heureux. Au contraire, il fait de nous des êtres dépendants, en demande.

Le véritable amour est motivé par le vœu que les autres soient heureux et vainquent la souffrance. Il est inconditionnel : la manière dont vous êtes traités n'influe pas sur votre réaction de compassion. Si cela semble irrationnel, il n'est que de penser à nos enfants, qui peuvent se comporter de manière abominable toute la journée et même nous manifester de la haine : cela ne nous empêche pourtant pas de les aimer intensément.

Dans le pire des cas, l'attachement nous rend possessifs du fait que nous entretenons des sentiments de propriété : elle est « à moi » et je dois préserver cette relation de toutes menaces. Nous voulons absolument que les gens nous ressemblent, qu'ils partagent les mêmes opinions, intérêts et goûts. Nous essayerons même de les contrôler et très vite, nous avons du mal à croire que nous pouvons avoir des sentiments négatifs envers une personne qui constituait une source de joie auparavant. Le véritable amour, par contre, offre de l'espace et de la liberté à nos amis et à notre famille en acceptant qu'ils soient eux-mêmes.

Quand nous ressentons de l'attachement, nous considérons nos amis comme la source de notre propre bonheur plutôt que comme des personnes à part entière, mais est-il vraiment juste ou raisonnable de faire reposer sur les autres la responsabilité de notre propre bonheur ? Les relations, comme tous les phénomènes, sont caractérisées par l'impermanence. Elles sont en perpétuel changement, de même que chaque individu dans une relation n'est pas une entité constante, stable. Trop dépendre d'autrui pour notre bonheur conduit à l'insatisfaction. Nous devons vivre avec autrui sans multiplier nos demandes et en restant autonomes. Si nous pouvions cesser de nous accrocher à nos relations, notre esprit deviendrait plus paisible, en nous libérant de beaucoup d'anxiété, souci et peur.

En tant que mères, nous devons particulièrement veiller à déceler, dans notre amour pour nos enfants, tout attachement. Cela implique de les encourager à être eux-mêmes et de les aimer pour ce qu'ils sont plutôt que pour ce que nous espérons avidement qu'ils deviennent. Nous faisons des efforts pour voir nos enfants non pas à travers le voile de nos peurs, de nos espoirs et de nos besoins mais en adoptant une attitude d'acceptation. Nous évitons de lier notre propre estime à leurs performances et nous nous assurons que notre acceptation d'eux ne soit pas conditionnée par leurs talents, leurs préférences ou leurs traits de caractère.

Certains parents attendent de leurs enfants qu'ils concrétisent les rêves qu'eux-mêmes n'ont jamais réalisés – on peut voir cette tendance atteindre son paroxysme lors des compétitions sportives enfantines. Nous devons, au contraire, considérer que nos enfants ne sont pas « sous notre contrôle » mais « sous notre protection », et, qui plus est, seulement pour un court moment, ainsi que le souligne cette maman d'un garçon de trois ans :

> J'avais une notion très « territoriale » de l'éducation de mon fils. J'en voulais à tout ami

ou relation qui lui disait ce qu'il devait faire. Je me sentais insultée si quelqu'un lui faisait remarquer qu'il devait dire « s'il vous plaît », ou s'arrêter de chahuter, ou parler moins fort – ça, c'était mon boulot, merci beaucoup ! En plus, étant divorcée, j'avais vraiment eu du mal à accepter que mon ex-mari ait son mot à dire dans l'éducation de notre fils. Tout ne pouvait être comme je voulais, selon mes règles.

J'ai fini par comprendre avec le temps que je ne *possédais* pas mon fils, qu'il n'était pas ma propriété. Il appartient en fait à une communauté de gens qui l'aiment et veulent son bien. Des gens qui ont absolument le même droit que moi de lui enseigner le respect d'autrui et comment bien se comporter. J'ai réussi à lâcher un peu prise et à lui permettre d'être aussi élevé par toutes les personnes qui s'intéressent à lui.

L'importance de l'amour

Le seul point sur lequel toutes les religions s'accordent est la nécessité de l'amour et de la bonté envers nos semblables. Jésus a dit : « Aimez-vous les uns les autres comme je vous ai aimés. » On trouve dans le Coran : « Nul d'entre vous n'est un croyant s'il ne désire pour son frère ce qu'il désire pour lui-même. » Bouddha a dit : « Ainsi doit-on, avec un cœur sans bornes, chérir tous les êtres vivants. » Dans le bouddhisme, l'amour est défini comme le vœu sincère qu'autrui soit heureux et libéré de la souffrance et du tourment. L'amour est une énergie dont nous pouvons nourrir nos intentions.

Le Bouddha a énoncé onze avantages issus de la réalisation d'un esprit d'amour bienveillant.

1. Tu dormiras tranquillement.
2. Tu te réveilleras tranquillement.
3. Tu auras des rêves agréables.
4. Les gens t'aimeront.
5. Les êtres célestes et les animaux t'aimeront.
6. Les êtres célestes te protégeront.
7. Les dangers extérieurs t'épargneront.
8. Ton visage sera radieux.
9. Ton esprit sera serein.
10. Tu mourras l'esprit clair.
11. Tu renaîtras dans d'heureux royaumes.

En un mot, un esprit d'amour apporte un sommeil plus paisible, protection, sérénité et amour en retour. On pourrait arguer qu'avec tant d'avantages à vivre avec amour, une vie empreinte de compassion est en fait une vie égoïste et n'a rien d'un sacrifice de soi. Avec le temps, nous commençons à comprendre toute la joie dont peut jouir un esprit aimant.

L'amour génère une atmosphère positive, en nous permettant de nous sentir plus paisibles et heureux. Nos proches nous apprécient plus. Ceux qui ne nous aimaient pas commencent à se prendre de sympathie pour nous. Il semble que nous attirions plus d'amis à mesure que les gens nous font confiance et se sentent bien avec nous. Notre compassion pour la souffrance d'autrui nous permet de nous sentir plus en phase avec chacun. Et de nouvelles opportunités de connaître la joie se présentent à mesure que nous développons notre capacité de joie altruiste pour tous ceux qui nous donnent de bonnes nouvelles les concernant.

Vivre avec amour simplifie notre vie en purifiant notre esprit et en supprimant une bonne partie de la culpabilité, de la colère et du stress qu'occasionnent nos relations. Nous connaissons une stabilité mentale parce que nous passons moins de temps à penser à nous-mêmes. Nos propres problèmes commencent à perdre de l'importance et nous bénéficions alors d'une clarté mentale et d'une meilleure concentration. Nous devenons moins mesquins, moins moralisateurs et notre tendance à toujours critiquer s'estompe du fait que nous nous intéressons plus au bien-être d'autrui. Selon le bouddhisme, ceci renforce le respect de soi et la confiance en soi grâce auxquels nous pouvons espérer trouver en nous-mêmes plus de courage, de ressort et de détermination, comme l'a constaté cette mère :

> Manifester de l'amour et de la compassion n'est pas spontané chez moi. J'ai développé l'habitude de déceler des fautes chez autrui et cela me dérange. Quand je bavarde avec mes proches, je remarque que ma conversation consiste essentiellement à critiquer les autres, et qu'en plus, elle est mesquine. Quand je me rends compte que je suis prisonnière de ces pensées négatives, je me sens mesquine, méchante et je ne suis pas très fière de moi.
>
> Pratiquer l'amour bienveillant en méditation et dans la vie quotidienne m'aide à transformer mon esprit critique en un esprit plus vaste, plus tolérant et plus aimant. Avec cet esprit plus positif, je ne peux que m'aimer mieux et je gagne alors une plus grande confiance en moi dans toutes mes entreprises.

Avec un esprit d'amour, nous avançons sans à-coups dans notre voie spirituelle et la vie devient une expérience totalement différente. Le bonheur, selon le bouddhisme, vient de ce que l'on se préoccupe des autres. Pour citer Robert Thurman, auteur de l'ouvrage *Inner Revolution*, père de cinq enfants et premier Occidental à avoir été ordonné dans la tradition tibétaine : « Je suis un être toujours plus heureux par le fait que je ne me préoccupe pas de moi-même. » Donc, plus il y a de gens que nous apprécions, plus nous ressentons du bonheur. Être rempli d'amour laisse moins d'espace pour des sentiments de vide, d'isolement ou d'absence de but.

Les quatre Demeures divines

Comment donc pouvons-nous vérifier que notre amour pour autrui est pur et dénué d'attachement ? Quelles sont les caractéristiques de cette forme d'amour plus pure ? Le Bouddha a affirmé que le véritable amour possède quatre qualités : *amour bienveillant, compassion, joie altruiste* et *équanimité*. Ces quatre Demeures divines sont interdépendantes et se chevauchent, agissant comme un système d'équilibre subtil qui nous aide à vérifier la sincérité de notre amour pour autrui.

L'AMOUR BIENVEILLANT

L'expression « amour bienveillant » vient du terme pali *metta*, souvent traduit par « amitié sans limite ». L'amour bienveillant est une énergie à l'intérieur de nous que nous pouvons nourrir jusqu'à ce que notre capacité d'amour se multiplie (à cette fin, les bouddhistes pratiquent la méditation de l'amour bienveillant expliquée au chapitre IX). Pour progresser sur le chemin hors du malheur et vers la sagesse, nous devons développer un esprit qui émet le vœu « que tous les êtres soient heureux et libérés de la souffrance ». Le Bouddha nous a recommandés de souhaiter le bonheur non seulement de notre famille et de nos amis mais aussi de tous les gens que nous connaissons, des gens que nous ne connaissons pas et même de ceux avec qui nous avons des relations difficiles.

Cette mère a choisi de pratiquer en particulier l'amour bienveillant envers tous les enfants qu'elle rencontre plutôt qu'envers les siens seulement : « Il est facile de tomber dans le piège de ne remarquer que vos propres enfants au point que les besoins des autres enfants deviennent invisibles. Je pense que les mères se sentent vraiment reconnaissantes quand je manifeste de l'intérêt et de la sollicitude pour leurs enfants. Bavarder avec leurs enfants, apprendre à les connaître leur permettent de se sentir bien avec moi – c'est ma manière de pratiquer l'amour bienveillant. Nous voulons tous que nos enfants grandissent dans une communauté enrichissante entourés du plus grand nombre possible d'adultes aimants. Cela nous touche quand nos amis manifestent de l'intérêt et de l'estime pour nos enfants et cela demande si peu d'efforts. »

Repensant à ma propre enfance, je ressens une énorme gratitude envers la petite poignée d'adultes qui, sans faire du tout partie de la famille, ont pris la peine de s'intéresser à moi et de me donner l'impression que j'étais unique. Leur bienveillance a vraiment contribué à me donner confiance en moi.

Fait important, quand nous agissons avec un amour bienveillant, nous n'attendons rien en retour et, là encore, être mères nous a enseigné l'art de donner sans attendre de récompense. Quand nous pratiquons l'amour bienveillant, la manière dont les gens réagissent par rapport à nous n'a plus d'importance, car la joie d'avoir un esprit aimant est la seule récompense dont nous avons besoin. Lorsque nous traversons des périodes de souci, nous cherchons le courage en nous plutôt que de tenter de « récupérer » auprès de toutes les personnes à qui nous avions manifesté de la bienveillance la monnaie de notre pièce, comme le décrit cette strophe évocatrice d'Adam Lindsay Gordon :

> La vie est essentiellement écume et bulles
> Deux choses se dressent tel un roc
> La bienveillance, quand autrui est en difficulté,
> Le courage, quand c'est nous qui le sommes.

En résumé, nous agissons avec bonté parce que la bonté est, avec le courage, la qualité la plus importante.

Cette adorable mère explique le rôle de l'amour bienveillant tout au long de sa journée :

> Ma condition de mère m'amène à avoir beaucoup de contacts ; à cette raison s'ajoute le fait que j'apprécie la compagnie des adultes et que j'aime sortir de chez moi. Passer du temps avec d'autres mères m'offre plein d'opportunités de pratiquer l'amour bienveillant et j'ai constaté qu'il y avait tellement de manières de se rendre utile ! S'occuper d'un enfant ici, offrir de la nourriture là ou se porter volontaire pour donner un coup de main dans les garderies et maternelles du quartier. J'organise beaucoup de rencontres dans les parcs et les cafés dans l'espoir que les mères que je connais sentent qu'elles font partie d'une communauté solidaire.
>
> J'ai trouvé intéressant d'examiner les motifs qui m'animaient dans toutes ses activités. Je me sens plus fière de moi quand j'aide autrui par esprit d'amour bienveillant plutôt qu'en pensant à l'intérêt que cela peut présenter pour moi, comme par exemple : « Si je garde son

> enfant, elle m'aidera peut-être une autre fois. » C'est pathétique et embarrassant de l'admettre, mais je sens bien que, parfois, mes motifs pour aider autrui ont plus relevé de cette pensée : « Si je l'aide, elle pensera du bien de moi et m'aimera davantage. » Et je suppose que j'aidais les gens pour me rassurer moi-même sur le fait que j'étais une personne « bien ». En privilégiant maintenant l'amour bienveillant, quand j'aide quelqu'un, c'est l'autre personne qui prime et non pas moi ; ironiquement, cela me rend plus heureuse. Quant à l'aspect égoïste de cette attitude, je sais qu'en prenant en compte les besoins d'autrui, je prends soin de mon karma.

Comme je l'ai mentionné, on utilise parfois comme équivalent de l'amour bienveillant l'amitié sans limites. Nous savons tous *comment* être amical, il n'y a pas vraiment grand-chose d'autre à apprendre là-dessus. Nous connaissons le pouvoir d'un sourire, d'un contact, d'une louange. La difficulté est de se souvenir d'être amical et d'être ouvert à la possibilité permanente d'avoir une attitude amicale. Nous devons nous lancer fréquemment des défis : « Quoi faire concrètement pour aider cette personne à se sentir plus heureuse, pour soulager une partie de sa souffrance ? »

Quand nous examinons le rôle de l'amour bienveillant dans nos relations, l'importance de l'écoute devient évidente. Pour aider quelqu'un, nous devons être capables de nous intéresser de près à sa vie. Cela exige que nous nous intéressions vraiment à d'autres vies que la nôtre, que nous soyons plus attentifs à la manière dont les autres pensent et à ce qu'ils ressentent. Si nous ne sommes pas conscients des besoins éventuels des autres, il est possible que nos efforts pour les aider fassent plus de mal que de bien. Étudier profondément la vie des personnes de notre entourage garantit que nos tentatives d'aide ne nous transforment pas en pestes importunes.

Sur cet aspect, j'ai un mouvement de recul quand je me rappelle deux ou trois mères qui ont refusé mon offre de les aider. Recherchant de la compagnie pour mon fils et espérant qu'en donnant à ces mères l'occasion d'un petit répit, je pratiquais l'amour bienveillant, j'ai proposé de garder leurs enfants. Mais j'ai en fait vraiment manqué de tact. Les mères ne m'avaient rencontrée que quelques rares fois et encore moins souvent mon mari, sinon jamais ; mon offre les a donc embarrassées et mises mal à l'aise. Qui plus est, les enfants ne me connaissaient pas encore très bien – quelle serait leur impression si on les laissait dans une maison inconnue avec une quasi étrangère ? Le bouddhisme nous encourage à faire montre de délicatesse et d'adresse quand nous offrons notre aide.

Il est bon d'examiner de temps à autre combien d'amour nous répandons dans le monde. Absorbés par nos propres pensées, nous ignorons les possibilités d'instants de bienveillance disponibles chaque jour. Nous négligeons de reconnaître les gens autour de nous, nous oublions qu'il existe des moyens simples pour faire sentir aux autres qu'ils ne sont pas seuls ou même qu'ils comptent. Nous avons tous le pouvoir de conforter et honorer la dignité d'autres êtres humains. Pour reprendre les sages propos souvent cités de Mère Teresa : « Il ne peut pas y avoir de grands actes, seulement de petits actes de grand amour. »

LA COMPASSION

La compassion est l'élan qui pousse à soulager la douleur d'autrui. Vivre en ressentant de la compassion pour les autres consiste à comprendre la première Noble Vérité et à reconnaître la souffrance ou l'insatisfaction que chaque être vivant est appelé à éprouver. Comme le dit cette mère bouddhiste : « Apprendre l'importance de la compassion a fait merveille chez toutes mes relations. Quelle que soit la difficulté relationnelle que je vis, si je peux me rappeler que cette personne souffre et si je peux arrêter ma pensée un moment sur la nature de sa souffrance, la compassion est alors ma seule réaction. »

En même temps, la compassion, ce n'est pas « se sentir désolé » pour les gens, au sens d'une forme paternaliste de pitié ; c'est plutôt une reconnaissance que nous sommes tous dans la même barque, que nous sommes tous en quête de bonheur et souhaitons tous ne pas connaître la souffrance.

Le Bouddha nous a enseigné que le soi séparé est une illusion et que si nous pouvions discerner que nous tous ne faisons qu'un, en dépit de corps physiques distincts, aider autrui à vaincre sa douleur deviendrait alors un comportement naturel. En tant que mères, nous connaissons cette unicité avec nos enfants : en effet, voir nos enfants dans la peine nous fait immédiatement ressentir leur douleur et voler à leur secours comme si nous avions nous-mêmes besoin d'aide. Cela nous semble tout naturel avec nos enfants, et c'est cette réaction de compassion que nous pouvons désirer également manifester pour d'autres personnes de notre entourage.

Lorsque nous sommes intimes avec notre propre douleur, ainsi que le bouddhisme nous encourage à l'être, nous pouvons réagir avec plus de sensibilité à la douleur d'autrui. Si, quand nous souffrons, nous cherchons frénétiquement à nous détourner de cette souffrance, nous prendrons sans doute nos distances à l'égard de la douleur d'autrui en lançant la formule magique : « Courage ! » En devenant mère, j'ai soudain été reconnaissante des mauvais moments auxquels j'avais survécu à l'école. Quand une mère a connu les brimades, les clans ou les notes décevantes, elle peut mieux comprendre ce que son enfant endure dans ces situations.

Pour ressentir de la compassion, nous devons nous impliquer mentalement dans la vie d'autrui et ne jamais rejeter leurs préoccupations. Quand nous considérons la réaction de douleur de quelqu'un comme disproportionnée ou négligeable, nous fermons la porte à la compassion. Il est facile d'estimer triviales les préoccupations d'autrui et d'y réagir en les minimisant, par une formule comme : « Ne t'en fais pas pour ça », « Courage ! ». Mais ces réactions aident rarement celui qui affronte l'adversité. Nous désirons tous être assurés que notre histoire a été écoutée et nos sentiments compris. Rejeter la douleur d'autrui indique un refus de reconnaître la première Noble Vérité, c'est-à-dire que la vie abonde d'imperfections.

Une mère bouddhiste bien d'accord sur ce point a déclaré : « J'accusais toujours mes enfants de pleurer pour rien. Niant leur douleur, j'avais tendance à répondre : "Ne sois pas idiot" ou "Allons, ça n'a pas fait mal". Bien sûr, il arrive que ces phrases soient pertinentes, mais je suis sûre que j'en ai abusé pour éviter d'affronter leur souffrance. Je fais maintenant des efforts pour me pencher plus attentivement sur leur douleur et y être plus réceptive. »

À ce stade éprouvant de la maternité où nous avons à gérer des crises, n'oublions pas d'inclure la compassion dans notre réaction. Les experts nous disent que la crise d'un petit enfant vient de sa frustration de ne pouvoir s'exprimer – il n'a pas les mots pour le dire et recourt donc aux larmes et aux hurlements. À cet âge-là, les enfants se sentent démunis et ne possèdent pas assez de ressources dans la vie quotidienne pour permettre de gérer ces sentiments désagréables. Ils ne savent pas quoi faire lorsqu'ils sont harassés. Ils ne comprennent pas pourquoi ils ne peuvent pas n'en faire qu'à leur tête. Tout ça, c'est affreux, insupportable même, voilà tout ce qu'ils constatent.

Mères confrontées à ces crises, nous pouvons nous sentir en colère, frustrées, déprimées et – si la crise a lieu en public – humiliées, mais la compassion pour l'enfant qui souffre tempérera notre réaction. Et qui nierait que la compassion a sa place à chaque étape du développement de nos enfants ? J'aime vraiment beaucoup les propos de Myla Kabat-Zinn à ce sujet dans *Everyday Blessings* : « Quand un enfant, à tout âge, se sent accepté par vous, quand il sent votre amour, pas seulement pour son moi facile à vivre, aimable, attirant, mais aussi pour son autre moi difficile, repoussant, exaspérant, cela le nourrit, lui permet d'acquérir un meilleur équilibre et de devenir un être plus complet. »

Un matin, mon Zac m'a offert pendant plusieurs heures son « moi le plus difficile, repoussant, exaspérant », me tenant tête à chaque instant de la séance où je le préparais pour partir à la maternelle. Plus tard dans la journée, son école m'a téléphoné pour m'annoncer qu'il avait la varicelle et j'ai alors regretté de ne pas avoir été plus patiente avec lui ce matin-là. Assez souvent, le comportement des enfants s'explique parfaitement, il suffit pour cela d'être attentif à leur point de vue, ou de leur accorder le bénéfice du doute. Peut-être souffrent-ils d'un changement dans leur routine, d'un manque d'attention ou d'une méconnaissance de leurs limites. Ils sont peut-être simplement fatigués et pas dans leur assiette. Myla Kabat-Zinn ne dit pas que nous devons supporter un comportement inacceptable. Il nous faut simplement être conscients de ce qui peut se passer dans la tête de nos enfants, et inclure un élément de compassion dans notre réaction plutôt que de réagir automatiquement et de manière inconsidérée.

Famille, amis et enfants mis à part, la compassion envers soi-même est la base de toute compassion envers autrui. Si nous atteignons le stade de la fatigue et de l'exténuement en nous occupant d'autrui, nous aurons moins à donner à chacun. Nous devons également nous occuper de notre propre santé en nous ménageant du temps pour la tranquillité et le repos. En pratiquant la compassion, nous nous adressons à nous-mêmes avec bienveillance et observons si le ton de notre voix intérieure est compréhensif et amical ou bien critique et sévère. Nous sommes patients lorsque nous commettons des erreurs, car confrontés aux nouvelles étapes sans fin de l'éducation des enfants, nous sommes alors tous des amateurs. Cela nous aide à cultiver la conscience de soi, et pas la culpabilité.

LA JOIE ALTRUISTE

Imaginez comme nous serions plus heureux si nous pouvions partager les joies vécues par chaque être vivant. Alors, comme le dit le Dalaï-lama, nos occasions de nous réjouir seraient « augmentées de six milliards contre une ». Les mères sont de véritables maîtres de la joie altruiste dès lors qu'il s'agit d'enfants. Rien n'a une saveur plus douce que le succès et le bonheur de notre enfant. Rappelez-vous la joie que nous ressentions pour notre enfant à chaque étape de l'apprentissage de la marche, de la parole et de la communication. Ou voyez comme notre cœur fond quand nous observons leur enchantement à la piscine, à un anniversaire ou sur le trampoline. Leurs petites joies peuvent nous procurer de la félicité.

Là encore, nous pouvons mieux apprendre la manière d'aimer autrui en nous inspirant de notre amour pour nos enfants. Combien de fois, par exemple, nous réjouissons-nous des victoires d'autres enfants que les nôtres ? Et à ce propos, combien de fois fêtons-nous le bonheur d'autres adultes ? Que ressentons-nous quand nous avons de bonnes nouvelles d'eux ? Sommes-nous débordants de joie ? Ou jaloux et contraints de ne pas nous laisser distancer ? Nous résignons-nous à fêter leurs sentiments de soulagement, d'excitation et de contentement ?

Pensez à notre gratitude quand un ami fête sincèrement avec nous notre succès. L'amitié s'en trouve instantanément plus profonde car elle symbolise et inspire la forme absolue de confiance par laquelle nous savons que notre ami souhaite notre bonheur. Lorsque nous arrivons à nous réjouir des bonnes nouvelles concernant quelqu'un, nous retrouvons notre sens du lien avec les autres. Comment pourrions-nous nous sentir isolés quand nous sommes impliqués si émotionnellement dans la vie des autres ?

Si nos amis ne parviennent pas à partager avec nous nos joies, nous nous demandons : « Quelle valeur a cette amitié s'ils ne me souhaitent même pas le meilleur possible, s'ils ne comprennent pas ce qui compte à mes yeux ? Si nous avons du mal à être heureux de la joie d'un ami, cela veut simplement dire que nous devons considérer de plus près la douleur présente dans sa vie, pour comprendre sa souffrance. C'est exactement ce que cette mère a appris :

> Je rencontre vraiment des difficultés dans ma relation avec l'une de mes amies. Cette amie intime a une fille du même âge que la mienne. J'ai toujours été très proche de cette femme mais depuis que nous sommes toutes deux mères, elle a introduit un élément de rivalité entre nous qui a, je le sens, empoisonné notre relation. Elle compare en permanence nos filles et il se trouve que la sienne commence à dépasser la mienne sous certains aspects. Elle a marché plus tôt, parlé plus tôt et maintenant qu'elle va à l'école, elle est apparemment la meilleure de sa classe. Mon amie parle constamment des résultats étonnants de sa fille et je trouve qu'elle manque, sous ce rapport, tout à fait de tact – d'autant plus que je me fais du souci au sujet du développement de ma fille dans certains domaines. Je n'arrive pas à croire que son manque de tact ait pu me mettre autant en colère et j'en suis arrivée à jalouser sa fille et à souhaiter qu'elle échoue.
>
> Contemplant les quatre Demeures divines, j'ai compris que pour ce qui est de la joie altruiste, j'avais raté le coche ! C'était l'occasion parfaite de fêter la chance d'une amie d'être la mère d'une enfant brillante, mais j'ai opté pour la jalousie et la colère. Plutôt que de culpabiliser et de me « sentir nulle », j'essaie de dépasser mon problème en cultivant la compassion. Par exemple, mon amie a abandonné une carrière remarquable pour être mère. Elle s'inquiète beaucoup de savoir si elle pourra

reprendre cette carrière et je sais que ce sacrifice est pour elle une source de douleur. Qui pourrait la condamner de réussir l'éducation de sa fille pour compenser la carrière qu'elle a perdue ? Peut-être que sa vantardise apparente manque un peu de tact mais quand j'essaie de replacer cela dans le contexte de tous ses autres problèmes de mère et d'épouse, je parviens à ressentir de la compassion, ce qui m'aide à partager le bonheur que lui procure sa fille.

Les quatre Demeures divines sont interdépendantes, de sorte que vous ne pouvez pas pratiquer l'amour pur si l'une d'elles manque dans votre pratique. Pour connaître la véritable joie altruiste, nous devons être capables de compassion. Pour partager le plaisir d'un ami, nous devons aussi partager sa douleur, autrement nous ne sommes que des « amis des beaux jours ». Quand nous comprenons la souffrance qu'endure une autre personne, il est tout naturel de ressentir de la joie lorsqu'elle trouve un îlot de bonheur.

Comme avec la compassion, avant de ressentir de la joie altruiste, nous devons écouter attentivement l'autre et lui porter vraiment intérêt. C'est alors seulement que nous pouvons le comprendre profondément et savoir ce qui le rend heureux. Nous devons mieux apprendre à connaître les êtres qui font partie de notre vie et, de temps à autre, réfléchir à ce que peut être leur vie. Nous serons alors prêts à nous immerger dans leur bonheur et à en découvrir avec eux chaque savoureux détail. Voilà en quoi consiste le don d'une véritable amitié.

ÉQUANIMITÉ

Au chapitre III, nous avons étudié l'équanimité de façon assez détaillée. En pratiquant cette qualité – la capacité de percevoir tous les aspects de notre vie avec acceptation et patience –, nous évitons nos réactions extrêmes habituelles. Fruit d'un esprit calme et imperturbable, l'équanimité nous permet de refuser d'avoir des réactions excessives face aux plaisirs et aux épreuves.

Là encore, l'interdépendance des quatre Demeures divines intervient et si nous ne pratiquons pas cette quatrième qualité, notre amour n'est pas complet. Sans équanimité, nous risquons de ne manifester de l'amour bienveillant que pour l'estime ou le paiement en retour que nous y gagnerons. Sans équanimité, nous réserverons notre compassion aux situations où nous savons que la douleur d'autrui ne nous submergera pas. Sans équanimité, la joie altruiste céderait la place à des sentiments de jalousie ou de rivalité.

Dans le contexte des quatre Demeures divines, le terme équanimité inclut l'idée de considérer tous les êtres vivants comme également précieux. Au sein de la cellule familiale elle-même, par exemple, il est souvent plus facile pour les mères et les pères de manifester de l'amour bienveillant, de la compassion et de la joie envers leurs enfants qu'envers leurs partenaires. Un jour, à table, pendant le petit déjeuner, mon mari a une fois attiré mon attention (en plaisantant) sur mon comportement : ce matin-là, j'avais accueilli mes fils avec l'enthousiasme d'un chiot surexcité alors que je lui avais à peine jeté un regard. Comme nous l'avons tous constaté, de trop nombreux mariages et unions se brisent lorsque l'un des partenaires n'est plus apprécié pour ce qu'il est mais seulement pour ses performances dans son rôle de parent.

Nous ne faisons qu'un

Vivre en manifestant *amour bienveillant, compassion, joie altruiste* et *équanimité* se déroulerait très naturellement si nous pouvions ressentir notre interdépendance avec les autres, si nous pouvions comprendre que tous les êtres vivants et nous-mêmes ne faisons qu'un. Nous devenons spontanément généreux, délicats et serviables lorsque nous considérons ceux qui nous entourent comme faisant partie de nous-mêmes : leur bien-être est le nôtre. La difficulté consiste à arriver à étendre cette sorte d'amour et de compassion à toutes nos relations jusqu'à ne plus exclure personne. Le moine vietnamien Thich Nhat Hanh écrit : « L'objet de votre amour et vous-même ne pouvez être deux. Continuez [à méditer] jusqu'à pouvoir vous voir dans la personne la plus cruelle sur terre, l'enfant affamé [...] quelqu'un dans un supermarché, au coin de la rue, le détenu dans un camp de concentration. »

Comprendre cette *non-séparation*, c'est se réjouir du bonheur des autres et partager leur souffrance, tout en ressentant la joie de notre unicité, notre connexion. Notre concept d'un soi séparé des autres est une illusion, mais nous ne pouvons abandonner cette conception fausse qu'en en prenant conscience. Quand nous réalisons la vraie nature de notre existence, nos sentiments d'isolement, de séparation et de solitude ne nous hantent plus.

Fait intéressant, le monde de la science, la physique en particulier, arrive souvent aux mêmes conclusions que le Bouddha il y a 2 500 ans. Albert Einstein, par exemple, a fourni une explication de l'illusion du soi et de la vérité de l'unicité : « L'être humain fait partie d'un tout, que nous appelons "Univers", partie limitée dans le temps et l'espace. Il se voit lui-même, avec ses pensées et ses émotions, comme une entité séparée du reste, une sorte d'illusion d'optique, issue de sa conscience et constituant une sorte de prison. Elle nous cantonne à nos propres désirs et à une affection que nous réservons à quelques-uns, à nos plus proches. Notre tâche consiste à nous libérer de cette prison en élargissant le cercle de ceux qui bénéficient de notre compréhension et reçoivent notre affection jusqu'à y englober tous les êtres vivants, ainsi que la nature tout entière, dans toute sa beauté. »

Susan Murphy, enseignante zen et mère de deux enfants, fait remarquer que nous n'avons pas toujours été prisonniers de cette illusion d'être séparés, car, quand nous étions bébés, nous avions plus de bon sens !

> Les bébés naissent avec une conscience de l'unicité de toute la création. Dans leurs yeux, les étoiles et l'immensité continuent toujours à tourner lentement. Regardez simplement dans le miroir de notre nature originelle (vous n'y résisterez pas de toute façon) – elle est là ! La Conscience nue.
>
> Par un processus de « désapprentissage », ils développent un *œil* qui décompose le monde en parties, l'œil adapté-au-tout se mue en œil adapté-aux-parties. Nous devons être capables de voir le monde dans ses diverses parties afin d'apprendre les concepts et le langage, de communiquer avec les autres, mais nous sommes ensuite confrontés à la tâche de revenir à une vision du monde et de nous-mêmes comme un tout lié.

Les méditants expérimentés racontent comment, à un niveau élevé de concentration, ils arrivent à avoir un aperçu fulgurant de cette unicité avec tous les êtres vivants et même de notre unicité avec tous les phénomènes, et cette expérience transforme leur vie. Robert Thurman parle de cet aperçu de l'unicité possible en méditation : « Nous perdons tout sens de limite, tout conflit intérieur disparaît et nous ressentons [...] un "état de réalité" qui [...] semble relié à tous les autres êtres et choses. Cela est le véritable soi, un puits inépuisable de paix et de bonheur, intégrant tout, comblant tous les désirs, englobant tous les autres sans oublier nous-mêmes. Cela est l'essence même de ce que le Bouddha a vu durant sa propre méditation. »

Certains trouvent que la maternité les rapproche d'une compréhension de l'unicité. Comme le dit cette mère : « En regardant le visage de mon bébé, j'y ai aperçu ma mère, puis ma tante, puis d'autres parents successivement. Cela ma donné un sens de notre interconnexion et j'ai vu le flux de connexion ininterrompu d'une génération à l'autre. Et par l'intermédiaire de ce bébé, je me suis sentie plus connectée à mon mari et à toute sa famille à travers les âges, comme si nous avions trouvé un moyen de fusionner en un seul être et de nous relier ensemble grâce à un lien renforcé entre nous. »

En progressant vers cette compréhension de l'unicité, nous sommes au moins en mesure de voir que tous les êtres vivants partagent le même souhait de *bonheur* et de *libération de la souffrance*. Les enseignements bouddhiques mettent constamment ce point en relief. Nous sommes tous dans la même barque en quête de la même chose, et cette camaraderie naturelle peut nous aider à appréhender notre unicité, à un niveau intellectuel en tout cas, avant d'acquérir la compréhension plus profonde qu'apporte l'évolution spirituelle.

Purifier nos relations de l'attachement

Une fois compris les effets de l'attachement, la façon dont il alimente les attentes, les exigences et la dépendance, nous nous étonnons alors de sa capacité à empoisonner nos relations avec les autres. Remplacer l'attachement par une forme plus pure d'amour nécessite une prise de conscience de nos intentions, de nos pensées et nos désirs par rapport aux autres. Nous devons être scrupuleusement honnêtes avec nous-mêmes quant à ce qui, dans notre esprit, guide nos actes. Cela revient finalement à la question : « Est-ce que je fais et dis et pense cela par amour ou dans mon propre intérêt ? »

Même si nous trouvons que nos intentions et nos sentiments sont loin d'être aimants, commençons du moins à agir avec amour. En agissant ainsi, nous remarquons combien cela est agréable et nous sommes encouragés à penser et sentir avec plus d'amour. Nous constaterons sans doute que la manière de réagir des autres devant nos actes aimants nous encourage à agir plus sincèrement. Agir avec amour, notons-le, est bénéfique à plusieurs niveaux – pratique, émotionnel, spirituel et physique – et très vite, agir autrement nous semblera irrationnel. Ironiquement, agir avec amour peut s'avérer être tout à fait intéressé.

À nos actes aimants, ajoutons finalement des intentions et pensées aimantes en cultivant activement un esprit d'amour. Grâce à la méditation de pleine conscience, entretenons des sentiments d'amour bienveillant envers autrui et, ce faisant, transformons la nature de notre esprit. Nous commençons à comprendre qu'avec de l'amour, nous sommes capables de porter tellement plus de fruits que nous ne l'avions cru possible. Nous comprenons également que la vie pourrait prendre une tournure complètement différente. Nous, les mères, nous sommes bien placées pour avoir foi dans le pouvoir de l'amour parce que nous avons déjà vécu une révolution de notre esprit grâce à l'amour que nous portons à nos enfants.

– *Ce que nous pouvons faire* –

- Nous rappeler que tous ceux qui font partie de notre vie sont des enseignants spirituels, en particulier nos enfants. Apprendre de toutes nos relations est bénéfique.
- Envisager d'avoir des opinions moins rigides pour nous permettre de réduire notre propre souffrance et nous sentir connectés aux autres.
- Si nous nous sentons juges ou critiques à l'égard de quelqu'un, étudier consciemment nos propres sentiments. Ce sont les relations difficiles qui, souvent, nous délivrent le plus d'enseignements.
- Examiner toutes nos relations pour discerner d'éventuels signes d'attachement.
- Accepter ce que sont nos enfants sans projeter sur eux nos propres besoins et insécurités – nous ne possédons pas nos enfants, ils sont sous notre protection.
- Nous rendre compte de l'importance d'aimer les autres et nous rappeler que cela nous aide à être plus heureux et plus clairvoyants.
- Reconnaître que l'amour comporte quatre éléments : amour bienveillant, compassion, joie altruiste et équanimité.

- Travailler à prendre conscience que nous ne formons qu'un. Cela permettra à notre pratique des quatre Demeures divines de progresser librement.
- Commencer à agir avec amour et, avec le temps, les bonnes intentions suivront.

CHAPITRE VII

Vivre avec un compagnon

Les scientifiques nous disent que les substances chimiques puissantes activées quand nous tombons amoureux s'éliminent en l'espace de 18 à 30 mois. Sous l'influence de la passion initiale, la relation semble ne demander aucun effort et nous sommes quasiment aveugles aux défauts de notre compagnon – et réciproquement. Mais après quelques années de vie commune et après la venue des enfants, la plupart des couples traversent des moments d'instabilité. Pour certains d'entre eux, les difficultés renforcent leur lien, d'autres poursuivent clopin-clopant, faisant survivre avec peine leur relation, et certains en viennent à se séparer.

Comme toujours, la vérité de l'impermanence – ou l'inévitabilité du changement – est inéluctable. Même les mères qui semblent avoir trouvé l'âme sœur concèdent qu'elles vivent des phases où elles « ne se lassent pas » de leur compagnon, suivies d'autres où, pour elles, « ça passe ou ça casse » avec ce même compagnon. Toute relation connaît des hauts et des bas. Cependant, dans le feu de la bataille, ou dans les moments difficiles, nous avons vite fait de peindre d'une teinte uniforme toute l'histoire d'une vie commune : « Je n'ai jamais été heureuse avec lui », « Il est toujours de mauvaise humeur », « Nous n'apprécions plus notre compagnie réciproque ».

Mais ce n'est pas seulement la qualité de notre compagnon qui change constamment. Nous devons aussi être ouvertes à la manière dont notre compagnon, en tant qu'individu, continue à se développer, tout comme nous le faisons. Il n'est pas juste de nous accrocher à une image dépassée de sa personnalité, car, pas plus que nous, il n'a de « soi » parfaitement constant. (Le prochain chapitre examine comment le fait de s'accrocher à une image de soi nous maintient dans la prison de nos attentes.) De même, fermer notre esprit aux possibilités de changement et d'inconséquence de notre compagnon risque de nous empêcher de l'écouter avec une attention qui pourrait nous être pourtant si bénéfique à tous deux.

Nous pouvons déterminer si nos sentiments pour notre compagnon sont vraiment aimants en recherchant dans notre amour, à la lumière des quatre Demeures divines, des signes d'attachement. Engager sa responsabilité personnelle est essentiel aussi pour la réussite des relations : sommes-nous tous deux conscients des intentions qui sont à la base de nos actes et de la manière dont notre comportement respectif nous influence mutuellement ? Une bonne communication, que ce soit dans nos propos ou notre capacité à écouter avec attention, est un autre ingrédient clé d'une relation de qualité.

Si notre couple n'est pas aussi aimant qu'il le devrait, c'est peut-être une question d'initiative : l'un de nous doit donner le coup de fouet qui stimulera le processus d'amélioration. Nous pouvons soit attendre éternellement que notre compagnon se comporte différemment, soit décider d'adopter nous-mêmes une attitude plus aimante. Là encore, de nombreuses mères ont le sentiment que leur couple souffre déjà d'un déséquilibre – ce sont elles qui, dans leur relation, semblent faire preuve de plus d'initiatives en termes de manifestation d'amour et de sollicitude. Ces femmes retirent bien un avantage des enseignements bouddhiques, mais elles devraient essayer également de les partager avec leurs compagnons.

La famille est une cellule où le déséquilibre d'une relation a une incidence sur les autres membres de cet organisme : quand un couple est aimant, la famille entière est plus heureuse. Les enfants observent et tirent des leçons de la relation entre leurs parents – la manière de gérer les tensions, la façon de se parler et de résoudre les conflits. Par conséquent, il est important d'être conscient du mode de relation avec son compagnon plutôt que d'avancer « en pilotage automatique ». Cela est bénéfique pour l'ensemble de la famille.

Les dégâts causés par les enfants dans notre vie amoureuse

Point positif, les enfants sont dans notre couple un centre d'intérêt commun à apprécier ensemble. Les enfants peuvent symboliser le ferme engagement pour un avenir commun. En tant que couple, nous partageons le même plaisir à observer nos enfants franchir toutes les étapes classiques du développement. Nous rions ensemble de leurs farces, de leurs remarques insolites. Contempler ensemble le visage de notre nouveau-né tant attendu, nous promener avec notre bambin qu'un rien excite, nous émerveiller de sa capacité à goûter des plaisirs simples, tous ces instants nourrissent notre vie de couple. Grâce à toutes ces expériences, nous nous sentons plus proches – ce sont de bons moments.

Pourtant, le bouleversement occasionné par les enfants peut induire chez l'un des deux compagnons un sentiment d'irritation ou même d'hostilité par rapport à la relation. Les pressions que les enfants exercent sur la vie d'un couple sont immenses : nous disposons de moins de temps à nous consacrer l'un à l'autre ; ils nous privent de notre sommeil et de notre énergie ; ils requièrent une attention et une assistance constantes ; ils interrompent nos conversations – ils sont omniprésents ! De nombreux couples en arrivent à se demander ce qui a bien pu arriver à la conversation agréable, aux intérêts communs, aux sorties en couple, à leur roman d'amour et à leur vie sexuelle.

Avec les enfants, un couple est confronté à une myriade de nouveaux problèmes. Joanne était avocate, féministe convaincue, avant que la maternité ne vienne la frapper et elle raconte : « Le hic, dans le partage de la responsabilité parentale, était que lorsque le bébé criait, c'était mes seins qu'il réclamait, pas ceux de mon compagnon qui était nullement sexiste par ailleurs et très désireux d'aider. Toute l'égalité que j'avais négociée dans ma relation s'amenuisait d'elle-même ; mon compagnon et moi-même glissions sans vergogne dans des rôles sexués : la maternité narguait la féministe en moi. Pour la première fois de ma vie, la féministe ne savait plus quoi dire. »

Les enfants font se multiplier les tâches ménagères, ce qui peut être une source de conflit quant à leur juste répartition. Un couple peut se disputer violemment au sujet de la méthode la meilleure pour l'éducation d'un enfant, en particulier s'ils appartiennent l'un et l'autre à des types de famille différents. L'argent, ou le manque d'argent, peut provoquer un stress dû non seulement à une augmentation des dépenses mais souvent aussi à une baisse des revenus du ménage, du fait que l'un des deux parents réduit ses heures de travail rémunéré. Le monde du travail est lent à appliquer des politiques de conciliation travail-famille, ajoutant au contraire heures supplémentaires et autres formes de contraintes professionnelles à nos difficultés.

Dans de nombreux ménages, le monde du parent qui s'occupe de la progéniture et celui du parent qui travaille à l'extérieur peuvent sembler très éloignés, du fait que le couple a moins de sujets de partage et qu'il se dispute la primauté pour le rôle le plus difficile : « Tu penses que tu as eu une mauvaise journée ! J'ai dû supporter... » Au pire, la relation peut s'enliser dans la routine. On prend l'habitude de se rembarrer, de se chamailler et d'avoir du ressentiment – et dans bien des cas, on se résigne à ce mode de relation.

Le message bouddhiste « s'arrêter et prendre conscience » est particulièrement intéressant en cas de problèmes relationnels. Nous avons besoin de nous arrêter, de prendre conscience de notre mode de relation et de reconnaître l'existence d'une alternative plus salutaire. Le couple constitue un excellent terrain d'entraînement pour développer des vertus spirituelles. Nous pouvons rejeter les modes de relation nocifs – nous n'avons que l'embarras du choix. Le couple, à l'instar de l'éducation des enfants, n'est qu'une autre forme de pratique spirituelle et plus nous réussissons à le voir, plus nous serons motivés pour y œuvrer.

Si un couple peut sortir indemne de la présence d'enfants, c'est qu'alors, il aura survécu à la plus grande des épreuves et il en aura une plus grande valeur. Comment le bouddhisme peut-il nous aider à réaliser ce quasi-miracle ?

Aimer nos compagnons d'un amour plus pur

Pour pratiquer le bouddhisme, nous devons cultiver des relations aimantes avec tous les êtres vivants, et ceci inclut notre compagnon. Pour nous aider à aimer notre compagnon de manière pure, nous devons vérifier que notre relation n'est pas empreinte d'attachement ou d'une illusion de séparation. Nous devons aussi nous assurer de la présence des quatre Demeures divines : l'amour bienveillant, la compassion, la joie altruiste et l'équanimité. Étant des êtres non éveillés, nous risquons fort de découvrir que nous sommes loin du compte dans certains de ces domaines ; la vie avec notre compagnon ne pourra donc que s'améliorer.

AMOUR OU ATTACHEMENT ?

Nous savons qu'il y a un caractère d'attachement malsain dans notre relation quand nous nous rendons compte que la satisfaction de nos propres besoins et attentes est assujettie au bon vouloir de notre compagnon, et lorsque nous nous apercevons que nous passons relativement peu de temps à considérer la vie de son point de vue à lui. Nous attendons de notre compagnon qu'il lise dans nos pensées, découvre ce que nous voulons et nous rende heureuse. Parfois, nous nous surprenons à penser : « S'il m'aimait vraiment, il ferait *x*, *y* et *z*. »

Le contentement doit venir de l'intérieur de nous-mêmes, nous ne pouvons donc pas attendre de notre compagnon qu'il soit une source illimitée de bonheur. Parfois, les problèmes dans une relation sont dus en partie à de la négligence pour notre vie intérieure – piège classique dans un foyer où les tâches abondent.

Il est utile de se demander :

- Notre compagnon ou nous-mêmes nous sentons-nous en demande, l'un des deux trop cramponné à l'autre, ou sommes-nous dépendants émotionnellement ?
- Notre vie amoureuse s'accompagne-t-elle d'attentes et d'exigences ? Nos sentiments l'un envers l'autre sont-ils conditionnés par leur satisfaction ?
- Nous offrons-nous l'un l'autre suffisamment d'espace pour évoluer, changer et grandir ?

COMPRENONS-NOUS NOTRE UNICITÉ ?

Comme évoqué dans le précédent chapitre, nous sommes victimes de l'illusion que nous avons un « soi » séparé dont les intérêts sont en concurrence avec ceux des « autres ». Nous négligeons notre connexion fondamentale. Même si nous ne pouvons comprendre la vérité de l'unicité avec tous les êtres vivants, nous pouvons du moins reconnaître notre désir commun de bonheur et de libération de la souffrance. Cela donne aux individus les plus dissemblables un point important en commun.

Pour étudier jusqu'à quel point nous nous sentons un avec notre compagnon, demandons-nous :

- Notre relation est-elle victime d'un sens illusoire de séparation, de déconnexion, de « moi » par opposition à « toi » ?
- Pouvons-nous comprendre que nous soucier de nos intérêts réciproques est une manière de nous soucier de nous-mêmes ?

Pour que l'amour existe, il faut que soient présentes l'ensemble des quatre Demeures divines. Nous pouvons nous poser les questions suivantes pour nous aider à nous concentrer sur les Demeures divines :

L'AMOUR BIENVEILLANT EST-IL PRÉSENT ?

- Souhaitons-nous tous deux sincèrement que notre compagnon soit heureux et libéré de la souffrance ou de l'insatisfaction ?
- Pensons-nous activement à des moyens d'être bienveillants l'un envers l'autre, de nous offrir mutuellement des instants de bonheur ?
- Exprimons-nous tous deux notre gratitude ? Quelle est la proportion de louanges par rapport à la critique ?
- Nous écoutons-nous l'un l'autre attentivement de façon à comprendre nos mondes et nos besoins respectifs ?

LA COMPASSION EST-ELLE PRÉSENTE ?

- À quelle fréquence nous penchons-nous sur les difficultés rencontrées par notre compagnon ?
- Comprenons-nous tous deux ce qui fait souffrir l'autre ?
- Écoutons-nous les griefs réciproques et souhaitons-nous pouvoir apaiser la douleur ?
- Manifestons-nous régulièrement un intérêt pour les difficultés de l'autre ou l'interrogeons-nous à ce sujet ?
- Arrivons-nous à nous pardonner l'un l'autre pour des erreurs passées ?

LA JOIE ALTRUISTE EST-ELLE PRÉSENTE ?

- Sommes-nous heureux de la joie de l'autre ? Pouvons-nous nous réjouir ensemble ?
- Existe-t-il une jalousie ou une rivalité attisée sans doute par le ressentiment ?
- Connaissons-nous suffisamment la vie de l'autre pour savoir quelles pourraient être ses sources de joie ?

L'ÉQUANIMITÉ EST-ELLE PRÉSENTE ?

- Attendons-nous de notre compagnon qu'il nous offre tout ce dont nous avons besoin ? Ou aimons-nous de nombreuses autres personnes de manière à ne pas dépendre inéquitablement de notre compagnon pour la satisfaction de tous nos besoins de relation avec d'autres ?
- Pouvons-nous accepter dans une relation des changements cycliques, tout comme il est naturel que l'hiver existe et que le printemps lui succède ?

Assumer la responsabilité

En observant attentivement nos réactions au cours de la journée, nous devenons conscients de notre tendance à courir après ce qui est très agréable et à fuir ce qui ne l'est pas. Nous pouvons alors remarquer qu'il n'est pas très agréable d'assumer la responsabilité de nos pensées et de nos attitudes les moins généreuses envers notre compagnon. Nous ne nous sentons pas particulièrement à l'aise lorsqu'il nous faut admettre que nous avons eu une réaction excessive ou que nous étions en tort. Je sais, en ce qui me concerne, que je réserve à des occasions très spécifiques l'humble acte de demander pardon, alors que j'ai peu de chance de finir ma semaine avec un zéro faute en altruisme.

Notre réaction naturelle est d'éviter la confrontation avec notre responsabilité. Nous évitons de penser à notre propre rôle dans une situation de tension : nous pouvons évacuer des sentiments gênants de culpabilité en nous attelant à la première tâche importante qui se présente ou en regardant une sitcom, une coupe de glace à la main. Il est souvent plus facile de rejeter la faute sur notre compagnon que de prendre le temps d'examiner notre responsabilité, prisonniers que nous sommes de notre ressentiment. Nous savons que nous pataugeons dans cette routine lorsque toutes les pensées à propos de notre compagnon sont négatives, même s'il est très invraisemblable que notre compagnon soit dénué de bonnes qualités.

Assumer la responsabilité implique de « s'arrêter et prendre conscience ». Les deux compagnons doivent faire une pause et se demander si leur comportement l'un envers l'autre est juste. Un comportement juste renforce l'amour ; un comportement incorrect renforce un sentiment de séparation. Nous savons tous comment nous comporter correctement : nous nous manifestons de l'intérêt, nous nous donnons du temps et de l'attention, nous nous complimentons réciproquement et trouvons les moyens de nous rendre heureux l'un l'autre. Le comportement juste ne s'apprend pas mais sa nécessité doit être constamment présente à notre esprit.

Une mère bouddhiste, Meredith, constate que lorsque son mari est de mauvaise humeur, sa propre réaction peut plonger le foyer dans un conflit. Meredith apprend à assumer la responsabilité de son rôle dans les conflits.

Si mon mari a eu une journée stressante au travail, il lui arrive d'être sombre et mal luné en rentrant à la maison. Mon premier réflexe est de détester son humeur et de lui en vouloir de l'effet qu'elle a sur l'atmosphère de notre maison, compte tenu de son visage lugubre et de son air maussade. Ce que je devais regarder en face, c'est que mon refus de m'adapter à son air renfrogné faisait autant de mal à l'atmosphère que sa mauvaise humeur. En l'affrontant, j'ai attisé son aigreur et déversé mes propres sentiments négatifs dans l'atmosphère de la maison. Il fallait que je reconnaisse d'abord que la mauvaise humeur fait naturellement partie de la vie et qu'il a le droit de la manifester occasionnellement, tout comme moi, et ensuite que cette humeur ne dure jamais et ne nécessite pas d'être réprimée au premier signe.

Il fallait que j'apprenne à refréner mes propres réactions et à éviter la dispute instantanée qui peut dégénérer. En observant en pleine conscience mes réactions face à sa mauvaise humeur, je me suis surprise à ressentir de la haine pour mon mari, à le « diaboliser » parce qu'il était loin de la perfection. Je n'ai ressenti aucune compassion pour le stress qu'il subissait – il est dur de rentrer à la maison après une journée de travail éreintante et de se consacrer à une famille.

Je ne le laisserais pas s'en tirer comme ça s'il avait commis un meurtre, bien sûr ! Il y a des moments où la mauvaise humeur doit être traitée avec sensibilité et, de préférence, après que l'on a couché les enfants. Lui aussi doit assumer la responsabilité de son comportement à la maison. Le fait est que nous le devons tous les deux et que cela peut être destructeur si je me décris comme la victime éternellement lésée, obligée de vivre avec un monstre.

Il y a inévitablement des moments où notre compagnon a tort, mais si nous assumons une partie de la responsabilité de nos difficultés, nous pouvons apprendre, grandir et renforcer la relation. Il est rare que les deux parties soient complètement irréprochables. Je sais que quand je dois aborder un sujet avec Marek, cela le désarme si je peux manifester un esprit d'ouverture en acceptant une partie du tort. Je dis par exemple : « Je sais que je n'ai pas encore réussi à apprendre à Zac à ramasser ses jouets mais quand on a le bébé dans les bras, c'est peut-être une bonne idée de faire attention où on met les pieds. » Ce qui, en général, est moins provocateur que : « Pour l'amour de Dieu, regarde devant toi ! »

Nous devons examiner les intentions qui sont à la base de nos actes vis-à-vis de nos compagnons. Pouvons-nous attendre du bon karma de nos intentions ou conditionnent-elles notre cœur à devenir plus dur ? Et quels sont les effets de nos actions – sur nous-mêmes et autrui ? Assumer plus de responsabilité, c'est apprendre à écouter non seulement les paroles que l'on profère mais aussi ce que l'on se dit au sujet de sa relation de couple. Il s'agit aussi de reconnaître que l'on opte pour des conflits – ils ne sont pas inévitables.

Il y a des jours où nous devons admettre que seul notre propre monde et notre propre confort nous importent, où nous négligeons complètement l'expérience de vie de notre compagnon. Et il y a des jours où nous négligeons notre réalité et, si cela arrive trop souvent, nous devons choisir subtilement le moment pour aborder la question, en choisissant nos propos avec soin. On ne dira jamais assez la valeur de la parole juste et, plus loin dans ce chapitre, nous étudierons les paroles du Bouddha sur cette catégorie de l'Octuple Sentier.

S'aimer soi-même

Que nous en soyons conscients ou pas, nous traitons souvent les autres d'une manière similaire à celle dont nous nous traitons. Si nous évitons d'étudier notre propre douleur, nous avons tendance à ne pas nous pencher vraiment sur la douleur d'autrui. Si nous sommes durs et critiques à notre propre égard, cela peut s'étendre aux autres également. La compassion envers nous-mêmes est par conséquent la base de la compassion dans toutes nos relations, y compris dans notre couple. En outre, si nous manquons de compassion envers nous-mêmes, nous pouvons nous sentir dépendants de notre compagnon ou exigeants avec lui. Nous attendons de notre compagnon qu'il devienne la source de ce que nous-mêmes n'arrivons pas à offrir.

Le bouddhisme propose plusieurs schémas mentaux pour développer l'amour de soi. Durant une méditation de l'amour bienveillant ou au cours de la journée, apprenons à nous rappeler notre bonté. Remémorons-nous un acte généreux ancien et découvrons un argument convaincant pour nous aimer plus. Rappelons-nous notre capacité d'amour et trouvons une source de fierté en interrompant notre flot habituel de jugements autocritiques. Nous avons peut-être appris que pour nous aimer, nous devons être aimés par les autres. Un sentiment de libération peut naître quand vous arrivez à changer d'optique et à vous aimer vous-même parce que vous vous êtes occupée des enfants de votre voisine ou que vous avez ressenti de la compassion pour une personne qui souffrait ou encore parce que vous en avez aidé une autre dans le besoin.

Une autre manière de cultiver l'amour de soi est de méditer ou simplement de vous rappeler votre propre nature de Bouddha. Nous sommes tous libres de reconnaître qu'un être parfaitement aimant et sage réside à l'intérieur de chacun de nous. Quand nous sommes en contact avec notre nature de Bouddha et l'amour qu'elle peut nous prodiguer ainsi qu'aux autres, notre compagnon est moins sollicité pour nous manifester son amour selon notre propre conception.

Nous sommes nombreuses à nous sentir déçues que nos compagnons ne nous offrent pas la sorte d'amour dont nous pensons avoir besoin. Ils peuvent ne pas nous satisfaire quant à la conversation intime, aux manifestations d'attention et à la considération ou aux marques d'affection qui ne soient pas d'ordre sexuel. Le problème est moins un manque d'amour dans leur cœur qu'une incapacité chez eux à l'exprimer comme nous en rêvons. Puiser l'amour dans notre nature de Bouddha est comme trouver notre propre source d'amour parfait et cela nous rend plus autonomes.

La capacité et l'opportunité d'apprécier la solitude sont également importantes dans le développement de la compassion envers nous-mêmes. Nous passons couramment un temps considérable avec les êtres qui nous sont chers car nous savons que nos relations en ont besoin. Alors, pourquoi ne devrions-nous pas allouer du temps à la relation importante que nous avons avec nous-mêmes ? La méditation et la vie en pleine conscience sont une bonne occasion de réserver un peu de place à cette relation qui, à son tour, renforcera toutes les autres.

L'amour est équitable : partager les tâches domestiques

La présence d'enfants dans une famille entraîne une somme de travail domestique supplémentaire et la répartition équitable de ce travail est une source de tension dans la plupart des ménages. Nous lisons souvent des récits sur la colère et l'épuisement de mères qui ont le sentiment qu'elles gèrent plus que leur part de cette charge. De nombreuses femmes se résignent à ne jamais obtenir un traitement équitable, d'autres finissent par être rongées par le ressentiment. Nombre d'entre nous démarrent une vie de couple en attendant une relation égalitaire et finissent par se sentir roulées.

Et puis, il y a des compagnons qui – à cause d'employeurs inflexibles ou d'un manque d'intérêt – ne passent pas suffisamment de temps avec leurs enfants et par conséquent ne nous font pas cadeau d'un peu de ce précieux temps sans enfants dont nous avons tellement besoin. Bien que certains compagnons fassent d'héroïques tentatives pour nous permettre d'avoir nos pauses bien méritées, beaucoup d'entre eux n'apprécient pas de se retrouver seuls à s'occuper d'enfants et s'arrangent pour que nous nous libérions de la maison en nous sentant coupables. Quoique, dans la plupart des foyers, les deux compagnons soient débordés par les exigences de la vie familiale, c'est en grande majorité à la femme qu'échoit la plus mauvaise part en matière de sommeil, de pauses et de travail domestique. Nous avons sans doute des conditions bien meilleures que celles de nos mères, mais la bataille semble loin d'être terminée.

De nombreuses mères appréhendent à juste titre que les enseignements bouddhiques, en insistant sur le don, l'aide et l'amour, ne fassent d'elles des serpillières soumises. Comment pouvons-nous encourager les vertus spirituelles quand nous risquons d'être exploitées ? Comment pouvons-nous arriver à une situation équitable sans nous mettre en colère ? Comment pouvons-nous aimer nos compagnons d'un amour pur quand ils ne tiennent pas compte de nos sentiments sur le type de vie que nous aspirons à vivre ? Ce sont des questions difficiles au sujet desquelles nombre d'entre nous se rongent les sangs quotidiennement, tandis que d'autres, préférant la paix de l'esprit, baissent les bras.

Reconnaissant le caractère particulier de chaque situation, le bouddhisme ne fournit pas de solutions spécifiques à ces problèmes. Il nous demande d'utiliser notre propre jugement. Généralement, tout ce que nous pouvons faire est de trouver des manières aimantes et justes de résoudre nos problèmes. Toutefois, d'un point de vue bouddhiste, une chose est sûre : la colère n'est pas la réponse. Bien que la colère soit souvent une réaction classique lorsque nous nous trouvons dans une situation injuste, le bouddhisme dira qu'un esprit en colère cause plus de ravages en nous – pour notre bonheur, notre santé et notre progrès spirituel – que tout ce que nous pourrions obtenir. Et cela n'en vaut pas la peine.

Alors, que faire ? Devons-nous simplement accepter avec patience une situation injuste ? Dans le bouddhisme, nous ne sommes pas obligés d'accepter de mauvaises conditions si nous pouvons faire en sorte de les changer. Étudiez cette strophe souvent citée de l'œuvre de Shantideva, *Guide du mode de vie d'un bodhisattva* :

Si l'on ne peut remédier à quelque chose,
Pourquoi en être malheureux ?

Et s'il n'y a aucun remède pour ça,
Il ne sert à rien, là encore, d'être malheureux.

En bref, faisons ce que nous pouvons et puis, soyons simplement heureux. S'il n'y a aucun espoir de réformer notre compagnon et que, pour quelque raison que ce soit, il est impossible de le quitter, pratiquons l'acceptation patiente. Personnellement, après toutes ces années de lutte féministe menée par les femmes audacieuses et héroïques qui m'ont précédée, je préférerais axer mes efforts sur la recherche de remèdes possibles. Pour certaines, la solution consiste à recruter une femme de ménage, pour d'autres, à établir une liste de répartition des tâches, et pour d'autres encore à entamer des négociations sans fin. Pour éviter des confrontations en état de colère, nous pouvons envisager des discussions calmes au cours desquelles, après avoir reconnu la contribution de notre compagnon et même sa situation difficile, nous lui demandons de s'investir un peu plus. Si nous nous sentons incapables d'une discussion calme sur ce sujet brûlant, nous pouvons envisager d'écrire à notre compagnon une lettre aux termes soigneusement soupesés.

Les enseignements bouddhiques nous recommandent d'adopter, dans toute discussion ou négociation avec notre compagnon, une démarche empreinte de compassion. Il est facile de se focaliser sur notre souffrance qui, bien souvent, peut sembler plus grande que celle de notre compagnon, mais lui aussi, en tant qu'être humain, souffre. Cela ne peut que nous aider si nous prenons le temps de réfléchir à la manière dont il souffre et de cultiver la compassion et la sollicitude à son égard. Si cela semble être une tâche trop difficile, songeons aux responsables tibétains qui, quand ils doivent rencontrer des Chinois, font un travail sur leur sentiment de compassion pour que leur démarche ait un effet salutaire. Après les agissements des Chinois au Tibet, cet exemple peut être une grande source d'inspiration.

Bien que la générosité soit une qualité importante dans le bouddhisme, nous devons exercer notre jugement. Dans une atmosphère familiale imprégnée d'amour, chaque membre contribue et personne ne se sent opprimé. Accepter ce que nous considérons comme une part inéquitable de charge n'est pas une marque d'amour envers nous-mêmes – donner doit toujours être juste. Accepter que les membres de sa famille se laissent aller à la paresse leur crée un mauvais karma du fait qu'ils prennent des habitudes qui entreront dans leur caractère. Le karma – le fait que les actions ont des conséquences – a un impact non seulement sur les membres de notre famille mais aussi sur la société au sens large et sur les générations futures. Si nos enfants apprennent à considérer les femmes comme des domestiques, cela continuera à être le problème non seulement de nos filles et des leurs, mais encore nos propres fils risquent de perpétuer les inégalités et d'ajouter à la tension générale entre les sexes.

Une de mes amies qui pratique une voie spirituelle pense que l'acceptation patiente a un rôle à jouer dans la plupart des relations. Ayant tout juste terminé sa thèse sur les problèmes inhérents au mariage moderne, elle déclare : « Nous devons adopter une perspective historique en matière de problèmes d'égalité dans le mariage. Nous pouvons gaspiller beaucoup d'énergie à ressentir de la colère du fait de nous trouver à un certain stade de l'histoire plutôt qu'à un autre ultérieur. Cela revient à dire que vous voulez obtenir votre doctorat et puis sentir en vous vraiment de la colère de ne pas le posséder là, tout de suite. En tant que femmes, nous pouvons saluer l'énorme progrès que nous avons accompli en l'espace d'une génération et, au lieu de nous sentir en colère, faire tout ce que nous pouvons pour continuer à aller de l'avant. »

Il n'y a pas de réponses simples ou parfaites – comme nous le savons, c'est très complexe. Le bouddhisme ne nous propose pas de commandements, mais nous donne quelques conseils utiles pour nous aider à résoudre nos problèmes et les empêcher de se muer en un tourbillon incontrôlable.

La parole juste

La parole juste est une catégorie du Noble Sentier Octuple. Fait intéressant, le Bouddha a choisi de ne pas l'inclure dans la catégorie de l'Action juste, même si la parole est indéniablement une action. Il est clair qu'il a pressenti qu'elle méritait une mention spéciale et il est facile de comprendre pourquoi. Rétrospectivement, nous pouvons constater que certaines remarques exprimées des décennies auparavant, peut-être, nous perturbent encore. Le Bouddha a dit de la parole qu'elle était une hache, un outil de précision, un pouvoir et une arme capable de causer de grands dommages. Des dix Poisons (voir en fin d'ouvrage leur liste complète), trois relèvent du corps, trois relèvent de l'esprit et quatre de la langue, à savoir le mensonge, la calomnie, les insultes et les paroles oiseuses.

IV. Ne mentez pas, mais soyez plutôt sincère. Dites la vérité avec discrétion, sans crainte et avec un cœur aimant.

V. N'inventez pas d'histoires méchantes, n'en répétez pas. Ne critiquez pas, mais recherchez plutôt les bons côtés de vos semblables, pour pouvoir les défendre avec sincérité contre leurs ennemis.

VI. Ne jurez pas, mais parlez plutôt avec décence et avec dignité.

VII. Ne perdez pas votre temps en commérages, mais parlez plutôt à bon escient ou gardez le silence.

La parole juste est inappréciable dans tous les domaines de notre vie mais particulièrement chez soi. Dans une plus large mesure que dans toute autre relation, notre couple est le contexte où nous pouvons parler librement et être nous-mêmes. Avec notre compagnon, il est plus acceptable d'aborder les problèmes au moment où ils surviennent, et c'est tant mieux ! Si nous abordions avec nos amis des sujets de mécontentement au moment où ils se produisent, nous risquerions de nous retrouver bien seuls. L'inconvénient de cette liberté d'expression avec notre compagnon, comme la plupart d'entre nous ne le savent que trop bien, est le risque potentiel de conflit.

Recourir à une parole juste maintient le niveau de conflit sous contrôle. Notre style de discours est contagieux. Quand nous parlons sur un ton irrité, la réaction est susceptible de prendre le même ton. Quand votre compagnon vous accueille de manière enjouée, quel que soit votre état d'esprit, vous vous apercevrez sans doute que vous vous détendez un peu et réagissez de manière similaire. Notre manière de parler influence l'atmosphère de la maison et bien plus sans doute que nous ne l'imaginons. Une étude menée par les universités Flinders et La Trobe sur 750 familles australiennes (et d'autres études effectuées à l'étranger) a révélé que le plus grand facteur contributif à l'équilibre d'un adolescent est l'atmosphère sociale et émotionnelle à la maison.

Notre discours révèle nos attitudes et préoccupations. De même que nous nous efforçons d'être conscientes des nôtres, nous devons être conscientes de la tenue de notre discours et de ses effets. Mon mari m'entend critiquer les autres, me plaindre de mes difficultés, parler avec enthousiasme de mes obsessions et perdre mon calme. Si je passe en revue nos conversations, il m'est facile de déceler où ma pratique spirituelle a besoin d'être renforcée. Un exercice intéressant pratiqué dans certaines écoles bouddhiques est « l'exercice des soixante secondes » dans lequel deux personnes sont en conversation, mais laissent passer soixante secondes entre chaque réponse pour s'exercer à parler de manière constructive et obligeante. Nous, les mères, n'avons pas de temps pour ce genre d'exercice mais nous pourrions trouver du temps pour marquer une brève pause avant de parler.

Comment donc le Bouddha définissait-il la parole juste ? D'abord, a-t-il dit, elle est *vraie*. Cela suggère la nécessité d'être ouvert, franc et simple dans nos échanges et d'éviter le mensonge. Ensuite, notre discours devrait être *bienveillant* et *doux*. En nous abstenant d'utiliser un langage grossier, nous devrions éviter les propos malveillants, nuisibles et égoïstes. Notre parole devrait être *obligeante* également. Autrement dit, éviter le commérage, les indiscrétions et les divagations sans respect des besoins et intérêts de l'interlocuteur. Une mère explique comment cet enseignement lui a permis de modifier son attitude : « Je me suis rendu compte qu'il fallait que je cesse de jurer. Si je voulais parler de manière bienveillante, douce et obligeante, il fallait que je surveille mon langage. Je n'étais pas particulièrement grossière, mais certains des mots que j'employais étaient absolument incendiaires. »

Elle a donné quelques exemples :

> J'ai dû arrêter de dire que j'en « avais marre », et que Untel ou Tel autre s'en « contrefoutait ». J'ai dû arrêter de parler à mon mari de tous les « "losers", crétins et débiles » que je rencontrais – comment pourrais-je arriver à cultiver en moi la compassion en utilisant de tels mots. Des propos grossiers peuvent donner l'impression que vous êtes plus en colère que vous ne l'êtes réellement et augmenter inutilement la tension. Et si vous arrivez à complètement cesser de penser dans ces termes négatifs, c'est un grand pas vers l'équanimité.

Il est également bon de garder à l'esprit ces principes bouddhiques :

- *Le bon interlocuteur*. Certains d'entre nous ont tendance à abuser de la communication alors que nous devrions nous tourner vers l'intérieur. Si nous soumettons toujours nos problèmes à notre compagnon, ou à d'autres personnes, nous risquons de ne pas chercher les réponses en nous-mêmes ; nous mettons en veilleuse notre propre intuition. D'autres peuvent nous abreuver de conseils, opinions et histoires jusqu'à ce que nous n'entendions plus notre voix intérieure. C'est une question de juste milieu à trouver, du fait que certains d'entre nous ont besoin de communiquer plus ouvertement et avec plus de personnes.
- *Le bon moment et le bon endroit*. Mark vient juste de hurler contre son bambin parce qu'il a renversé accidentellement ses céréales.

Sentant que Mark a eu une réaction excessive pour un petit accident, Sharon l'affronte instantanément. Mark se met sur la défensive et commence à attaquer Sharon. Ils auraient pu complètement éviter cette dispute si Sharon avait permis à la fureur de Mark de se calmer et avait attendu un moment plus calme pour soulever la question des attentes patientes avec les bambins.

Nous devons y réfléchir à deux fois avant d'évoquer nos préoccupations. Le moment approprié pour le faire n'est pas toujours celui où nous y pensons. Si notre compagnon nous critique, il n'est peut-être pas avisé de nous hâter de nous défendre. Si plus tard, après réflexion, nous avons le sentiment d'avoir été critiquée à tort, nous pouvons soulever la question quand l'atmosphère est plus calme et que nous pouvons le faire à tête froide. Refuser d'être entraînées dans une dispute passionnée nous aide – les problèmes sont rarement résolus dans ces moments-là. La retenue est une vertu non négligeable.

- *Le bon sujet*. Pour parler du bon sujet, nous devons être conscientes des intérêts de l'interlocuteur et des intentions qui sont à l'origine de nos propos. Avant de parler, nous pouvons marquer une pause pour nous demander : « Pourquoi suis-je en train de dire cela ? Est-ce que je cherche à aider, critiquer, me vanter, manipuler, influencer, blesser ? »

Même si cela semble simple, souvenons-nous de minimiser nos plaintes et d'exprimer plus de remerciements. Cela fait des miracles pour l'atmosphère de la maison. Comme le décrit cette mère : « Pendant des années, j'espérais que mon mari serait plus reconnaissant, plus affectueux, plus désireux de me dire qu'il aimait quelque chose, n'importe quoi, en moi. Inspirée par une bonne lecture, j'ai commencé à lui dire quand je le trouvais beau, à le remercier pour ses qualités positives, à le serrer plus souvent dans mes bras. C'est peut-être une question de chance, mais il a effectivement commencé à me renvoyer l'ascenseur. J'ai du mal à croire que ça pouvait être aussi simple de remettre notre mariage d'aplomb. Toutes ces années gâchées ! »

En résumé, avant de parler, nous devons nous demander : ce que je suis sur le point de dire, est-ce vrai ? Est-ce gentil ? Est-ce profitable ? Cela pourrait-il blesser ? Est-ce bien le moment ? Faut-il vraiment que je parle ? Se poser ces questions à nous-mêmes nous aide à tirer les leçons de nos erreurs, qui ont été, en ce qui me concerne, nombreuses. Il me faudra peut-être longtemps avant de maîtriser la parole juste mais, du moins, je peux retirer le bénéfice d'une amélioration constante.

Certains bouddhistes considèrent que cela aide de parler plus calmement ou lentement, ne serait-ce que pour ne pas oublier d'être attentif. D'autres font un effort conscient pour marquer une plus longue pause, laissant intentionnellement s'écouler une fraction de seconde avant de répondre. Nous ne voulons pas gâcher la joie que nous retirons de la conversation en prenant des précautions extrêmes mais un engagement à nous améliorer progressivement peut nous épargner le regret et un mauvais karma.

Écouter

Sincèrement écouter, être totalement présent à une autre personne, est une puissante expression d'amour. Quand on vous a écouté – calmement, attentivement et sans jugement –, c'est un grand cadeau. Vous avez une opportunité d'explorer votre réalité, de découvrir des idées, de vous ouvrir et vous développer. Vous pouvez être créatif. Vous aurez l'occasion de diminuer vos fardeaux de moitié. Quel cadeau l'acte simple d'écouter peut représenter dans une relation !

Mais l'écoute patiente ne vient pas naturellement à la plupart d'entre nous. Combien de gens connaissez-vous qui écoutent bien, qui peuvent vous faire sortir de votre coquille et s'« embarquer dans votre voyage » ? Et que ressentez-vous quand cela vous arrive ? Vous êtes requinqué, libéré, joyeux ? Écouter est un talent, et comme pour tous les talents, il demande de la pratique et la capacité de tirer les leçons de nos échecs.

Nous voulons tous nous sentir compris et aimés pour ce que nous sommes. Un engagement à écouter nous permet de comprendre notre compagnon plus profondément et de nous aimer avec plus de sensibilité. Quand nous sentons que notre compagnon nous écoute et nous comprend, et vice versa, nous sommes sûrs que nous avons de l'intérêt l'un pour l'autre. Une relation se trouve sur une pente dangereuse quand cesse l'écoute mutuelle.

Ironiquement, le plus difficile est souvent d'écouter ceux qui nous sont les plus proches. Avec nos compagnons, c'était tellement plus facile d'écouter au début de la relation, quand les confidences étaient nouvelles. Nous nous sentions stimulés par l'euphorie amoureuse et hormonale. Avec le temps, l'habitude de n'écouter qu'à moitié s'est installée :

nous écoutons machinalement et nous sommes peut-être plus attentifs à nous-mêmes qu'à ce que notre compagnon nous dit.

Ignorant la vérité de l'impermanence, nous pensons alors que nous connaissons notre compagnon et ce qu'il a à dire. Ou nous laissons nos propres attentes, besoins et jugements brouiller notre compréhension. Pour bien écouter, nous devons accepter de ne jamais parvenir à tout connaître de l'autre. Tous ceux que nous côtoyons changent subtilement à chaque jour qui passe. Écouter sollicite notre imagination et demande que nous pénétrions dans la réalité de l'autre.

Les occasions d'écouter sont des moments de méditation, dans le sens où nous sommes relativement silencieux et où nous nous concentrons. Écouter est une forme de pleine conscience du fait que nous concentrons notre attention sur l'autre personne. Nous pouvons nous surprendre l'esprit en train d'errer, de juger ou d'essayer de régler une situation mais nous ramenons notre attention vers la réalité de la personne qui parle. Nous sommes attentifs à tous les aspects de son message : le langage corporel, l'intonation et, le plus important, les sentiments derrière les mots.

Pour susciter la confiance qui permet aux autres de se confier à nous librement, nous devons renoncer à prendre le contrôle de la conversation. Le rôle de notre « moi », notre ego, s'estompe à l'arrière-plan tandis que nous nous efforçons de répondre avec compassion. Nous réservons notre propre jugement tout comme nous le faisons quand nous méditons : rien n'est « bon » ou « mauvais ». Même si nous ne sommes pas d'accord ou désapprouvons, nous prêtons écoute à la réalité de la personne qui parle. Nous abandonnons nos propres priorités en même temps que tout besoin d'avoir l'air intelligent ou sage. Nous cessons d'interrompre, de compatir, de donner des conseils et de ramener la conversation sur nous-mêmes.

Poser des questions est souvent un moyen d'obtenir le contrôle de la conversation ou de satisfaire notre propre curiosité. Laissez la personne qui parle révéler ce qu'elle veut. Un bon moyen d'éviter nos propres préoccupations est de résumer ce que les gens nous disent, ou ce que nous percevons de leur sentiment. Par exemple, nous pouvons réagir à leur situation en disant : « Ça a vraiment l'air frustrant. » La personne qui parle ressent un soulagement d'entendre que nous comprenons ce qu'elle ressent ; elle est alors susceptible d'en dire plus.

Comme avec la parole juste, nous pouvons en tirer des leçons en repensant à nos conversations et en nous questionnant nous-mêmes : « Dans quelle mesure ai-je écouté attentivement ? Et sans jugement ? Et sans proposer mes opinions et solutions ? Quel était mon état de concentration ? » Savoir écouter, être capables de concentration et de retenue, atteste de notre aptitude à être des ressources puissantes non seulement pour nos compagnons mais aussi pour nos enfants. Écouter est une voie fiable hors de l'égoïsme, de l'égocentrisme et du nombrilisme – cela fait de notre monde un espace plus vaste.

– *Ce que nous pouvons faire* –

- Accepter que toute relation et les personnes qui y contribuent traversent des saisons ; aucune étape n'est permanente.
- Oser prendre l'initiative d'une amélioration de la relation avec notre compagnon.

- Nous rappeler que nos enfants tirent des leçons de leur observation de notre relation.
- « Faire une pause et prendre conscience » lorsque nous commencons à être pris dans des modes de relation destructeurs – se chamailler, se faire des reproches ou se critiquer.
- Vérifier que notre amour pour notre compagnon n'est pas de l'attachement, vérifier aussi s'il intègre cette notion que nous ne faisons qu'un et s'il inclut l'amour bienveillant, la compassion, la joie altruiste et l'équanimité.
- Assumer notre part de responsabilité dans toutes les difficultés relationnelles.
- Prendre conscience que nous pouvons choisir nos réactions, qu'elles ne sont pas le résultat inévitable de notre situation.
- Prendre souvent en considération le point de vue de notre compagnon et l'encourager à faire de même avec nous.
- Reconnaître l'importance de la compassion envers nous-mêmes – nous rappeler nos propres actes de bienveillance et notre nature de Bouddha.
- Nous accorder du temps pour travailler à notre relation avec nous-mêmes. Goûter la solitude.
- Organiser l'attribution du travail domestique de manière intelligente plutôt que sous forme de conflit ouvert et éviter d'accepter un arrangement qui nous opprime et qui encourage les membres de la famille à être irresponsables.
- Prendre conscience que notre façon de parler est contagieuse.
- Repasser en revue les conversations avec notre compagnon pour y déceler les moments où, notre pratique spirituelle étant plus faible, nous avons manqué d'attention.
- Marquer une pause avant de parler.
- Essayer de maintenir un discours sincère, bienveillant, doux et obligeant.

- Parler à la bonne personne – parfois, il s'agit de nous-mêmes.
- Apprendre la valeur de la retenue et de la temporisation.
- Parler en prenant en considération les besoins et les intérêts de la personne qui nous écoute.
- Envisager d'exprimer plus de gratitude et moins de plaintes à notre compagnon.
- Prendre le temps d'écouter notre compagnon sans le juger, sans l'interrompre et sans essayer de prendre le contrôle de la conversation.

CHAPITRE VIII

Trouver le bonheur et perdre l'image de soi

Oh, les heures que j'ai pu passer à philosopher sur le bonheur ! Comment le trouvons-nous ? Comment le préservons-nous ? Un sentiment de bonheur complet est-il même possible ? Bien souvent, le bonheur que nous ressentons est teinté d'anxiété : comment pouvons-nous le garder ? Le méritons-nous même ? Avons-nous le droit d'être heureux quand tant de gens sont dans la peine ?

Nombre de gens ont fait fortune en commercialisant leurs « dix secrets du bonheur ». Y a-t-il un secret pour être heureux ? Un soir mémorable, une enseignante bouddhiste a expliqué ce qui m'est soudain apparu comme le premier secret du bonheur. C'est à partir de ce moment de prise de conscience que mon engagement dans la pratique du bouddhisme s'est intensifié. J'ai eu l'impression qu'elle m'avait remis la première pièce du puzzle du bonheur. Elle a dit : « Quel que soit le bonheur glané dans le monde qui nous entoure, il n'est que temporaire. Un bonheur profond et durable doit venir de l'intérieur. »

En me repenchant sur les instants de paix et de bonheur que j'ai pu connaître dans ma vie, j'ai trouvé cette affirmation fondée. Le bonheur provenant de sources extérieures tend en effet à être temporaire et même teinté d'anxiété. Lorsque la petite graine de ce qui allait être mon bébé Zac s'est plantée dans mon ventre, j'ai ressenti une joie nouvelle, mais bientôt sont apparus doutes et inquiétudes. Survivra-t-il ? Se fera-t-il enlever ? Serai-je une bonne mère ? Et en un rien de temps, cette source de bonheur fut là à hurler pendant des heures tous les soirs, me laissant désemparée comme jamais auparavant.

Là où le bonheur n'est pas

« Le bonheur vient de l'intérieur » peut paraître un cliché éculé. Nous l'avons tous entendu auparavant, mais même si nous en convenons, voyez le temps que nous passons à quêter le bonheur dans le monde extérieur plutôt qu'en nous-mêmes. Pour une raison ou pour une autre, nous recherchons toujours le bonheur ailleurs, incapables que nous sommes de croire à cette vérité qu'il est à notre portée à tout moment.

Notre vie abonde en désirs, espoirs et exigences absolues à l'égard du monde. Nous nous imaginons qu'il peut nous fournir un compagnon aimant, des enfants qui feront notre fierté, des amis qui nous adoreront, une carrière satisfaisante, des masses de biens matériels, de l'amusement garanti, et ce n'est que le début de nos exigences ! Si nous sommes confrontés à une insatisfaction dans l'un de ces domaines, nous lui portons toute notre attention et lui conférons le pouvoir de nous rendre malheureux. Si la chance nous sourit dans l'un de ces domaines, nous connaissons alors un grand bonheur – mais cela ne dure pas.

La vie répondrait-elle à toutes nos attentes que nous mettrions la barre de nos désirs encore plus haut. Nous sommes aujourd'hui propriétaires d'une maison confortable, mais pourquoi ne pas essayer de posséder une maison splendide ? Enfin, nous serions heureux, enfin, nous connaîtrions la paix.

LE SYNDROME « SI SEULEMENT »

Nous ne cessons de nous bercer de l'illusion que le bonheur est au coin de la rue, mais toujours dans le futur. « Si seulement je pouvais quitter l'école » se mue en « Si seulement je pouvais trouver un meilleur boulot », lequel se mue en « Si seulement je pouvais faire une rencontre amoureuse », et ainsi de suite, probablement jusqu'à la fin de nos jours. Combien d'entre nous n'ont-ils pas dit : « Si seulement je pouvais avoir des enfants, je serais alors heureuse » ? Nous n'avons pas tardé à découvrir que les enfants étaient pour nous une source de grande joie, mais aussi d'innombrables obstacles et tristesses. En persistant dans la notion que le bonheur est à jamais à portée de main, nous pourrions bel et bien, arrivés à la fin de notre vie, découvrir que nous ne nous sommes jamais permis d'être heureux dans l'instant présent et que nous avons ainsi raté d'innombrables occasions de connaître la joie.

Nous classons sans arrêt nos expériences sous l'étiquette « bonne » ou « mauvaise ». Puis, nous tentons d'organiser notre vie de manière à éviter ce qui est « mauvais » et à attirer vers nous ce qui est « bon ». Nous avons beau faire, nous rencontrons l'échec. Comme tout bouddhiste zen vous le dira : la vie offre « dix mille joies et dix mille peines ». Destinés à connaître la douleur tout autant que le plaisir, nous ne pouvons nous permettre de faire dépendre notre bonheur de circonstances extérieures.

Dans des instants de plus grande lucidité, il nous arrive d'entrevoir un instant ce qui se produit – cette quête sans fin d'un bonheur éphémère semble futile mais que pouvons-nous faire d'autre ? Au lieu d'être conscients de notre état de privation intérieure, nous redoublons d'efforts pour chercher ce que le monde extérieur peut nous offrir, parce que nous en exigeons toujours plus. Nous allons nous convaincre de la nécessité d'un voyage autour du monde, d'une aventure amoureuse ou d'une évolution considérable de notre carrière. Et nous revoilà dans le cycle des exigences à l'égard du monde extérieur.

Nous nous agitons dans tous les sens et réussissons même parfois à nous détourner de notre monde intérieur, mais nous finissons par ressentir le besoin de dégager un peu de temps pour cesser de faire et pour simplement être – tout comme le titre donné par l'écrivain bouddhiste Sylvia Boorstein à l'un de ses livres : *Ne vous contentez pas de faire quelque chose. Posez-vous*. La méditation et la vie en pleine conscience nous reconnectent avec notre moi intérieur. En apprenant à rechercher notre bonheur à l'intérieur au lieu de l'associer à des circonstances extérieures, nous trouverons la force de lever les obstacles que la vie balance sur notre route. Le défi consiste à cesser de rechercher à l'extérieur de nous-mêmes le bonheur. Nous devons entamer un voyage intérieur.

Le bonheur, ou son absence, peut devenir un problème que les mères désespèrent de résoudre. C'est particulièrement le cas à l'arrivée du second enfant. Le magazine pour parents *Syndney's Child* a fait état des résultats suivants d'une étude : « Le niveau de satisfaction le plus bas de toute la vie d'une femme se situe l'année qui suit la naissance de son second enfant. Une autre étude a révélé que de nombreuses femmes, mères pour la seconde fois, atteignent un niveau de stress assez grave pour justifier un traitement médical. »

Les mères passent tellement de temps à s'occuper de tout ce qui est « à faire » : tâches ménagères, courses, paperasserie, appels téléphoniques, faire le taxi, rendez-vous, anniversaires. Nous devons consacrer à tous les membres de la famille un temps de qualité et entretenir le contact avec presque toute la parentèle. Notre cerveau brasse tant de détails qu'il est au bord de l'explosion.

Avec toutes nos responsabilités familiales, nous sommes bien moins libres de partir en quête de notre propre bonheur. Le temps disponible pour notre carrière, nos passe-temps et nos amis se réduit et l'expression « vacances en famille » peut s'avérer contradictoire. Par moments, pour une mère, tout espoir de bonheur est réduit à néant par les hurlements d'un bébé, la crise de pleurs d'un bambin, les problèmes de sommeil d'une fille, le comportement antisocial d'un fils ou la dureté des conditions de travail. Le nombre de fois où nos enfants et d'autres nous en font voir de toutes les couleurs ne se comptent pas. Par moments, le bonheur devient un rêve inaccessible et nous nous contentons de souhaiter modestement « un peu de paix et de calme ».

Une maman dispose assurément de nouvelles sources de bonheur provenant du monde extérieur : observer les enfants se transformer en petits personnes, rire de leurs facéties, se créer un nouveau cercle d'amis, par exemple. Elle peut pourtant se surprendre à ruminer ce type de souhaits : « Si seulement ils pouvaient tous être à l'école », « Si seulement on pouvait dépasser cette étape », « Si seulement ils pouvaient dégager d'ici ! », entrant ainsi dans un cycle où le bonheur est remis au lendemain.

Nous croisons parfois des mères plus avisées qui songent : « Ils grandissent si vite, vous ne trouvez pas ? » Certaines d'entre nous ne les croient pas mais, pourtant, cette période de notre vie passera et c'est ce qui la rend précieuse ; pour Anne Cushman, écrivain bouddhiste et mère de famille c'est une évidence : « Quoi de mieux pour me voir rappeler à la vérité de l'impermanence que d'aimer un enfant dans un monde plein d'aspérités, indifférent ?... Et même quand tout va parfaitement bien, je sais que le Skye actuel – celui qui gazouille et suce passionnément le bec de son canard en caoutchouc en barbotant dans la baignoire avec moi – va disparaître comme les bulles d'un bain moussant. Hier, il n'était qu'une bosse donnant des coups de pied dans mon ventre tandis que je faisais quelques longueurs sous le soleil de juillet ; demain, ce sera un homme entre deux âges, pleurant et répandant mes cendres dans un lac de montagne. »

En remettant notre bonheur à plus tard, quand les enfants seront plus grands, nous perdons de vue l'importance de cette étape de notre vie. Quand nous serons plus âgés, peut-être regretterons-nous, en tournant les pages d'un album bourré à craquer de photos prises dans leur enfance, de ne jamais nous être autorisés à profiter de nos enfants petits autant que nous l'aurions pu. Les conclusions d'études indiquent régulièrement que les premières années de la vie sont les plus importantes pour le développement psychologique et intellectuel de l'enfant – autre rappel de la grande valeur des instants passés avec nos jeunes enfants.

Le dilemme de l'image de soi

Avant d'avoir des enfants, nous pouvions nous arranger pour intégrer dans notre vie des activités qui nourrissaient notre image de nous-mêmes. Si notre carrière ne nous donnait pas satisfaction, nous pouvions toujours rechercher d'autres centres d'intérêt, dans notre quête d'épanouissement et de sentiment d'identité. Nous étions jeunes et nous avions le sentiment que nous le resterions toujours. Bien sûr, nous avions bien quelques problèmes, mais la vie était une expérience plus légère qui nous offrait mille façons de nous détourner des problèmes du monde. Il était plus facile de se mettre hors de portée de cette première Noble Vérité – la souffrance et l'insatisfaction existent –, le vieillissement, la maladie et la mort étaient bien les derniers de nos soucis.

Voilà que nous nous retrouvons avec des enfants. Nombre d'entre nous ont progressivement limité le champ de leur carrière et nous avons du mal à trouver du temps pour nous livrer à des passe-temps, en dehors du travail et de la famille. Cela pourrait nous amener à nous poser la question : « Qui suis-je ? » et à nous rendre compte que nous ne le savons plus. Comment assemblons-nous maintenant les morceaux d'une image de soi ? En dehors de quelques exceptions (ce genre merveilleux de femmes faites pour être mères), nous estimons, presque toutes, que passer toute la journée à répondre aux demandes de nos enfants n'aide pas vraiment à renforcer l'image de soi. Une amie a informé sa fille âgée de trois ans et très exigeante : « Je ne suis pas ton esclave ! » pour s'entendre répondre : « Si, tu l'es ! »

Par moments, nous ressentons de la fierté à mettre en avant notre qualité de mère, quand nous avons l'impression d'« être comblées ». Mais quelquefois, notre propre image est sérieusement malmenée quand les problèmes rencontrés dans l'éducation de nos enfants nous dépassent ou que notre mode de vie nous apparaît comme un terrible sacrifice. Nous avons tous entendu des mères se lamenter : « J'ai si peu de temps à moi et quand c'est le cas, je suis si épuisée que je ne peux rien en faire », « Ma carrière est foutue », « Tout ce que je fais est de répondre aux besoins des autres » et, au pire, « Je ne sais plus qui je suis ». Tous les symptômes d'une image de soi assiégée de toutes parts.

Comme le dit mon amie bouddhiste Joanne : « Dans les mois qui ont suivi la naissance de mon second enfant, en sentant le moi que j'avais connu s'estomper progressivement et irrévocablement, j'ai pensé que c'était peut-être cela qu'on ressentait quand on devenait fou. Et dans les mois suivants, j'ai observé, impuissante, la mère parfaite en moi mourir d'une mort rapide et horrible. »

Comment une mère peut-elle favoriser une image d'elle-même positive au cours d'une journée remplie d'activités stimulantes pour les enfants, une journée remplie de tâches, de rendez-vous et de courses ? Beaucoup cherchent la réponse dans le travail, mais dans quelle mesure notre emploi constitue-t-il une ressource fiable pour l'image de soi ? Il arrive que notre activité professionnelle fasse plus de mal à notre image de soi qu'elle ne la redresse ; ou, alors, que nos conditions de travail changent du jour au lendemain et que les sources de notre image de soi se tarissent. De plus, jongler entre les enfants et le travail peut développer en nous le sentiment que nous n'accomplissons bien aucune de ces deux tâches.

Que dit le bouddhisme à ce sujet ? Deux mots suffisent à résumer la position du bouddhisme sur l'image de soi. LAISSEZ-LA TOMBER. En fait, le bouddhisme va jusqu'à dire que l'image que vous avez de vous-mêmes, le fait de soutenir que vous existez sous une sorte de forme stable, constante et permanente, vous rendent malheureux.

La quête d'identité

Notre soif d'identité est un fardeau. Nous avons le sentiment que notre bonheur est subordonné à notre besoin d'être « digne d'estime » et « appréciable ». Nous dressons mentalement des listes de nos bons points et mauvais points et contrôlons en permanence nos performances. Nous voudrions absolument être différents de la perception actuelle que nous avons de nous-mêmes. Peu de gens accepteraient d'admettre que leur but dans la vie est de se créer une image de soi positive. Cela reviendrait à dire : « J'investis la plus grande partie de mon énergie à essayer de me sentir vraiment fier de moi. » Cela ne paraît pas très admirable en soi, mais si nous examinons nombre de nos pensées et comportements, c'est exactement ce qui en ressort. Il est fort probable que nous consacrons la plus grande partie de notre vie à satisfaire cette soif d'une image de soi positive.

Combien de fois constatons-nous en nous les comportements suivants ?

- Nous nous efforçons d'être parfaites comme mères, employées, femmes d'intérieur, quel qu'en soit le prix pour notre santé physique et mentale ;
- Nous culpabilisons quand nous ne répondons pas à nos propres attentes ;
- Nous nous comparons aux autres ;

- Nous nous soucions de l'opinion d'autrui à notre sujet ;
- Nous réagissons avec excès à la moindre critique ;
- Nous recherchons l'approbation des autres.

Nous pourrions bien prendre conscience finalement, sur notre lit de mort, d'avoir passé toute notre vie en quête d'estime de nous-mêmes alors qu'il y avait sans doute une meilleure façon de vivre. La perspective bouddhiste serait : pourquoi se préoccuper de rechercher une image de soi positive alors que l'on ne possède pas de « soi » ? En somme, dites-vous bien qu'il n'existe aucun « Vous essentiel » sous une forme stable, constante ou continue. L'enseignement du *non-soi* peut sembler choquant au premier abord mais, après examen, vous pourriez être surpris de voir à quel point il « sonne vrai ».

Qui êtes-vous, de toute façon ?

Si l'on pouvait transcrire vos pensées, cela se lirait-il comme le monologue d'un acteur ? Ou plutôt comme un texte pour plusieurs acteurs dont chacun aurait des préoccupations différentes ? Examinez le fil des pensées de cette mère : « Je devrais peut-être appeler Anne pour bavarder... elle se sent probablement un peu seule... mais j'ai tellement de choses à faire, je n'ai pas vraiment le temps... elle a toujours été une bonne amie pour moi pourtant et je devrais être plus attentionnée... je ne me sens pas tellement portée sur le bavardage en fait, je suis un peu fatiguée... il faut que j'appelle le comptable. »

C'est comme si votre esprit renfermait plusieurs personnalités : il y a la voix qui émet des suggestions, celle qui interdit l'action, celle encore qui vous oblige à tenir compte des sentiments d'autrui – en somme, tout un comité de personnalités se disputant la domination. Ces voix en concurrence peuvent vous plonger dans la confusion et l'indécision tout comme vous pouvez obéir à la plus forte et vous tourner vers les autres ultérieurement.

Quelle voix correspond vraiment à votre moi ? Toutes les voix sont présentes dans votre tête mais toutes semblent appartenir à des personnalités différentes. En écoutant notre bavardage mental, trouvons-nous une seule voix que nous pourrions considérer comme constante au fil du temps ? Se pourrait-il que notre tendance à voir notre soi comme une entité cohérente soit une illusion ?

LA QUÊTE D'UN SOI

Le bouddhisme nous lance un défi : est-il vraiment rationnel de croire en un soi continu et stable ? Pour commencer, comment définiriez-vous le soi ? Qu'est-il exactement ? Le décririez-vous à coups d'étiquettes ? « Je suis impatient et pessimiste, mais également affectueux et sociable. » Nous décrire dans ces termes suppose que nous ayons des traits de caractère qui ne changent pas avec le temps. Pourtant, notre tendance à être impatient, affectueux ou à posséder toute autre qualité varie selon les jours. Aucune d'elles n'est figée pour la vie.

Peut-être pourrions-nous décrire notre moi comme le résultat de nos expériences passées ? Mais cela nous met à la merci de la mémoire qui, c'est bien connu, n'est pas fiable. Il est dans la nature humaine de falsifier son passé : il y a des souvenirs que nous supprimons, d'autres que nous revivons de nombreuses fois en les déformant au passage. Nous « retouchons » nos souvenirs, les embellissons et créons des détails qui nous arrangent et n'ont probablement jamais existé. D'ailleurs, si nous étions confrontés aux mêmes événements quelques années plus tard, nous aurions probablement un comportement complètement différent et nous créerions des histoires entièrement différentes. Même si nos souvenirs étaient intacts, nos expériences passées ne nous définiraient pas pour autant. Nous avons pu être victimes de représailles à l'école, mais nous *identifier* à cette expérience particulière et devenir des victimes patentées pour le restant de nos jours relèvent de notre propre choix.

Alors, pourrions-nous définir notre moi comme autant de rôles que nous jouons ? Quand nous sommes invités quelque part, les gens nous demandent, pour faire un peu plus connaissance : « Que faites-vous dans la vie ? » Pourtant, notre activité professionnelle ne fournit pas vraiment un tableau complet, en particulier si nous n'aimons pas notre travail. De même, impossible pour nous de définir notre moi en termes de rôles – « partenaire aimant », « fille loyale » ou « mère compétente ». Notre capacité ou notre désir de jouer jour après jour l'un de ces rôles varie énormément.

Notre corps apparaît comme une entité séparée des autres et du reste du monde. Mais pouvons-nous le considérer comme un soi stable et constant ? Les changements successifs qu'il subit de la naissance à la mort, ainsi que la mort et le renouvellement permanents de nos cellules, suggèrent de toute évidence que ce n'est pas dans le corps qu'il faut chercher un soi permanent et immuable.

Un nouveau méditant décide de se concentrer sur sa respiration et s'aperçoit alors qu'il en est empêché par une douzaine de voix différentes émanant de son propre esprit. Les pensées s'écoulent dans des directions toujours changeantes et déroutantes. Il est surpris de découvrir que son « moi » n'exerce aucun contrôle sur ce phénomène, de même que, durant son sommeil, pas plus lui que son soi ne peuvent contrôler ses rêves ou s'en souvenir.

Les sources possibles où puiser un sentiment de soi ne manquent pas. Lesquelles choisir ? Nous pouvons nous tourner vers d'autres personnes pour définir notre soi et nous sentir anéantis lorsqu'elles ne nous aiment pas. Parfois, nous avons le sentiment que notre soi est l'image que nous voyons dans le miroir : si nous *paraissons* moins attirants, nous nous sentons alors moins intéressants, moins valables. Peut-être sommes-nous alors ce que nous mangeons, ou ce que nous avons écrit dans notre journal intime, ou notre comportement d'hier. Sommes-nous notre CV ou les images de nos albums photo ? Rien de cela et tout cela. Plus nous spéculons, plus il devient compliqué de trouver un moyen de définir le soi.

LES CONCLUSIONS

Nous découvrons donc que notre soi est impossible à définir avec précision. En fait, nous sommes un ensemble de morceaux qui ne se juxtaposent pas de manière logique, qui se contredisent et changent constamment. Vous, votre moi, ne résident nulle part ; il est par conséquent impossible de s'appuyer dessus pour acquérir un sentiment de stabilité. Le soi n'est en effet pas un objet stable, c'est plutôt un ensemble de processus interactifs, en constante mutation, une série de verbes plus que des noms et des adjectifs. Tout sentiment de soi que l'on peut éprouver est une pure invention, comme le Bouddha en a pris conscience, assis sous son arbre :

« L'être en lequel je croyais n'était qu'une construction imaginaire ! J'ai un nom, une histoire personnelle, des souvenirs, des pensées, des émotions, des rêves ; mais si je regarde bien, ils sont absolument illusoires. »

Selon ce message, nous ne serions pas ce que nous pensons être, nous n'aurions aucune idée de ce que nous sommes vraiment. Notre mode d'être n'est absolument pas celui auquel nous pensons.

En dépit du manque de preuve concluante de l'existence d'un soi, nous agissons de manière à protéger notre fragile ego, abondant constamment le monde en termes de « je », « mon », « le mien ». Le bouddhisme nous enseigne que cette quête d'un soi est la cause de notre malheur – abandonnez-le ! Cependant, c'est une telle habitude chez nous, si automatique, qu'il nous est difficile d'y renoncer.

De nombreux bouddhistes pensent que l'enseignement sur le *non-soi* devrait être transmis avec beaucoup de précaution et être adapté au niveau d'appréhension de l'interlocuteur, pour éviter tout quiproquo. Par exemple, nous risquerions d'en déduire que nous n'existons pas, ou que nous n'importons pas, et par conséquent que plus rien n'a d'importance. Ainsi, le bouddhisme pourrait être interprété à tort comme encourageant à être indifférent et à adopter une position de repli par rapport à la vie, ce qui ne correspond pas du tout au message du Bouddha. L'enseignement est complexe et déroutant et chacun de nous doit l'approfondir pour son propre compte.

LA BONNE NOUVELLE AU SUJET DU NON-SOI

Certaines personnes ressentent le concept du non-soi comme une menace. Elles pensent qu'il sape tous leurs efforts pour devenir « la personne qu'elles sont aujourd'hui ». Avoir un soi, c'est se trouver en terrain connu. Ce mode de penser est une habitude si profondément ancrée en nous qu'il faudrait une révolution de l'esprit pour nous en passer.

Chez d'autres personnes, cet enseignement peut susciter un soulagement : en fin de compte, nous pouvons renoncer aux contorsions mentales auxquelles nous nous livrons pour nous définir, pour protéger et défendre cette image de soi que nous créons de toutes pièces. Tout compte fait, qui donc a besoin d'une précieuse image de soi ? Désormais, il nous est possible de nous identifier avec nos définitions du soi restrictives pour toutes les éliminer – définitions du genre « Je déteste les soirées », « Je dis ce que les gens attendent que je dise », « Je ne prends pas de risques », « Je dois rendre visite à ma famille », « Je ne dois pas gaspiller l'argent ». Toutes les règles que nous avons suivies par le passé, qui ont bridé notre comportement, deviennent obsolètes. En comprenant que derrière notre perception erronée de ce que nous sommes, nous avons une véritable nature, notre nature de Bouddha, nous quittons littéralement notre cage.

Au début, l'idée de ne pas avoir de soi pourrait être déconcertante – y a-t-il besoin de se comporter, d'agir de manière responsable s'il n'y a pas de soi pour dicter un comportement ? – mais le bouddhisme enseigne qu'en abandonnant l'illusion d'un soi, nous dévoilons notre véritable nature, empreinte de sagesse et de compassion. Nous pouvons alors nous poser la question « Que requiert cet instant ? » plutôt que « Quelle réaction dois-je avoir, *moi*, face à ces instants ? » et réagir ainsi à chaque nouvel instant avec une fraîcheur, un esprit de débutant dénué d'idées préconçues. C'est ce que nous, les mères, faisons lorsque nous arrivons à donner toute notre mesure, ainsi que l'explique Susan Murphy :

> L'éducation des enfants va remettre en question pratiquement tout ce que nous pensions savoir, à commencer par qui nous pensons être. (Nous ne le sommes pas !) Les enfants n'ont pas leur pareil pour nous écarter de notre rôle, en nous imposant maintes et maintes fois leurs exigences, à savoir les satisfaire dans l'instant même, faire face à notre vie, affronter la difficulté, aller d'instant en instant à la rencontre du mystère extraordinaire que constitue l'« autre » pour nous et le résoudre. À cette fin, nous devons renoncer très souvent à notre précieuse façade d'adulte et nous rappeler ce noyau essentiel mystérieux et créatif, qui n'a pas de nom, ou retrouver l'accès à cette source que nous frôlons tant de fois en méditation.

L'illusion que nous sommes indépendants, ou séparés, coupés des autres et de tout ce qui est « en dehors de nous », provient également de cette notion du soi erronée. Notre attachement à un ego nous déconnecte de ceux qui nous entourent et nous ne tenons pas compte de cette réalité que tous, nous ne faisons qu'un, un tout connecté et interdépendant. Fait important, notre fausse perception d'un soi séparé est le principal obstacle qui nous empêche de cultiver l'« esprit d'amour » bouddhique. Quand nous centrons notre vie sur nous-mêmes et ce qui nous appartient, nous sommes aveugles aux besoins des autres. Nous avons plutôt tendance à nous servir d'eux comme de carnets de notes consignant combien nous sommes sympathiques ou puissants, et combien de gens nous aiment. Notre attitude à leur égard varie selon les services qu'ils nous rendent ou le sentiment qu'ils éveillent en nous. Ironiquement, adopter une démarche orientée vers le soi ne fait pas notre bonheur.

Notre obsession d'un soi peut nous empêcher de vraiment écouter les autres. Notre conscience de notre image, notre égocentrisme ou notre quête d'estime de soi peuvent nous faire rater des occasions de parler aux autres de manière constructive et obligeante. Nous pouvons laisser passer des opportunités d'aider les autres même quand cela demande peu d'efforts. Ce n'est pas vraiment compliqué de garder l'enfant de notre amie quand elle a besoin d'un peu de temps pour elle-même, mais pris par nos préoccupations, nous ne pensons pas à le proposer. Cela ne demande pas beaucoup d'effort que d'offrir des paroles de réconfort à un parent qui souffre, mais, absorbés par nous-mêmes, nous faisons dévier la conversation pour évoquer notre propre expérience : « C'est tout à fait comme moi, je... »

Le problème, dès lors, est que nous sommes tellement conditionnés à trimbaler ce « soi » qu'il faut du temps et de gros efforts pour s'en défaire. Même si comprendre intellectuellement le concept du non-soi est possible, le vivre est une autre paire de manches. À un niveau superficiel, nous pouvons saisir comment notre sens de soi nous « sabote », mais nous devons atteindre à une compréhension plus profonde avant de pouvoir découvrir toute la puissance de cet enseignement. Cela ne peut se produire que par la méditation et la pleine conscience qu'elle apporte.

Miroir, miroir, ne me fais pas ça !

Pour les femmes, aucune discussion sur l'image de soi ne serait complète sans une référence à leur image dans le miroir, celle qui les fixe du regard. La culture superficielle de consommation dans laquelle nous vivons déploie tous ses efforts pour nous transmettre le message que ce que nous sommes, notre moi et notre valeur, se trouvent dans notre apparence. La culture ado renforce ce phénomène chez la plupart d'entre nous et, même aujourd'hui, il est très rare de rencontrer une femme qui sache accepter son apparence, et, *a fortiori*, le fait qu'elle vieillisse. Et rien n'accélère le processus de vieillissement autant que d'avoir des enfants ! Quand elles n'ont pas pris du poids au cours de leurs grossesses ou durant le temps passé à la maison à allaiter leurs nourrissons, la plupart des femmes ont en tout cas quelques rides plus prononcées, témoignage de tout le sommeil perdu.

Mon amie Rachel, qui m'envoie à l'occasion certains de ses articles par email, se tourmente au sujet de son déclin physique :

> Je vieillis. Pas de façon spectaculaire, mais à trente-cinq ans, je n'ai pas l'air exactement jeune et en prévision de la décrépitude, je dois trouver un moyen de m'accoutumer à cette évolution inéluctable. J'ai eu des bébés et, inévitablement, à cause d'eux, des nuits sans sommeil ; et maintenant, cela est imprimé sur mon visage et sur mon corps.
>
> Ce qui m'ennuie vraiment est le temps que je passe à me tourmenter au sujet de mon apparence. Avec un petit enfant et un bébé qui ne me laissent pas le loisir de développer mon esprit, j'ai réussi à trouver le temps de froncer

les sourcils en me regardant dans le miroir (c'est pourtant à éviter, en général, car cela ne sert qu'à accentuer les rides). Quand vous ne lancez pas des regards noirs en direction du miroir, vous contemplez les visages parfaits d'enfants, enviant leur peau impeccable et leurs cheveux lisses.

Dans le temps, j'étais submergée par des pensées profondes. Maintenant, je me retrouve à penser en termes de pores dilatés, cheveux clairsemés et pattes d'oie, sans compter mon échec complet à améliorer ma sangle abdominale. Hier soir, mon mari m'a dit que j'avais besoin de soutien – il ne parlait pas de soutien émotionnel !

Je suis affligée d'une sœur aussi splendide qu'un top model. Son mariage a eu lieu récemment et c'était une véritable célébration de la beauté féminine. Après avoir passé en revue des tas de photos de l'événement sur lesquelles j'avais l'air, moi, demoiselle d'honneur, d'être la folle de service, j'ai su que je n'avais pas eu tort de me faire du souci au sujet de mon apparence. Prise de panique, j'ai commencé à consulter des chirurgiens esthétiques en leur présentant ma douzaine de suggestions d'interventions esthétiques. Je suis même passée à l'acte une seule fois. Personne n'a remarqué la différence, mais moi, je vois une amélioration.

Comme pour tous les problèmes de la vie, le vieillissement est une occasion qui nous est offerte de développer notre sagesse. Au moment où notre jeunesse s'éloigne inexorablement, les enseignements bouddhiques peuvent nous aider.

Faire face au vieillissement

Comme le cas de Rachel l'illustre, nous opposons une résistance au processus inévitable de changement de notre corps. Pour autant, ce n'est pas une erreur que de se maintenir en forme, d'acheter des crèmes pour les yeux ou même d'avoir recours à la chirurgie esthétique. Selon le bouddhisme, le problème commence quand nous développons des sentiments d'attachement à la jeunesse et à la beauté, quand nous les poursuivons toutes deux avec avidité et croyons qu'elles pourraient nous rendre heureux de manière durable. C'est l'attachement, selon la seconde Noble Vérité, qui nous fait souffrir. Même en sachant cela, nous sommes capables de refuser d'abandonner notre attachement.

De nombreux attachements ou désirs sont fondés sur l'illusion que nous avons un soi. Rachel a une soif ardente de jeunesse et de beauté pour nourrir son estime de soi, même si la quête sans fin de l'estime de soi n'est pas vraiment la voie qui mène vers le bonheur. Elle se berce de l'illusion qu'elle trouvera un peu de paix si elle peut corriger son « gros » ventre. Mais elle doit bien savoir au fond d'elle-même qu'il est peu probable qu'elle obtienne cette paix. Un ventre plat « comme une planche à repasser » lui apporterait un sentiment de soulagement en mettant un terme à ce désir, mais ce sentiment disparaîtrait, et elle se focaliserait alors sur son double menton ou ses cuisses.

L'examen de notre peur du vieillissement révèle une vérité bouddhique au sujet de toutes les formes de bonheur et de souffrance : généralement, ce n'est pas tant la souffrance elle-même qui nous rend malheureux que la résistance que nous lui opposons.

Ce ne sont pas, en réalité, les poignées d'amour et le front ridé qui nous font du mal. Dans certaines cultures, ils nous donneraient même un statut et nous vaudraient le respect. C'est notre aversion à l'égard du vieillissement qui nous rend malheureux : l'énergie que nous investissons pour l'éviter, le temps que nous passons à le craindre. C'est notre façon de nous dire que si nous pouvions nous débarrasser de nos pattes d'oie, nous nous sentirions tellement mieux ; c'est la façon dont nous nous sentons gênés sous le regard des autres – convaincus qu'ils observent de près notre déclin.

C'est nous qui choisissons le degré de douleur que nous ressentirons face à l'expérience du vieillissement. Allons-nous résister à l'inévitable ? Paniquer ? Nous lamenter ? Nous assombrir ? Ou ferons-nous tout notre possible pour être à notre avantage et poursuivre notre vie ? Comme l'énonce si sagement l'auteur bouddhiste Sylvia Boorstein : « La souffrance est inévitable ; la douleur est en option. »

Cela n'implique pas que nous devions nier ou supprimer nos véritables sentiments relatifs au vieillissement. S'il constitue une expérience douloureuse, nous devons alors explorer ces sentiments en plongeant jusqu'à leur racine. Quelles croyances nourrissons-nous à ce sujet et jusqu'à quel point sont-elles rationnelles ? S'agit-il vraiment de savoir quelle est notre apparence ? Ou existe-t-il d'autres problèmes plus profonds auxquels faire face – solitude, besoin de contrôler l'incontrôlable ou simplement complexe douloureux ? Comme tout enseignant bouddhiste nous le dira, l'acceptation est la seule démarche face à un processus – le vieillissement – que nous pouvons bien peu maîtriser.

Faire face à la mort

Résister au vieillissement est comme résister à la mort. Aussi morbide que cela puisse paraître, tous deux vont nous rattraper, alors pourquoi vivre dans le déni ? Vivre en étant conscient du caractère inévitable du vieillissement et de la mort est une priorité pour les bouddhistes. C'est une manière d'adhérer au concept d'impermanence. Certaines femmes deviennent brusquement et douloureusement conscientes de leur propre mortalité à travers l'expérience de la maternité. C'est le cas de mon amie bouddhiste Joanne : « La douleur insupportable ressentie lors de mon accouchement m'a confrontée pour la première fois au fait que je mourrai un jour et cela m'a terrifiée parce que la pensée de laisser mon enfant sans mère m'était insupportable. Cela a ravivé en moi le besoin de prendre soin de moi. Mais ma conscience de la mortalité a été accentuée par la notion de la vulnérabilité du nouveau-né. Me sentir bénie en abondance n'a fait qu'accroître ma terreur. J'étais parfaitement consciente que ce bébé mourrait un jour. J'avais donc donné naissance à un être qui ne vivrait pas éternellement. J'ai eu beaucoup de mal à encaisser ces découvertes. »

Notre culture considère qu'il est bizarre de s'attarder en pensée sur la mort : elle nous met mal à l'aise, aussi évitons-nous d'y réfléchir. Mais, étant donné que la mort est le seul événement certain de notre vie, il est peut-être bon d'y accorder plus d'attention. Si nous songions un moment à l'effet que produirait sur nous la perte de l'usage d'une jambe, cela nous ferait apprécier le fait d'en avoir deux. Et si nous nous obligions à réfléchir à la maladie pendant quelques instants, cela nous ferait apprécier notre bonne santé. De la même manière, en pensant régulièrement à la certitude de notre propre mort, nous apprenons à apprécier la vie ; en gardant à l'esprit l'idée de la mort, nous augmentons nos chances de profiter de la vie à bon escient.

Nous avons tous plus ou moins entendu parler de gens qui, après une expérience de mort imminente [1], s'étaient rendu compte à quel point leur vie était précieuse et avaient procédé à des changements radicaux. Ils ont cessé de prendre la vie comme une évidence et ont décidé d'user de leur temps de manière plus productive. Ils ont compris ce qui était essentiel et ce qui n'était que simples futilités.

Pour se rappeler la certitude de la mort, certains bouddhistes ont cette première pensée au réveil : « Super ! Je suis arrivé au bout de la nuit sans mourir. » Certains récitent un mantra : « Naissance, vieillissement, douleur et mort. » D'autres méditent sur la dégénérescence de leur corps ou sur la mort elle-même. Ils visualisent leur corps enterré dans le sol et imaginent le lent pourrissement de la peau, la désintégration progressive des os. Toutes ces pratiques nous permettent de nous remémorer plus facilement notre impermanence. Je ne suis pas sûre que les magazines féminins en adoptent un jour l'idée, mais peut-être une approche plus réaliste et une acceptation plus grande de la mort pourront-elles nous aider à faire face à l'inéluctabilité du vieillissement.

---

1. Sensations ressenties par certaines personnes en coma avancé ou cliniquement mortes, avant d'être réanimées ou de reprendre conscience. *(N.d.T.)*

Vision pénétrante

Quand j'étais une adolescente boutonneuse aux cheveux frisés, ma mère, après m'avoir assuré que j'étais belle, a fait remarquer que si l'on regardait les gens dans une gare ferroviaire, dans la rue ou faisant la queue dans une banque, on constaterait que très peu d'entre eux correspondent vraiment aux canons publicitaires de « beauté ». Mes propres observations m'ont confirmé qu'elle avait raison et pourtant tous ces gens « dénués de beauté » appartiennent probablement à des familles aimantes. Certains d'entre eux ont des carrières passionnantes, d'autres, des passe-temps qui les réjouissent. Si on insistait auprès de Rachel, elle admettrait probablement que les gens d'allure ordinaire peuvent trouver satisfaction à leurs aspirations et que la jeunesse et la beauté ne sont pas le chemin qui mène vers la paix et le bonheur éternels. Elle pourrait se rappeler que les gens beaux et célèbres dans le monde sont loin d'être à l'abri du désespoir profond et peuvent manifester un comportement extrêmement destructeur. Elle pourrait reconnaître que la beauté est parfois source de problèmes, comme l'envie qu'elle peut susciter et le fait d'être aimé non pour ce que l'on est mais pour son aspect extérieur.

La vision pénétrante, ou capacité à voir *ce qui est*, nous aide à discerner le moment où nos pensées et nos actions ne sont pas « synchro » avec ce que nous savons être vrai. Même quand notre intellect nous permet de voir clairement une vérité – comme, par exemple, « la beauté n'apporte pas le bonheur » –, nos actes suggèrent souvent que nous ne comprenons pas la vérité du tout. Nous devons examiner avec attention nos pensées pour pouvoir déceler ces disparités entre ce que nous savons être vrai et notre manière de vivre. Il est tout aussi important de prêter attention aux convictions et hypothèses auxquelles nous nous raccrochons, car elles sont souvent la cause de nos problèmes.

Par exemple, si elle y réfléchissait bien, Rachel pourrait mettre au jour certaines de ses hypothèses : « La beauté m'apportera la paix », « Je peux éviter de vieillir si je fais attention » et « Je peux rester jeune, en suivant un régime beauté strict ». Elle pourrait définir ce qu'elle attend de la vie : « Pour qu'on me trouve intéressante, je dois avoir une belle apparence », « Mon mari doit me trouver attirante et me le dire » et « Les traitements de beauté chers sont sûrement efficaces ».

Prenons les régimes – l'univers des régimes est un excellent exemple de notre façon d'ignorer les problèmes fondamentaux. Nous savons que les régimes ne marchent pas et que tout ce que nous arrivons à perdre, c'est une certaine confiance en nous-mêmes. Nous devenons si obsédés par la silhouette de nos rêves que nous n'avons pas la moindre idée des réponses aux questions sous-jacentes plus importantes :

- Et d'abord, pourquoi ai-je ce sentiment de médiocrité ?
- Pourquoi mon mal-être serait-il résolu à jamais simplement en devenant mince ? Est-il sensé de fonder mon acceptation de moi-même sur une question de silhouette ?
- Quelles sont les pensées qui déclenchent mes excès alimentaires ?
- Pourquoi mon corps me dérange-t-il et pourquoi le fait de manger règle-t-il la question ?

Si Rachel examinait ses hypothèses et ses exigences non dites, elle s'apercevrait que ce sont elles, et non sa propre apparence, qui sont la cause de son insatisfaction.

La plupart des traditions bouddhistes affirment que tenter de développer la vision pénétrante en utilisant la *pensée* n'est pas toujours de la meilleure efficacité, car notre mental est dispersé et peu fiable. C'est le fait même de penser qui nous plonge dans le désordre de nos idées, ce n'est donc pas le meilleur outil pour y remettre de l'ordre. La voie la plus efficace pour atteindre la vision pénétrante, avancent-ils, est d'utiliser la clairvoyance générée par la méditation, qui vous permet de transcender l'esprit rationnel, l'esprit pensant et de voir vos pensées telles qu'elles sont. Quand nous voyons clairement nos illusions, nos conceptions erronées et nos mauvaises habitudes disparaissent sans peine. Si cela ne se produit pas, ou si nos illusions refont surface, cela signifie simplement que nous n'avons pas vu assez clairement nos conceptions erronées.

Prêter attention à nos pensées à mesure qu'elles surgissent est excessivement ardu, en particulier pour les débutants. Tous ceux qui ont essayé de méditer savent que nous souffrons tous de l'« esprit singe » qui bondit çà et là et semble vivre une vie chaotique autonome, hors de portée de notre contrôle. Accroître notre capacité d'attention exige de la discipline et des heures patientes de méditation. Plus nous poursuivrons la pratique de la méditation, plus notre esprit deviendra clair et discipliné. Nous parviendrons alors à avoir ces vues profondes capables de transformer notre expérience et, donc, notre vie.

– *Ce que nous pouvons faire* –

- Prendre conscience qu'un bonheur profond et durable ne peut venir que de l'intérieur – cesser de compter sur le monde extérieur pour nous le procurer.
- Cesser de différer le bonheur et jouir de l'instant présent.
- Prendre du temps pour cesser d'agir et simplement « être ». Par exemple, méditer.
- Prendre conscience qu'être trop dépendant d'une image de soi positive ne conduit pas au bonheur.
- Ne pas se figer dans une image particulière de notre soi. Selon le bouddhisme, la perception que nous en avons est une pure invention.
- La méditation est le seul moyen de parvenir à une compréhension véritable de l'enseignement du non-soi – c'est une question de vision pénétrante ou réalisation profonde plutôt que de compréhension intellectuelle.
- L'attachement à la jeunesse et à la beauté provoque la souffrance, en raison de l'inéluctabilité du vieillissement et de la mort. Faire un travail sur le lâcher-prise, l'acceptation.
- Ce n'est pas la prise de conscience du vieillissement qui fait souffrir, mais seulement la résistance qu'on lui oppose.
- Prendre le temps de nous attarder en pensée sur le seul événement certain de notre vie : la mort. Cela aide à vivre plus consciemment.

CHAPITRE IX

Méditer

Pourquoi une mère, tiraillée entre toutes les sollicitations de la journée, réserverait-elle du temps à la méditation ? Il faudrait pour cela des raisons bien impérieuses. Et il y en a. Au chapitre II, nous avons vu comment la pleine conscience – pratiquée en méditation – nous procure l'*énergie* d'accomplir nos tâches quotidiennes, le *calme* pour gérer nos émotions négatives et la *vision pénétrante* pour apprendre et grandir sur le plan spirituel. La pleine conscience nous aide à être des parents attentifs, plus à même d'y voir clair dans les situations que nos enfants découvrent. Nous avons également vu que plus nous développons la capacité de vivre dans le présent, comme en méditation, plus nous vivons pleinement et plus nous connaissons de moments de joie.

Comme l'a dit le Bouddha : « Avec nos pensées, nous créons le monde. » Plus notre esprit est sain, positif et bienveillant, plus nous connaissons le bonheur et plus les effets sur nos enfants en sont bénéfiques. Le bouddhisme enseigne que la méditation est le meilleur outil de transformation de notre esprit. Durant la méditation, nous devenons intimes avec des états d'esprit plus positifs, nous nous immergeons en eux et nous goûtons à la clarté, au calme et à la bienveillance. C'est un moment où nous accédons à un état d'être plus élevé que nous reproduisons progressivement dans notre vie de tous les jours.

D'innombrables études médicales ont conclu aux effets positifs de la méditation sur la santé. Herbert Benson, professeur à la faculté de médecine de l'université Harvard, étudie l'impact de la méditation depuis près de trente ans et a constaté que les méditants consultaient trois fois moins les professionnels de la santé. Il affirme qu'un état de calme profond a des effets réparateurs sur le corps. Alors que le stress agit sur l'équilibre de notre corps en affaiblissant notre immunité contre la maladie et les infections, la relaxation profonde amène notre corps à un état d'équilibre propice à la guérison.

Outre le Dr Benson, d'autres chercheurs en médecine font état de certains effets du calme généré en nous par la méditation : réduction de notre niveau de stress au cours de la journée, baisse de notre tension artérielle allant jusqu'à 50 % et amélioration de notre fonction cardiaque. La méditation s'est également avérée procurer un sommeil plus profond et améliorer notre humeur générale. Selon une enquête effectuée par l'American Association of Health Plans, huit médecins sur dix estiment que la méditation devrait être intégrée au cursus médical dans l'intérêt des médecins et des patients. C'est devenu un cliché de dire que si la méditation était disponible sous forme de comprimés, nous paierions une fortune pour nous en procurer.

La pratique de la méditation par une mère présente également des avantages évidents pour la vie de famille. Quand je demande aux mamans pourquoi elles méditent, elles me disent : « Cela me rend plus calme », « Cela m'aide à relativiser les contrariétés », « Je me sens plus heureuse/moins confuse/moins grincheuse et irritable ». Comme le dit cette mère : « Méditer est pour moi une sorte d'outil de gestion de la colère, de l'anxiété et de la négativité globale. Mais cela ne concerne pas seulement la gestion des aspects négatifs, c'est aussi une manière de me relier aux aspects positifs et de développer des aptitudes à éprouver joie et bonheur et une façon totalement nouvelle de voir ma vie. »

Chittaprabha a reçu l'ordination au sein de l'Ordre bouddhiste occidental. Avec ses cheveux longs et son allure énergique, elle paraît plus jeune que moi, alors qu'elle est actuellement cinq fois grand-mère. Ses observations sur les avantages de la méditation sont intéressantes :

> Vivre en étant trop axée sur les tâches à accomplir peut nous priver de l'expérience essentielle qui consiste à être totalement présents, à voir la beauté et la souffrance autour de nous et à y réagir. Grâce à la méditation, je découvre en moi un esprit vaste qui me procure un sentiment plus fort de ma relation au monde, une intimité plus profonde avec moi-même et une plus grande confiance en moi. Ma perspective s'élargit et au lieu de fonctionner sur le mode du pouvoir, je communique avec les autres sur le mode de l'amour. J'ai réussi à faire partager aux enfants ce sentiment de vastitude, par exemple en appréciant la nature et en étant bons envers les animaux.
>
> Grâce à la méditation et à une conscience plus aiguisée, j'apprends que la vie s'étend bien au-delà des circonstances et de mes besoins immédiats. C'est avec une intuition beaucoup

plus profonde que je saisis la notion de l'interdépendance de la vie. Chose importante, je commence à prendre conscience des conséquences de mes actes, et mon sens éthique en est plus aiguisé.

Avec tous ces bienfaits, la méditation pourrait bel et bien s'avérer l'une des plus grandes découvertes de notre vie. Bien sûr, comme pour tout nouvel apprentissage, nous peinons au début – nous sommes confrontés au doute et nous nous laissons tenter par la moindre occasion de nous livrer à une autre activité. Mais la méditation peut tellement améliorer notre vie sur tous les plans – émotionnel, physique, spirituel, psychologique – qu'elle pourrait bien devenir pour nous une pratique assidue plus tôt que nous ne l'aurions imaginé.

Différentes techniques de méditation existent dans le bouddhisme et vous finirez sans doute par opter pour celle qui conviendra le plus à votre situation, vos goûts et votre caractère particuliers. Dans ce chapitre, nous étudions les deux formes les plus répandues de méditation bouddhiste : méditation de la pleine conscience de la respiration et méditation de l'amour bienveillant. Gardez cependant à l'esprit que toutes les traditions bouddhistes soulignent l'importance de l'apprentissage direct de la méditation auprès d'un enseignant qualifié.

Commencer par le commencement

Les enseignants bouddhistes recommandent généralement de consacrer un lieu particulier à la méditation. Certains méditants aiment décorer cet endroit de symboles parlants : image du Bouddha, statuette, encens, bougies, photos de leur enseignant ou d'autres figures inspirantes du bouddhisme, stances extraites des textes sacrés. Vous pouvez constituer votre propre autel et si l'espace que vous créez s'imprègne d'une certaine atmosphère, cela vous incitera d'autant plus à pratiquer, mais c'est facultatif. Mon mari ne veut pas de cet espace chez lui – ce pauvre chéri trouve tout ça bien « trop bizarre », et je m'en dispense donc. C'est bien assez pour lui d'avoir une femme qui aime « s'asseoir en état de transe », alors vivre en plus au milieu de tout cet étrange attirail... donc je ne pousse pas le bouchon trop loin.

Traditionnellement, les méditants s'assoient jambes croisées sur le sol mais une chaise à dossier droit fait aussi bien l'affaire. Le principal est de maintenir une posture droite – courber le dos et être affalé entraînent douleurs et somnolence. Si vous manquez de temps pour des séances assises formelles, vous pouvez vous essayer à méditer dans votre lit au réveil. Cela reste un piètre substitut à une pratique assise formelle et rend plus ardu l'obtention d'un bon niveau de concentration. Mais certains jours, vous ne trouverez pas le temps nécessaire et toute tentative pour méditer vaut mieux que de vous morfondre en appréhendant la journée qui vous attend. Comme tout autre moment de la journée, c'est aussi une opportunité pour pratiquer la pleine conscience. Quelle que soit votre position, essayez de méditer les yeux légèrement ouverts. Cela peut sembler bizarre au début, mais laisser un peu de lumière filtrer prévient la somnolence.

Autant que possible, votre méditation devrait se dérouler le matin au lever, parce que votre esprit est alors relativement peu encombré. Mais le meilleur moment pour méditer relève toujours d'un choix personnel. Certaines personnes se sentent trop « groggy » le matin et s'aperçoivent qu'en méditant avant de dormir, elles passent une nuit tranquille. Alors que chez d'autres, les séances assises du soir génèrent un excès de vigilance ou d'énergie qui inhibe leur sommeil. Pour préparer votre esprit à la méditation, une activité apaisante peut aider – yoga, lecture de textes spirituels, repassage, pliage de linge propre ou toute autre activité favorisant un ralentissement du rythme et un état de concentration.

Les formes de méditation pratiquées par les bouddhistes sont nombreuses, mais l'une d'elles est commune à toutes les écoles et c'est invariablement la première que nous apprenons en débutant dans le bouddhisme : « la pleine conscience de la respiration », comme on l'appelle traditionnellement. Il faut pour la pratiquer s'asseoir immobile, se détendre, fermer les yeux et être conscient du mouvement de sa respiration. Il n'est pas nécessaire de *penser* à la respiration ou de la contrôler en quoi que ce soit ; pas nécessaire non plus de se concentrer vraiment, vraiment intensément. Il s'agit davantage de se détendre et d'observer la respiration jusqu'à devenir finalement un avec l'inspiration et l'expiration. Quand notre attention erre, nous la ramenons patiemment sur notre respiration, sans commentaire mental.

Un nouveau méditant a le plus grand mal à concentrer son attention, c'est pourquoi il est prévu dans la méditation une étape préalable à laquelle on a souvent recours. Se détendre lentement, dans une première phase, aide de nombreux méditants à porter leur attention sur la respiration. Mon instructrice de méditation amène progressivement le groupe à la pleine conscience de la respiration en donnant la priorité à la détente. Lentement, elle guide :

> Fermez les yeux et écoutez tous les sons... portez votre attention sur la pièce et les personnes qui s'y trouvent... et examinez maintenant votre corps : sa forme, les points de contact avec le sol... portez progressivement votre attention sur les différents points de votre corps en relâchant toutes les tensions que vous y rencontrerez, en commençant par le crâne... maintenant, concentrez-vous sur vos muscles faciaux et laissez une sensation de beurre tendre, fondant, envahir votre visage... puis en descendant vers votre cou...

Après être descendus tout le long du corps, nous commençons à observer chaque inspiration-expiration.

Compter chaque respiration est une autre méthode utile pour ancrer son attention. Il existe une technique de méditation en quatre étapes décrite ci-dessous et enseignée par les Friends of the Western Bouddhists Order (Amis de l'ordre des bouddhistes occidentaux) dans leurs cours d'initiation. Les jours où vous vous sentez l'esprit bien centré et clair, vous pouvez directement vous concentrer sur votre respiration sans passer par cette méthode – vous pourrez toujours revenir aux quatre étapes si vous constatez que votre attention erre trop souvent. On conseille généralement aux débutants de consacrer en gros cinq minutes à chaque étape, mais ne vous préoccupez pas trop de surveiller l'horloge. Si cela est difficile pour les nouveaux venus, ils pourront envisager de ne méditer au début que quelques minutes puis d'augmenter progressivement la durée de chaque séance de méditation.

Méditation de la pleine conscience de la respiration

1. Quand nous commençons à porter notre attention sur notre respiration, comptons chaque respiration sur l'*expiration* – de un à dix – et recommençons. Le fait de compter nous aide à contrôler notre attention mais notre priorité reste la respiration, et non pas les nombres.
2. À la seconde étape, continuons à compter les respirations mais comptons sur l'*inspiration*. Différence très légère par rapport à la première étape, mais ce changement entraîne un approfondissement subtil de la concentration.
3. À la troisième étape, débarrassons-nous de l'ancre que constitue le comptage et commençons à nous concentrer sur *le processus entier de la respiration* et les sensations qu'il provoque. Il nous est alors possible de remarquer la pause entre les respirations, le mouvement ascendant et descendant de l'abdomen ou le bruit de notre respiration.
4. À la quatrième étape, peaufinons le processus en *fixant notre attention* sur un aspect de la respiration. Nous ressentons la sensation de la respiration au point de passage dans et hors de notre corps – la zone autour des narines ou de la *pointe du nez*. Nous pouvons observer, par exemple, comment l'air inhalé est légèrement plus frais que l'air exhalé. Achevons la quatrième étape en revenant à notre conscience du processus global de la respiration puis aux sensations du corps. Mettons progressivement fin à la méditation et ouvrons les yeux. Nous pouvons aussi prolonger un moment la posture assise en pleine conscience et savourer la tranquillité. Ce moment peut

être consacré tout simplement à observer ce qui se passe, voir ce qui en résulte, être.

Quand nous avons fini de méditer et que nous retournons aux sollicitations quotidiennes, efforçons-nous de conserver aussi longtemps que possible l'état de pleine conscience et la tranquillité atteintes durant la méditation. Usons de détermination pour garder l'esprit dans l'instant présent durant la journée, en prêtant une attention particulière à tout ce qui se présente à nous ou à l'intérieur de nous. Comme en méditation, ramenons notre esprit sur l'instant avec patience, persévérance et douceur.

L'effort juste

Quand je me suis initiée à cette méditation en quatre étapes, je m'en souviens, l'enseignante nous a prévenus qu'il pourrait nous arriver de perdre le compte de nos respirations et nous en apercevoir, disons, en arrivant à 17. Je me suis dit : « Comment peut-on arriver jusqu'à 17 sans s'en rendre compte ? » Et la semaine qui a suivi, je me suis retrouvée à 45 – je devais être endormie.

Le fait est qu'il est *impossible* d'échapper au vagabondage de l'esprit. C'est normal et il n'est pas nécessaire de plonger dans la frustration ou l'autorécrimination. Les trois « mots clés » sont : patience, persévérance et douceur. Si vous vous surprenez à vous crisper ou froncer les sourcils sous l'effort accompli pour contrôler votre concentration, c'est que cet effort est excessif. Le but est d'observer la respiration sans conflit mental intérieur. Comme énoncé dans le Noble Sentier Octuple, nous devons réaliser l'Effort juste au cours de notre méditation

– autrement dit, suivre la voie du juste milieu entre intensité et somnolence, entre tension et torpeur.

Parvenir à la vision pénétrante durant la méditation

À la quatrième étape de la méditation, nous gérons les distractions de notre esprit en ramenant notre attention sur la respiration. Cependant, si nous laissons nos distractions suivre leur cours, elles peuvent enrichir notre méditation, à condition de les observer en pleine conscience. L'exercice est bien plus difficile, surtout pour les nouveaux méditants qui auront sans doute du mal à se concentrer. La faculté d'observer nos pensées en pleine conscience sans nous laisser entraîner par elles peut devenir un but à plus long terme lorsque notre concentration se sera améliorée. Cette faculté nous aidera assurément à obtenir des visions pénétrantes capables de changer notre vie et à nous débarrasser de nos croyances et comportements les plus autodéfaitistes.

Quelle que soit la méthode – observer nos distractions ou leur résister –, nous n'abordons pas la méditation avec pour but spécifique d'obtenir la vision pénétrante – nous créons simplement les conditions pour qu'elle se manifeste en nous efforçant de clarifier notre esprit. Helen Jandamit, maman et instructrice de méditation, possède un certain sens de la métaphore. Elle explique comment la méditation prépare le terrain pour la vision pénétrante : « Observer la respiration devient progressivement une sorte de fond blanc. Si une particule de poussière s'y pose, il est plus facile de l'y discerner que sur une surface poussiéreuse. »

Avec la pratique et un approfondissement de la concentration, la particule et ses caractéristiques deviennent encore plus claires. Et lorsque nous voyons nos tendances les plus profondes telles qu'elles sont, elles perdent leur pouvoir de contrôle sur nous. C'est la vision pénétrante qui nous permet d'appréhender ce qui se passe vraiment dans notre vie de façon à pouvoir devenir conscients de nos réactions et attitudes habituelles et les modifier.

La vision pénétrante nous offre également une opportunité de comprendre les enseignements du Bouddha non pas seulement intellectuellement mais par l'expérience directe, agent de changement bien plus puissant. Dans *Handbook for Mankind*, Buddhadasa Bikkhu énumère certains des enseignements que la vision pénétrante peut mettre en lumière pour nous : « L'expression "vision pénétrante de la véritable nature de toutes choses" signifie percevoir l'impermanence, l'insatisfaction et l'absence de soi ; voir que rien ne vaut la peine d'être obtenu, d'être vécu ; voir qu'il ne faut saisir aucun objet quel qu'il soit ni s'y attacher comme s'il était un soi ou appartenait à un soi ; comme s'il était bon ou mauvais, attirant ou repoussant. »

Méditation de la vision pénétrante

Cette méditation mène plus à la vision pénétrante que la méthode en quatre étapes mais elle est un peu plus difficile à pratiquer pour maintenir la concentration. Comme pour la méditation en quatre étapes, l'attention est d'abord focalisée sur la respiration ; nous nommons mentalement chaque inspiration « montée » et chaque expiration « descente ». Quand les sensations ou pensées apparaissent, ne leur résistons pas, mais donnons-leur un nom, en nous disant lentement, « sentir, sentir, sentir », ou « pensée, pensée, pensée ». Laissons pensées et sensations apparaître, exister puis disparaître à leur rythme. Et revenons à notre « étiquetage » de la respiration.

Au moment où nous sentons notre attention s'éloigner de notre respiration, faisons un constat mental : si nous sentons une douleur, notons « mal, mal, mal » jusqu'à ce que la douleur cesse ; si nous commençons à revivre mentalement une dispute, donnons à nos souvenirs un nom – « se rappeler, se rappeler, se rappeler » – avant de revenir à notre respiration. Si nous entendons un bruit détournant notre attention, notons « entendre, entendre, entendre » et si nous commençons à penser au menu de notre dîner, donnons alors comme appellation « prévoir, prévoir, prévoir ».

Nous pouvons avoir d'autres expériences mentales à observer, notamment éprouver du ressentiment, se détendre, résister, sourire, souhaiter, désirer – tout ce qui apparaît. Si nous avons du mal à trouver la dénomination parfaite, limitons-nous de préférence aux catégories les plus élémentaires, comme « penser » et sentir ».

Si nous ressentons une douleur, une démangeaison ou une sensation inconfortable, observons-la jusqu'à sa disparition, ainsi que notre réaction. Si elle met du temps à disparaître, nous pouvons nous gratter ou rectifier notre position, mais essayons de résister à la tentation de réagir inconsidérément à toute sensation physique. En méditation, l'inconfort devient un élément positif car, difficile à ignorer, il nous oblige à être conscients de l'instant présent. Il nous offre également une autre opportunité de pratique : *être* avec notre souffrance et notre inconfort, nous confronter à eux plutôt que de les fuir.

Les méditants chez qui le vagabondage de leur esprit provoque un sentiment de frustration apprécient la méditation de la vision pénétrante parce que tout phénomène qui se produit devient partie intégrante de la méditation, et donc les pensées, les sons et les sensations sources de distraction entraînent moins de frustration. En développant notre capacité à nommer les processus mentaux, nous augmentons notre contrôle sur eux. Nous courons moins le risque de les suivre dans leur voyage ou de nous identifier trop étroitement à eux. Nous apprenons progressivement à nous abstenir de juger tout ce qui apparaît comme bon ou mauvais ; cela nous sert à développer notre patience face à tout ce que la vie nous réserve.

Les empêchements

Méditer peut être agréable, relaxant, merveilleux et « paradisiaque ». Mais parfois, il en est tout à fait autrement. Arriver à affermir sa pratique de méditation peut ne pas être un long fleuve tranquille. Un nouveau méditant connaît la frustration due au vagabondage incessant de son esprit et il en vient à douter de la valeur de la méditation ; ou alors il peut lui arriver de sentir que « ça ne l'inspire pas ». Tout en essayant de se concentrer sur sa respiration suivant la méthode de la méditation en quatre étapes, voici par exemple à quoi peut ressembler son train de pensées : « Un, deux, mon pied me démange... dois-je me gratter ? Je me demande si mon pied est complètement guéri après cette blessure. Arrête !... trois, quatre, cinq... oh, non, je n'ai pas envoyé cette lettre, et maintenant, que vais-je faire, zut !... six, sept, je me demande si je fais ça comme il faut... je suis sûr que j'ai foiré pendant la méditation hier... arrête de penser ! Ça ne marche pas... »

Avec la pratique, la concentration s'améliore, les distractions sont moins nombreuses et la confiance du débutant se raffermit. Il ne tarde pas à commencer à observer comment le développement de la pleine conscience enrichit sa vie et cela l'encourage à persévérer les jours où la méditation est plus difficile. Avec de la motivation, il finit par atteindre un point où la méditation devient un acte aussi naturel que de se doucher ou se brosser les dents et il ressent un manque s'il passe une journée sans méditer.

Fait intéressant, dans *Les Huit Marches vers le bonheur*, l'auteur thaïlandais Gunaratana observe que les débutants occidentaux sont souvent trop sévères à l'égard d'eux-mêmes ; il les décrit comme « ambitieux, volontaristes, axés sur l'obtention de résultats et anxieux ». Il poursuit : « Ils répriment leur esprit et tentent de lui imposer la force de leur volonté..., ils deviennent souvent autocritiques et durs avec eux-mêmes. » Il fait remarquer que nous devons méditer pour « observer » l'esprit, et non pas pour le « contrôler ».

Sachant que ses disciples éprouveraient des difficultés en méditation, le Bouddha mit en garde contre les cinq empêchements ou obstacles prévisibles sur la route du méditant, à savoir :

1. Les pensées distrayantes [1].
2. La haine, la colère ou autres humeurs négatives.
3. La somnolence.

1. Le premier des empêchements généralement cité est plutôt « désirs sensuels/désir pour le plaisir des sens... (au sens large) ». *(N.d.T.)*

4. L'agitation.
5. Le doute.

Un enseignant qualifié peut nous conseiller sur la manière de gérer les obstacles qui nous perturbent.

Quand j'ai commencé à méditer, je me souviens, mon esprit semblait tellement enclin à vagabonder dans des rêveries, tellement incapable d'être calme qu'une séance assise ressemblait parfois à une pure perte de temps. Il m'a fallu un ou deux mois de pratique régulière pour sentir un certain progrès, voir s'installer plus d'espace entre les pensées, apprendre que je pouvais atteindre une aire de tranquillité qui me ressourcerait.

Cultiver l'esprit d'amour

Posséder un esprit d'amour, c'est reconnaître que tous les êtres vivants sont précieux. Il est utile de se rappeler que le caractère précieux ne réside pas dans l'objet lui-même mais dans notre esprit. Considérez deux objets, un diamant et un bol d'eau : lequel est le plus précieux ? Pour l'esprit de quelqu'un perdu dans le désert, le bol d'eau est plus précieux. Pour l'esprit d'un joaillier, un diamant est plus précieux. Le caractère précieux est subjectif, c'est une qualité de l'esprit plutôt qu'une qualité de l'objet. Aimer les gens demande un esprit aimant plus que des manifestations d'amour de leur part. Notre amour pour les autres ne dépendra pas de leurs traits personnels, de leur comportement ou de leur relation avec nous, mais de notre esprit aimant.

Nous pouvons même aimer des gens « difficiles », pour la simple raison qu'ils jouent le rôle d'enseignants spirituels dans notre vie ; et leur en être reconnaissants. Si notre vie était peuplée de gens sympathiques, nous n'aurions pas beaucoup l'occasion de développer en nous la sagesse. Mais cette raison pour aimer les autres ne se cantonne pas aux gens difficiles – nous pouvons ressentir de la gratitude envers toutes les personnes rencontrées sur notre route car toutes sont capables de nous rendre plus sages, toutes nous fournissent l'opportunité de développer l'esprit d'amour.

La méditation de l'amour bienveillant est une méthode pour cultiver l'esprit d'amour en souhaitant le bonheur des autres et le nôtre. Envoyer des pensées d'amour bienveillant est une manière de transformer notre esprit en lui donnant la capacité d'aimer tous les êtres vivants. Cet acte peut même, en fin de compte, profiter plus directement et pratiquement à d'autres personnes : quelqu'un dans leur vie se soucie d'eux et leur souhaite le meilleur.

Commençons par développer des sentiments d'amour bienveillant envers nous-mêmes. Faisons ensuite de même pour une personne que nous aimons, puis pour une personne que nous ne connaissons pas très bien, puis pour une autre que nous n'aimons pas vraiment. Concluons en envoyant des pensées d'amour bienveillant à tous les êtres vivants, en commençant par le cercle de nos proches puis en élargissant progressivement le cercle au monde entier. En concentrant notre esprit sur chaque personne, rappelons-nous que, elle aussi, elle veut être heureuse et libérée de la souffrance et du malheur, que nous sommes tous reliés par ce désir ardent qui nous est commun.

Alors que dans la méditation en pleine conscience, nous observons toutes les pensées mais ramenons notre attention sur la respiration, dans la méditation de l'amour bienveillant, penser doit devenir un exercice actif et créatif. Par exemple, dans le cas de la personne difficile, il nous faudra peut-être penser à la souffrance et l'insatisfaction dans lesquelles elle vit pour ressentir de la compassion ; et il nous faudra réfléchir à sa situation – ses luttes, ses déceptions – pour reconnaître que cette personne est précieuse.

Méditation de l'amour bienveillant

Pour commencer, fermez les yeux, détendez-vous et apprêtez-vous à vous concentrer. Pour ralentir votre activité mentale et apaiser votre esprit, vous pouvez commencer par être attentif à votre respiration.

1. À la première étape, travaillez à cultiver l'amour bienveillant envers vous-même. Il est plus facile d'aimer les autres en ayant des sentiments bienveillants envers soi-même. Vous pouvez commencer par contempler la divinité à l'intérieur de vous, en vous concentrant, par exemple, sur un geste récent de bienveillance que vous auriez eu. Les bouddhistes utilisent une variété infinie de pensées et images pour développer l'amour bienveillant, souvent à l'aide d'images de Bouddha ou de rais de lumière. La technique la plus courante est d'utiliser des phrases comme :

   Que j'aille bien.
   Que je sois libéré de la souffrance.
   Que je sois libéré de l'avidité, de la haine et de l'illusion.
   Que je vive avec un esprit d'amour.
   Que je sois en sécurité.
   Que je sois heureux.
   Que je développe la sagesse et la compassion.

2. Après vous être concentré sur l'amour de soi un moment, passez à l'étape suivante, où vous envoyez des pensées d'amour bienveillant à *un être que vous aimez*. Visualisez un enfant, un membre de la famille ou un ami proche et souhaitez son bonheur.
   Qu'il connaisse l'amour.
   Qu'il ressente de la joie.

3. Puis, dans une troisième étape, portez votre attention vers une *personne neutre* envers laquelle vos sentiments ne sont ni positifs ni négatifs – un commerçant du quartier, un membre du public, un collègue de travail. Vous n'avez sans doute jamais parlé à cette personne mais vous lui envoyez des pensées d'amour bienveillant, peut-être encouragé par le sentiment positif que vous avez éprouvé pour la personne que vous aimez, lors de la précédente étape. Envoyez des pensées d'amour bienveillant à une personne neutre est une façon de s'entraîner à aimer des gens indépendamment de ce qu'ils peuvent faire pour vous personnellement.

4. Dans la quatrième étape, choisissez quelqu'un avec qui *vous trouvez difficile* de vous entendre, ce qu'on appelle souvent un « ennemi ». Vous pouvez choisir toute personne à qui vous ne vouez pas vraiment de sentiments amicaux. Où puiser de la compassion envers elle ? Vous pouvez considérer ses qualités positives. Représentez-vous-la comme l'enfant chéri d'une mère aimante. Imaginez sa souffrance, ses anxiétés et ses déceptions. Reconnaissez que le comportement qui vous dérange peut résulter de sa souffrance ou de sa douleur. Inspirez-vous de votre réaction de mère quand votre enfant agit sous l'emprise de la colère ou de l'égoïsme – l'amour

que vous lui portez ne diminue pas. Une réserve toutefois : les enseignants conseillent en général de laisser de côté les personnes très difficiles, celles qui peuvent vous avoir blessés profondément, jusqu'au moment où vous avez acquis plus d'expérience de la méditation. Au stade actuel, il peut s'avérer difficile d'empêcher votre esprit de vagabonder, mais comme toujours, quand vous remarquez que des pensées vous distraient, ramenez patiemment votre attention sur l'exercice en cours.

5. Enfin, entraînez-vous à envoyer des pensées d'amour bienveillant à *tous les êtres* du monde entier, à commencer par le cercle de vos proches ou ceux qui vous sont familiers et en élargissant progressivement le cercle pour y inclure tous les habitants de votre pays, du monde et tous les êtres vivants. Nourrissez le souhait sincère que tous les êtres vivants soient heureux et libérés de la souffrance et du chagrin.

Détachant notre attention des préoccupations égoïstes, nous commençons à penser aux autres avec bienveillance en surmontant le sentiment de séparation. Bien sûr, il nous faudra peut-être des années pour que notre esprit se transforme et qu'il devienne sincèrement aimant, en particulier lorsque nous abordons l'entraînement sur nos relations les plus difficiles. Mais un simple débutant peut commencer à se sentir devenir plus aimant au bout d'une courte période de pratique de la méditation de l'amour bienveillant. Au cours de la méditation, des idées vont jaillir de notre conscience sur les moyens possibles d'aider les autres ; ou bien nous allons nous souvenir de passer un coup de téléphone ou d'envoyer une carte à quelqu'un qui fête un événement heureux ou qui souffre. De nombreux méditants aiment clore la méditation en pensant à un acte de bienveillance qu'ils accompliront dans les heures qui suivront.

S'INCLINER

Pendant leur pratique de la méditation de l'amour bienveillant, certains méditants trouvent utile de se représenter en train de s'incliner devant la personne à laquelle ils envoient des pensées d'amour bienveillant. Pour de nombreux Occidentaux, cette idée choque de prime abord, mais notre réaction est fondée sur les images que nous associons à l'acte de s'incliner – mais nous ne sommes pas d'humbles vassaux s'inclinant devant un roi tyrannique, un Dieu terrifiant ou un pouvoir magique.

Pour de nombreux bouddhistes, ce geste n'est qu'une expression de respect et de gratitude. S'incliner devant quelqu'un signifie honorer sa dignité, son humanité et son caractère précieux. C'est un geste qui exprime l'humilité mais au sens le plus positif du terme : en effet, à cet instant, nous mettons fin à toute tendance éventuelle à nous montrer critiques et supérieurs, et un sentiment de compassion apparaît, qui n'est pas inspiré par la pitié mais par une estime sincère pour un être vivant précieux. Nous pouvons aussi considérer le geste de s'incliner comme une expression de gratitude envers cette personne, être cher ou hostile, pour tout ce qu'elle nous enseigne – gratitude pour sa capacité à nous rendre plus sages et pour l'opportunité qu'elle nous offre de pratiquer l'amour.

Ce qui m'aide souvent est d'imaginer le Bouddha, ses mains placées juste au-dessus de ma tête, et l'immense torrent d'amour bienveillant qu'il fait ainsi couler vers moi. Je m'imagine ensuite plaçant moi aussi mes mains juste au-dessus de la tête d'autres personnes, tout en leur envoyant des pensées d'amour bienveillant.

QUAND PRATIQUER LA MÉDITATION DE L'AMOUR BIENVEILLANT

Un des buts de la méditation de l'amour bienveillant est de cultiver notre capacité à aimer les êtres : nous-mêmes, les personnes que nous aimons, les personnes neutres et les personnes avec qui les relations sont difficiles. Du fait que l'exercice est particulièrement difficile, il est bon de pratiquer la méditation de l'amour bienveillant aussi souvent que possible. Là encore, pour une mère, quand trouver le temps ? Pourtant, la méditation de l'amour bienveillant est une pratique facile à transposer dans la vie quotidienne. L'idéal est de trouver du temps pour la pratiquer dans sa forme assise, mais il est tout aussi valable d'envoyer des pensées d'amour quand nous communiquons avec d'autres personnes ou même en courant les magasins et en nous promenant dans la rue. Nous pouvons diriger des pensées d'amour bienveillant vers toutes les personnes que nous croisons. Au début, cela paraît étrange mais prend très vite une allure normale et vaut certainement mieux que de déambuler rongés par nos propres pensées. Grâce aux effets merveilleux sur notre état d'esprit produits de cet entraînement, nous dégageons en nous des sentiments positifs et de l'énergie pour faire face aux sollicitations quotidiennes.

Je trouve la méditation de l'amour bienveillant particulièrement utile avant de me rendre à une réunion entre amis et aussi pendant celle-ci. Cela m'aide à :

- Écouter attentivement et me retenir d'interrompre ;
- Parler avec plus de bienveillance ;
- Être consciente des moyens d'aider les autres ;
- Éviter de parler pour ne rien dire et de s'écouter parler, pratique qui ne présente aucun intérêt pour l'interlocuteur ;
- Goûter la satisfaction de me sentir moins consciente de ma personne, moins égocentrique.

Envoyer des pensées d'amour bienveillant est également utile avant de se rendre à son lieu de travail, sur place au cours de la journée ou en toute circonstance qui suscite l'occasion d'échanges avec les autres. Nous devenons plus sensibles au vécu d'autrui, si bien que notre présence peut devenir précieuse où que nous allions.

Trouver du temps pour méditer

Outre toutes les difficultés que peut rencontrer un pratiquant durant la méditation, la plus grande pour les mères sera sans doute celle de trouver du temps pour méditer. Mais étant donné les bienfaits de la méditation, il faut qu'elles se posent la question de savoir si elles ne pourraient pas alléger leur programme. Il est en effet possible de dégager du temps en se dispensant de regarder certaines émissions télévisées – les téléspectateurs regardent la télé en moyenne deux à trois heures par jour. Les mères font déjà chuter cette moyenne, mais même si elles ne passent qu'une demi-heure par jour devant leur télévision, cela leur serait plus profitable de la consacrer à une séance de méditation. Du temps pourrait aussi être dégagé par un ménage moins minutieux, par un lever de meilleure heure ou par un envoi régulier de toute la petite famille en promenade, pour se retrouver enfin seules

Mère d'enfants en bas âge, Chittaprabha, du Western Buddhist Order, méditante motivée, se levait tôt le matin. Les enfants devenus plus grands, elle participait à des retraites de deux jours en fin de semaine ou d'une semaine entière. Elle affirme que le fait de s'être accordé ce temps lui a permis d'être une bien meilleure mère.

> Grâce à la méditation, non seulement je réponds à mes propres besoins mais aussi je prends plus conscience des autres si bien que je m'investis dans tout ce que je fais de manière plus positive et plus créative. Cette prise de conscience du sens plus vaste de ma vie et de ma véritable nature m'apporte un sentiment plus profond de joie, de contentement et d'équanimité bénéfique à tous ceux qui m'entourent.
>
> Le but consiste à prendre conscience que nous évoluons grâce à la méditation et à permettre à celle-ci d'imprégner toute notre vie. Cette prise de conscience m'a aidée, en tant que maman, à discerner mon mode de relation avec mes enfants et les répercussions de mes actes. Ainsi, au lieu de répéter les mêmes erreurs, j'ai pu utiliser cette conscience pour apporter des changements positifs à ma manière d'élever mes enfants et abandonner tout ce qui y était figé et immuable.
>
> Être parent peut constituer un aspect très important et enrichissant de notre vie, mais ce n'est pas suffisant. Si je consacrais toute mon attention à écouter les désirs de mes enfants, je ne serais focalisée que sur mon univers immédiat et j'abandonnerais l'opportunité

> de devenir une personne authentique. En intégrant dans ma vie la perspective plus large qu'offre la méditation, je suis devenue plus créative, plus libre et plus réceptive à tout ce qui vit autour de moi et moins agrippée et attachée à mes enfants et aux objets qui m'apportaient du plaisir.
>
> Le plaisir d'aimer mes enfants et de dialoguer avec eux spontanément s'estompait à chaque fois que je tentais de trop m'y agripper. Je me suis donc toujours efforcée de rechercher diverses sources saines de plaisir, en évitant tout attachement à ces plaisirs.

Ses deux filles, Michelle et Cara, rient en se rappelant leur mère à certains moments de leur enfance. « Maman, je pense qu'il est temps que tu retournes faire une retraite. » Chose amusante, de nombreux parents bouddhistes racontent que c'est souvent leurs enfants qui leur rappellent de consacrer du temps à méditer.

Chittaprabha fait également valoir que pour élever des enfants responsables, prévenants, nous devons leur enseigner la conscience et le respect des besoins des autres, y compris de leurs parents. C'est plus difficile quand nos enfants sont jeunes et égocentriques, mais ils doivent finir par comprendre notre besoin d'avoir notre espace à nous.

Chittaprabha encourage vivement toutes les mères à trouver du temps chaque jour, ne serait-ce qu'une minute, pour réfléchir à des sujets d'un niveau plus élevé que celui de leur vie immédiate et d'elles-mêmes : « Réservons-nous un peu de temps chaque jour à consacrer à notre aspiration à notre soi supérieur. Ce peut être un moment pour lire et réfléchir à une courte stance. Nous pouvons allumer des bougies ou brûler de l'encens comme offrande au Bouddha. Ou alors méditer. Et si nous n'arrivons pas à réserver ce temps, demandons-nous ce qui pourrait nous stimuler pour y parvenir. Pour certains, ce peut être la nature. Pour d'autres, serait-ce la lecture ? Parler à des amis suivant une voie spirituelle ? S'impliquer dans une communauté spirituelle ? »

Il est bon de se rappeler que développer la pleine conscience nous permet de gagner plus de temps dans notre journée. Comme nous l'avons déjà évoqué, avec un esprit plus recueilli et plus clair, nous ferons un usage plus efficace de notre temps et nous trouverons plus d'énergie en nous. De nombreux méditants affirment qu'ils peuvent survivre en dormant moins, grâce à un niveau tellement élevé de concentration atteint en méditation qu'il leur procure une meilleure qualité de repos.

CHAPITRE X

Pratiquer

Tenant dans mes bras le bébé, j'arrêtai de remuer la bouillie dans le pot pour répondre au téléphone. Faisant un effort pour entendre, dans le brouhaha général de l'heure du dîner, je réussis à saisir ses paroles : « Oliver s'est plaint en disant qu'il ne voulait plus voir Zac parce que Zac n'arrête pas de lui faire mal et il ne veut pas aller à la fête de Zac. C'est pourquoi nous ne vous avons pas tellement vus ces temps-ci – Oliver ne veut absolument pas se trouver à proximité de Zac parce qu'il a peur qu'il lui fasse mal. Je n'ai pas été moi-même témoin de ce genre de scène mais ce n'est pas le style d'Oliver d'inventer cette histoire et ça fait maintenant deux ou trois fois qu'il en parle. Oliver n'est pas du tout porté sur les jeux de mains et je sais qu'il n'aime pas ça. J'ai pensé qu'il valait mieux vous en parler. »

Oliver était le meilleur ami de Zac. Je me remémorai la fête organisée pour le quatrième anniversaire d'Oliver une semaine auparavant et je me rappelai comment Oliver semblait ignorer Zac, s'éloignant à chaque fois que Zac s'approchait de lui. Sous le choc de cette annonce et déconcertée, je répondis : « Eh bien, merci vraiment de m'en avoir informée. Cela n'a pas dû être facile pour vous de me le dire. C'est courageux de votre part et je suis contente que vous n'ayez pas simplement gardé pour vous l'information. Je ne sais pas quoi dire – moi non plus, je n'ai jamais vu Zac lui faire du mal. »

Me sentant satisfaite de ce qui m'avait paru une réponse calme et mesurée, je raccrochai en m'effondrant, pour annoncer à mon mari : « Nous avons un gros problème ! »

Mon fils était-il, à notre insu, violent et sadique, comme le suggérait notre informateur du haut de ses quatre ans ? Je savais que si quelqu'un le frappait, Zac rendrait la pareille. Je savais qu'il était « porté sur les jeux de mains » et brutal par moments, mais je ne l'avais quasiment jamais vu attaquer quelqu'un sans être provoqué. Je me suis aperçue que montait en moi la colère contre Oliver : il s'était manifestement retourné contre Zac et voulait le faire souffrir. Puis, j'ai été en colère contre sa mère : comment pouvait-elle croire sur parole un garçon de quatre ans qui n'était certainement pas lui non plus un ange ? D'ailleurs, tous les garçons présents à la fête d'Oliver semblaient brutaux, fonçant les uns dans les autres en jouant sur le château gonflable. Mais bon, peut-être ce garçon et sa mère avaient-ils complètement raison. J'étais troublée.

Le lendemain, j'appelai la maîtresse de Zac à la maternelle ; elle me dit que Zac n'était pas plus brutal que n'importe quel autre garçon de son âge et que même si elle l'avait vu se mettre en colère et donner des coups, il était « résolument l'un des plus doux ». Nous avons dû admettre qu'à la maison, Zac était devenu plus soupe au lait depuis quelque temps mais nous avions mis cela sur le compte de la montée de la testostérone. Je décidai qu'il valait mieux annoncer à Zac la mauvaise nouvelle – il avait peut-être besoin d'une réprimande. Pourtant, il demandait sans cesse à voir Oliver. En fait, Zac a nié avoir jamais frappé Oliver, puis il a affirmé qu'Oliver l'avait frappé le premier, puis il a fondu en pleurs. Je n'étais toujours pas plus près de connaître la vérité mais j'étais contente de constater que la mauvaise nouvelle ne semblait pas perturber l'équilibre de Zac.

Je me suis sentie une bonne partie de la journée assez déprimée par ce coup de fil. Assise devant la télévision à l'heure du journal du soir, j'ai écouté des histoires de réfugiés afghans rentrant chez eux après avoir passé deux ans dans des bateaux prenant l'eau et dans des centres de détention ; et moi, j'étais là, à m'angoisser pour un accrochage entre deux gamins de quatre ans ! Je m'étais assurée que Zac n'avait qu'un problème mineur d'agressivité qui disparaîtrait s'il était suivi. Alors, pourquoi ma réaction avait-elle été si disproportionnée ? Pourquoi fallait-il que je m'agrippe à un état d'esprit négatif qui me rendait malheureuse ? Tout cela se résumait à la seconde Noble Vérité du bouddhisme : le désir – ou, dans ce cas de figure, son revers, l'aversion – est cause de souffrance.

Quand une mère en plein dilemme met en pratique le bouddhisme

Je m'obstinais à vouloir que le monde soit différent de ce qu'il est. Je voulais que mon fils se comporte comme un pacifiste. Je voulais qu'il ait un ami préféré, dévoué et loyal. Observer Oliver et Zac jouer ensemble m'avait toujours fait chaud au cœur. Cependant, le plus douloureux pour moi était mon désir que Zac ne souffre jamais de rejet. En examinant mes pensées avec pleine conscience, je voyais que cet épisode avait réveillé la douleur que j'avais ressentie dans le passé quand des amis m'avaient soudain prise en grippe de manière inexpliquée, me laissant frustrée et blessée. Je ne voulais pas que Zac ait jamais à connaître dans sa vie ce genre d'épreuve, surtout pas à l'âge tendre de quatre ans, et cet incident m'obligeait à faire face à cette peur. Ironie du sort, tandis que j'étais occupée à faire la tête, Zac suivait son petit bonhomme de chemin dans la vie, jouant au jeu vidéo « Kangourou contre Kangourou » avec les enfants des voisins.

Alors, comment la pratique du bouddhisme m'a-t-elle aidée dans cette épreuve ? Dix ans plus tôt, je suis sûre que j'aurais réagi en étant sur la défensive au téléphone, j'aurais attaqué l'autre mère et lancé des accusations sur le comportement de son fils vis-à-vis du mien. Mais le bouddhisme m'a amenée à admettre que toutes les fois où j'ai eu une réaction de colère, j'ai causé du mal, et en particulier à moi-même. Le bouddhisme m'aide à résister à des réactions automatiques aussi séduisantes que le déni, le reproche et l'attitude défensive, et à examiner plus attentivement une situation. Le défi consistait à voir clairement ces événements au lieu de défendre mon territoire.

Ma pratique m'a permis d'observer le cheminement dans mon esprit de ce mini-drame pour discerner toutes les pensées, croyances et émotions nourrissant mon sentiment d'insatisfaction. J'ai pu voir, grâce à cette opportunité de pratique spirituelle, à quoi je me cramponnais et comprendre qu'il me fallait lâcher prise et faire place dans mon esprit à une acceptation patiente de toute situation que je ne pouvais pas arranger.

Le bouddhisme m'a également appris à ne pas conclure hâtivement ni à me crisper sur mes opinions. Par exemple, plutôt que nier la possibilité d'une certaine agressivité chez Zac, comme j'aimerais bien le faire, je dois garder l'esprit ouvert à toute éventualité et surveiller son comportement au cours de cet épisode. Plutôt que de diaboliser la famille d'Oliver, je me dis : « Je ne sais pas » et je capitule devant le mystère éternel que tout cela constitue.

D'ailleurs, d'aucuns diront que je pense trop. Et ils auront parfaitement raison. Ce qu'il me fallait vraiment, c'était passer un moment sur mon coussin de méditation et, au cours du week-end qui a suivi, j'ai réussi à trouver quarante minutes pour une séance ininterrompue de méditation. J'ai commencé par une méditation de la pleine conscience de la respiration, et j'ai réussi à goûter un peu de tranquillité et de vastitude. M'inspirant d'enseignements récents, je me suis entraînée à développer ma détermination à être plus heureuse, en répétant lentement la formule « Je transformerai mon esprit », méthode pour juguler des états d'esprit négatifs. Après cette séance, non seulement je me sentais calme et revivifiée, mais tout l'épisode est soudain devenu un vague souvenir et je me suis vraiment demandé pourquoi j'avais fait tant d'histoires. D'ailleurs, ma belle-mère, femme sage, a dit en haussant les épaules : « Czasami dzieci się kłuca. Zdarza się », ce qui veut dire en polonais : « Les gosses se battent. Ça se produit quelquefois. » Il arrive que ma blessure se rouvre quand mon fils demande à voir son ami, mais je sens que ma pratique m'aide à gérer ce problème comme une adulte.

Alors, c'est quoi encore, le bouddhisme ?

Sans doute devant l'immensité et la complexité du bouddhisme actuel et ses 2 500 ans d'une histoire qui couvre une diversité de cultures, plusieurs tentatives ont été faites pour le résumer, le réduire à un seul message percutant. Certains décrivent le bouddhisme simplement comme la pleine conscience ou l'éveil à l'instant présent. Ikkyu, maître zen du XVe siècle, le résume en un mot : « Attention. Attention. Attention. »

Un autre résumé du bouddhisme présenté au début de ce livre évoque la possibilité qui nous est offerte de substituer à nos pensées et actions habituelles des alternatives plus salutaires : « S'arrêter et prendre conscience. »

Certains décrivent le bouddhisme par cette formule : « Cultiver la sagesse et la compassion. »

Cette formule s'accompagne généralement de la remarque qu'il ne peut y avoir de sagesse sans compassion ni de compassion sans sagesse.

Dans le bouddhisme, notre accès au divin passe par le cœur : le bouddhisme est une affaire d'amour. Le Dalaï-lama dit souvent : « Ma religion est la bienveillance. »

D'autres décriraient le bouddhisme comme les quatre Nobles Vérités associées au Noble Sentier Octuple, ou comme le Bouddha l'a concisément exprimé : « J'enseigne la souffrance et la cessation de la souffrance. »

Suivre le Noble Sentier Octuple exige que nous ne limitions pas notre pratique à une séance de méditation, bien cloisonnée par rapport au reste de notre vie, mais que nous élargissions notre prise de conscience à tous les aspects de notre vie pour vivre le plus possible chaque instant en pleine conscience, avec compassion et éthiquement. Cette idée est exprimée de manière plus concise dans le résumé du bouddhisme qui a ma préférence : « Apprends à faire le bien. Cesse de faire du mal. Purifie ton esprit. »

De nombreux bouddhistes apprennent cette formule par cœur et l'utilisent comme mantra au cours de la journée ou au cours d'une séance de méditation. C'est un résumé apaisant vers lequel revenir quand notre esprit est mis en ébullition par l'ensemble impressionnant des enseignements.

Ce que j'aime particulièrement dans le bouddhisme

Le bouddhisme a une si longue histoire et couvre un si large éventail de cadres culturels qu'il serait imprudent de généraliser quant à la manière dont le bouddhisme est pratiqué ; en effet, à toute affirmation correspondra toujours une exception. Je voudrais cependant émettre quelques généralisations fondées sur mon expérience, même si, j'en suis sûre, d'aucuns les contesteront.

Le bouddhisme vous traite comme un adulte. Ce n'est pas une religion. Vous n'êtes pas obligé de croire à quelque chose, sauf si cela correspond à votre expérience personnelle. Vous vous servez de votre propre jugement, inspiré par la sagesse et la compassion, au lieu de suivre un ensemble de commandements sacrés. Votre progrès spirituel dépend de vous. Vous suivez votre propre rythme. Dans le bouddhisme, il n'existe pas de Dieu, de Créateur, de juge qui fixe les règles, vous observe et évalue votre comportement. Pour beaucoup de gens, c'est un soulagement d'apprendre que les bouddhistes s'efforcent de combattre non pas tant le « péché » que l'illusion. Et le moyen de gérer l'illusion ne passe pas par le sentiment de culpabilité et les tentatives pour le faire disparaître mais plutôt par la conscience et la vision pénétrante. Le Bouddha ne demandait pas de ses disciples une foi aveugle mais l'opposé : une démarche de questionnement. Selon les propres paroles du Bouddha :

> N'acceptez pas une affirmation aux motifs qu'elle
> 1. s'inscrit dans le cadre d'une transmission orale répétée ;
> 2. est formulée dans une lignée ou une tradition ;
> 3. est largement énoncée ;
> 4. est écrite dans des livres, comme les textes religieux ;
> 5. est logique et bien fondée ;
> 6. est une déduction ou une conclusion ;
> 7. est le résultat d'une réflexion ;
> 8. est énoncée par un orateur qui vous semble compétent ;
> 9. est formulée par un enseignant que vous respectez.
>
> Sachez distinguer quelles choses seraient critiquées par les sages et lesquelles entraîneraient le mal et la souffrance si elles étaient recherchées.

Encouragés à questionner, ses disciples développent leur propre sagesse. La démarche mise en avant consiste à poser des questions, expérimenter personnellement les enseignements et les mettre à l'épreuve de sa propre expérience.

Le Bouddha ne nous a pas demandé d'adhérer aveuglément à tous les enseignements bouddhiques. Personnellement, j'ai du mal à accepter le concept de réincarnation, même si d'autres bouddhistes de ma connaissance le trouvent « limpide » ou « parfaitement logique ». Je ne peux produire aucune preuve incontestable l'infirmant, mais quand il s'agit de la mort, mon sentiment prédominant est que je ne sais pas, tout simplement. Je suis reconnaissante à l'idée que mes réserves au sujet de cette croyance ne me feront jamais exclure des cercles bouddhistes.

Les paroles du Bouddha ne donnent vraiment pas l'impression qu'il est le chef d'une « religion » ; cette citation en est l'illustration : « Je ne vous prodigue pas mes enseignements pour vous avoir comme élève. Cela ne m'intéresse pas de vous avoir comme élève. Ni de vous séparer de votre ancien enseignant. Ni même de modifier votre but, parce que chacun souhaite sortir de la souffrance. Essayez quelque chose que j'ai découvert, puis jugez-en par vous-même. Si c'est bon pour vous, acceptez-le. Sinon, ne l'acceptez pas. »

Les humains étant ce qu'ils sont, certains bouddhistes ont casé leur bouddhisme dans un moule plus religieux. Comme dans tous les systèmes de pensée, certains ont trouvé le moyen de donner au bouddhisme une tournure politique, sexiste ou l'ont enseveli sous des rituels. Le bouddhisme est pratiqué dans tant de pays depuis tant d'années qu'il s'est affublé au passage de quelques cloches et sifflets exotiques. Mais ces objets restent toujours secondaires par rapport aux enseignements essentiels et vous pouvez ne pas en tenir compte s'ils n'étayent pas votre pratique.

Les bouddhistes ne cherchent pas à susciter des conversions. Nul besoin de « sauver » des gens, d'offrir son premier-né ou de persuader son compagnon de se soumettre à Dieu ! Mon propre mari, athée convaincu, n'a pas l'ombre d'un intérêt pour le bouddhisme et n'en aura sans doute jamais. Pourtant, nos positions différentes ne furent jamais des sources de conflit, mais plutôt des prétextes à des discussions animées et stimulantes. De fait, en me rendant plus calme et plus heureuse, le bouddhisme a eu pour effet de nourrir notre relation plutôt que de la polariser.

Une religion peut fournir des « réponses » réconfortantes à toutes les questions sur le sens de la vie. Dans le bouddhisme, on trouve des recommandations sur la méthode permettant de découvrir ses propres réponses et, chose sans doute plus importante, ses propres questions – car la vie est considérée comme une succession de mystères. Le bouddhisme nous encourage à être ouverts à chaque nouvelle expérience et à ne pas recourir automatiquement à tous nos préjugés et nos opinions éculées. Comme l'a dit l'éminent maître zen Shunryu Suzuki : « L'esprit du débutant contient de nombreuses possibilités, mais celui de l'expert en contient peu. »

Le besoin de ralentir

Quand nous sommes vraiment trop occupés, nous n'avons pas le temps d'accueillir l'instant présent, de remarquer notre environnement ou de méditer. Nous n'avons pas non plus d'espaces de temps pour réfléchir à notre vie, analyser où nous allons et si nous voulons vraiment y aller. Le fait d'être affairés amoindrit notre capacité à accomplir des actes d'amour car il nous prive du temps pour écouter les autres, être attentif à la façon dont ils se sentent et les aider. Pour citer le Bouddha : « C'est la nature agitée, affairée du monde, je le déclare, qui est à la racine de la douleur. Atteignez à ce calme de l'esprit qui repose dans la paix de l'immortalité. Le soi n'est qu'un amas de qualités diverses, et son monde est vide comme un fantasme. »

Les mères qui jonglent entre leur carrière et leurs enfants savent bien que lorsqu'on est stressé à cause de son travail, passer du temps avec ses enfants peut devenir exaspérant. C'est tellement ennuyeux de les emmener au parc alors que du « travail important » nous attend ! Quand la productivité devient une véritable obsession, il est difficile de s'adapter au rythme des enfants, d'être présents et d'accepter l'instant présent.

Parfois, nous n'avons pas vraiment d'autre choix que d'être occupés – c'est notre vie de famille qui nous l'impose. Mais à d'autres étapes de notre vie, nous devons nous interroger : ferions-nous le choix de l'activité pour éviter d'aborder de front les grandes questions ? Nous est-il si difficile de faire face à un temps non structuré que nous organisons notre vie de manière à l'éviter ? Si c'est le cas, quel est le prix de notre dépendance à cet affairement ? Pour beaucoup d'entre nous, le prix à payer est de nous sentir déconnectés de notre entourage et de voir s'éloigner toute possibilité de participer à promouvoir le modèle de famille et de communauté dont les êtres humains ont un profond besoin ; le prix pourrait même être de nous trouver déconnectés de nous-mêmes, de sombrer dans la dépendance au stress ou de ne plus trouver aucun motif de joie dans la vie.

Nous devons créer de l'espace dans notre vie si nous voulons progresser sur un chemin spirituel. Avant la naissance des enfants, nous avions, quand les problèmes s'accumulaient dans notre vie, toujours la possibilité de nous jeter à corps perdu dans notre travail, de nous lancer dans de nouveaux passe-temps ou de nous perdre dans la vie mondaine

– en somme tout pour nous détourner d'une confrontation solitaire avec nos pensées. Maintenant, nous sommes parents et nous courons le risque de négliger nos enfants si nous nous lançons à la poursuite de ces distractions qui mangent notre temps. Nous devons trouver le moyen de vivre en harmonie avec notre famille et nous-mêmes.

DÉGAGER DU TEMPS

Que faudrait-il pour dégager du temps à consacrer à des quêtes spirituelles comme la méditation, l'étude spirituelle, à apprécier la nature ou à se mettre à l'écoute de quelqu'un en étant totalement présent ? Réduire le nombre d'heures passées devant la télé ? Résister à l'impulsion d'allumer la radio ? Passer moins de temps en bavardages inutiles ? Il n'est pas rare qu'en progressant sur une voie spirituelle, certaines personnes procèdent à des changements radicaux de mode de vie pour dégager plus de temps. Elles plaquent un emploi qui ne les satisfait pas, quittent leur quartier huppé, vendent des biens encombrants, mettent un terme à des relations destructives, réduisent leur vie sociale ou dépensent moins d'argent.

Dans quelle mesure pouvons-nous simplifier notre vie ? Y mettre de l'ordre ? Faire don de certaines affaires ? Passer moins de temps à consommer des « actualités » (dont nous ne nous rappelons pas grand-chose après coup) ? Notre mode de divertissement maintient-il notre vie à la même allure ou bien nous aide-t-il à ralentir notre rythme et développer une paix intérieure ? À plusieurs reprises, le Bouddha nous a conseillés de « manger modérément ». Nous pouvons manger des aliments plus simples au lieu d'une nourriture qui sape notre énergie, avoir notre compte de sommeil et faire de l'exercice. Le Bouddha nous a engagés à prendre soin de notre santé afin d'avoir l'énergie nécessaire pour notre développement spirituel : « Maintenir le corps en bonne santé est un devoir, car, sinon, nous ne pourrons pas moucher la lampe de la sagesse et conserver un esprit solide et clair. »

Il est utile de se poser régulièrement la question : comment passerais-je ce jour, cette semaine, ce mois si je savais que c'était le dernier ? En d'autres termes, qu'est-ce qui compte vraiment et qu'est-ce qui est pure agitation ? Si nous parvenons à savoir ce dont nous avons besoin pour être heureux, nous pouvons cesser de gaspiller de l'énergie en illusions. Il est bon également de reconnaître que nous désirons en fait que la vie nous offre pas tant des expériences ou des objets extérieurs à nous que des états d'esprit positifs auxquels nous les associons. Ne serait-il pas plus sage de rechercher ce type d'état d'esprit dans un travail intérieur au lieu de courir après des apparences ? Cela me rappelle cette blague : « Si la moitié du plaisir que vous tirez des vacances est de les planifier, alors restez simplement à la maison et planifiez deux départs en vacances ! »

Si nous réussissons à réorganiser notre vie un tant soit peu, à réduire un peu le désordre qui y règne, quelles opportunités pourrait nous offrir ce nouvel espace ?

Nous pourrions goûter au plaisir d'un temps pour le silence, l'immobilité, la méditation ; ou peut-être observer nos enfants pendant leur sommeil, dévorer des yeux notre bébé, sortir en promenade, écrire notre journal, apprécier un repas pris lentement ou écouter tous les sons alentour. Ce pourrait être aussi accomplir un geste totalement spontané : cueillir des fleurs, bavarder avec un inconnu, partir tranquillement à l'aventure pour explorer un quartier.

Ces activités nous donneraient la possibilité de nous reconnecter avec nous-mêmes et de trouver des ressources d'énergie. Elles nous rappelleraient également que la vie peut être plus légère, plus spontanée et plus agréable.

Trouver une communauté spirituelle

Il peut nous arriver de temps à autre d'avoir un aperçu de ce que serait un meilleur mode de vie, de la personne plus noble que nous pourrions devenir ou peut-être de nos erreurs de comportement actuelles. Autant d'instants de lucidité suscités par la lecture d'un livre, un moment consacré à réfléchir ou une rencontre avec un être qui nous inspire. Question importante : comment nous y prendre pour que ces instants d'inspiration débouchent sur des initiatives concrètes ? Comment pouvons-nous changer notre vie de manière durable ? Si notre pratique du bouddhisme se limite à lire occasionnellement un livre sur le sujet, elle ne pourra être que fluctuante et superficielle. Au bout du compte, le bouddhisme ne sera qu'un moyen supplémentaire de nous procurer du bien-être ou un centre d'intérêt vers lequel nous reviendrons tous les six mois ou tous les deux ou trois ans.

Pour les personnes qui veulent se consacrer plus profondément à une évolution spirituelle, la réponse est de rejoindre une communauté spirituelle. Recevoir les enseignements réguliers d'un enseignant qualifié et se réunir avec d'autres personnes qui essaient de les mettre en pratique renforcent notre propre motivation. Le Bouddha a désigné les trois trésors dans lesquels prendre refuge pour avancer sur notre chemin spirituel : *Bouddha* (qui suscite en nous le désir de connaître l'éveil), *Dharma* (ses enseignements) et *Sangha* (la communauté spirituelle).

Julie Henderson, écrivain, suit depuis plus de vingt ans les enseignements dispensés par des lamas tibétains. Elle donne cette explication intéressante sur la raison de la nécessité d'appartenir à une *sangha*[1] : « Nos besoins sont très proches de ceux des primates et des sociétés tribales. Autrement dit, sur un plan pratique, nous tenons beaucoup à trouver l'harmonie avec ceux qui nous entourent. Il y a bien plus de probabilités de faire nôtres les conditions de vie des personnes de notre entourage que de créer par nous-mêmes des conditions "plus saines". Même quand celles de notre entourage sont malheureuses et désagréables, il est tout simplement plus facile de les intégrer telles qu'elles sont plutôt que de créer les nôtres, distinctes des leurs. C'est à partir de cette constatation que l'on a compris le rôle de la sangha, à savoir réunir un groupe de personnes qui cherchent activement et consciemment à mettre en pratique les quatre états primaires et, ce faisant, à rendre ainsi la démarche plus facile à effectuer pour tous. »

Il faut être fort pour résister aux messages dont nous bombarde notre société matérialiste et notre entourage ne remet pas forcément en question ces messages. Bien souvent, nous vivons avec des personnes convaincues que le bonheur se trouve dans les voitures, l'argent, les biens, la beauté et la jeunesse et il est facile d'intégrer ces valeurs nous-mêmes. Comparé à cette optique, c'est un véritable rafraîchissement que de s'immerger dans une culture où les valeurs sont plus profondes, tels

1. On trouve les deux occurrences : féminin et masculin. *(N.d.T.)*

l'amour bienveillant, la compassion, la joie altruiste et l'équanimité.

Choisir une tradition

La soirée hebdomadaire « libre » de devoirs familiaux, j'aimais faire la « tournée » des différentes écoles bouddhistes de la ville. Un soir, je psalmodiais des chants tibétains, une autre soirée, je pratiquais la méditation marchée en avançant en rond avec cinquante autres personnes dans une pièce éclairée à la bougie. Dans un centre, je m'embarquais dans des visualisations créatives et, dans le suivant, j'adressais des pensées d'amour bienveillant à tous les êtres vivants. La rencontre avec les différents enseignants et pratiquants était aussi stimulante que fascinante.

Toutefois, pour passer à une étape plus sérieuse de notre chemin spirituel, nous devons nous engager auprès d'un seul enseignant et d'une seule école de bouddhisme, sinon nous ne faisons que survoler la surface de plusieurs pratiques au lieu d'en approfondir une. Dans le bouddhisme, la « lignée » est le mot clé en matière de choix d'un enseignant. Un enseignant qualifié vient d'une longue lignée de relations maître-disciple remontant à Bouddha lui-même. Chaque lignée offre généralement un programme d'études bouddhiques, ou propose d'autres programmes que nous pouvons suivre en choisissant le niveau à notre convenance. Le sérieux de notre engagement dans la pratique variera en fonction du besoin que nous ressentons : nous pourrons aller jusqu'à l'ordination complète ou nous satisfaire de venir occasionnellement écouter des enseignements.

Notre choix se portera probablement sur ces écoles de bouddhisme : zen, tibétain ou theravāda. Dans son essence, le message fondamental est commun à toutes les écoles bouddhistes ; la différence réside plutôt habituellement dans la pratique. Il serait même indiqué de fonder notre choix d'une *sangha* sur notre rapport avec l'enseignant plutôt que sur l'école de bouddhisme elle-même. Pour les mères, le choix est souvent déterminé par des critères pragmatiques : elles opteront par commodité pour l'école la plus proche ou le créneau horaire le plus pratique.

Il est possible d'énoncer quelques généralisations quant aux différences entre les écoles, mais elles seront approximatives, du fait que le bouddhisme tend à s'adapter à la culture où il s'établit. Quand une de ces écoles adopte une orientation occidentale, elle minimise par exemple les règles, les rituels et les coutumes. Sans examiner de près les écoles *au sein* de ces écoles, nous pouvons nous hasarder à émettre les généralisations suivantes.

Le bouddhisme tibétain fournit probablement les « décors » les plus exotiques sous forme de psalmodies, statues et rituels, dont l'existence s'explique sans doute par les tentatives des Tibétains pour sauvegarder leur culture menacée. La plupart des centres bouddhiques occidentaux fondés en Australie sont tibétains. Avec l'accent qu'elle met sur la bienveillance, l'école tibétaine est la plus altruiste des traditions, tous les efforts pour atteindre l'éveil s'effectuant dans l'intention d'aider tous les êtres vivants. Fait intéressant, le bouddhisme tibétain diffère des autres écoles par son goût prononcé pour les textes sacrés, l'étude, la mémorisation, la dialectique et le recours à l'intellect. Également, il s'appuie beaucoup plus sur la visualisation créative dans la méditation.

Le bouddhisme theravāda, pratiqué au Sri Lanka, en Thaïlande, au Laos, au Cambodge et en Birmanie, est souvent considéré comme la plus simple des traditions, comportant le moins de rituels. Il souligne l'importance d'atteindre à la vision pénétrante durant la méditation en observant en pleine conscience les distractions plutôt qu'en les chassant de notre conscience. L'école theravāda est considérée comme une forme plus pure du bouddhisme parce qu'elle utilise les textes sacrés bouddhiques les plus anciens et les plus originaux.

Le bouddhisme zen, pratiqué principalement en Chine, en Corée et au Japon, pourrait être décrit comme l'école la plus rigoureuse, insistant sur la méditation assise elle-même et particulièrement exigeante en matière de posture et de concentration de l'attention. Le célèbre moine vietnamien Thich Nhat Hanh, en revanche, dirige une école du bouddhisme zen qualifiée par certains de douce et relativement facile d'accès pour un Occidental. Le zen traditionnel est également assez anti-intellectuel : il considère livres, discussions, réflexion et enseignement comme des distractions nous éloignant de la véritable pratique. La compassion est un élément important du zen, mais l'accent est principalement porté sur le développement de la capacité à être présent ici et maintenant. Le bouddhisme zen Rinzai est très connu pour son recours aux *koan* qui demandent aux méditants des heures, des semaines ou des mois pour les résoudre. Le plus célèbre exemple en est sûrement celui-ci : « Quel est le son du claquement d'une main ? » Le but des koan est de prouver les limites de l'esprit rationnel et la nécessité de le transcender pour atteindre la vision pénétrante.

Le chemin d'un parent pratiquant

Shantideva, le sage indien du XIVe siècle, pose la question : « Étant donné tous les chardons, épines et pierres qui parsèment le monde, pourquoi le recouvrir entièrement de cuir alors que nous pourrions chausser une paire de sandales ? » De la même manière, pourquoi tenter de changer le monde alors que nous pourrions simplement changer notre esprit ? Mais nous mettons longtemps à apprendre combien il est vain de vouloir à tout prix que la vie soit autre qu'elle ne l'est. Nous n'abandonnons pas facilement nos espoirs irréalistes d'organiser notre vie de façon à éviter souffrance et insatisfaction. Nous avons des années de conditionnement à surmonter et des illusions bien implantées à déraciner. Cela peut nous demander des années de pratique de la pleine conscience avant de devenir même conscients de certaines de nos illusions. Nous devons régulièrement nous rappeler que le monde extérieur à nous ne procure pas de bonheur durable, fiable et que trouver la paix intérieure demande des efforts. Le bouddhisme nous enseigne que l'amour, la fortune, les réalisations et les relations peuvent tous nous être sources de souffrance si nous essayons de les saisir en étant mus par un désir-attachement. Pour être heureux, nous devons transformer notre esprit.

Les parents ont un avantage au départ en matière de renoncement au monde extérieur pour dispenser du bonheur : nos enfants ne nous permettent vraiment pas de prendre part à ce monde comme nous le souhaiterions. Ils nous obligent, par nécessité, à cesser de chercher le bonheur extérieur et, sans ménagement, à passer les journées pluvieuses dans notre salle de séjour, les journées ensoleillées sur des terrains de jeux, les journées nuageuses à arpenter les centres commerciaux. En supprimant de notre vie tant de distractions, ils nous imposent de chercher le bonheur à l'intérieur de nous-mêmes. Et bien souvent, ils nous présentent un miroir pour que nous percevions à quoi ressemble notre esprit. Parfois, ce n'est pas beau à voir et nous comprenons où doivent porter nos efforts. Oui, les enfants sont bien les enseignants spirituels les plus exigeants et les plus implacables !

À maintes reprises, nos enfants nous ravalent au rang d'amateurs. À mesure qu'ils passent d'une phase à une autre, notre capacité à faire face aux situations varie d'un mois à l'autre, tout comme notre aptitude et notre détermination à pratiquer les enseignements bouddhiques. Mais si nous réussissons à développer un tant soit peu la paix intérieure et l'équanimité, les phénomènes extérieurs ont moins de chance de nous surexciter ou de nous perturber. La paix intérieure nous aide à créer de l'espace entre le monde et notre réaction face à ses difficultés. Cela nous rend d'autant plus aptes à élever nos enfants attentivement et à leur fournir de meilleurs modèles auxquels s'identifier.

Quand on commence à mettre en pratique les enseignements bouddhiques, on peut s'attendre à constater une amélioration énorme dans de nombreux aspects de sa vie. Certains changements sont faciles à apporter – cela ne nous demande pas un trop gros effort de nous montrer un peu plus amicaux avec notre voisinage, plus aimants envers les membres de notre famille et plus positifs dans notre façon d'appréhender les choses. En très peu de temps, l'amélioration apportée à notre vie par la pratique bouddhique peut s'avérer impressionnante. Mais nous devons nous attendre à atteindre un palier – sur de nombreux plans de notre vie, l'évolution n'apparaîtra qu'au bout de plusieurs années de pratique ; par exemple, débarrasser notre esprit des pensées nocives, pardonner à ceux qui nous ont blessés et vaincre des états d'esprit négatifs pourraient nécessiter de nombreuses années.

Aucun de ceux qui avancent sur le chemin spirituel ne constate que l'évolution suit une ligne droite ; la vie continue à avoir ses hauts et ses bas et, en parallèle, notre engagement passe par des pics et des creux. Notre vie émotionnelle peut même empirer avant de s'améliorer. Mettre à nu des blessures cachées ou refoulées est pénible et peut déclencher des réactions émotionnelles inattendues. Notre première priorité sera très probablement de guérir notre douleur intérieure, après l'avoir niée ou ignorée pendant des années. À long terme, cela ne pourra que nous faire du bien de procéder à ce nettoyage de printemps interne de toute la confusion qui barre la route à notre joie de vivre.

Dans *Après l'extase, la lessive*, Jack Kornfield, pratiquant bouddhiste depuis des décennies, écrit : « Pour quasiment tout pratiquant [...] les moments de paix profonde et de nouvel amour doivent souvent laisser place à des phases de perte, de fermeture, au sentiment de peur ou à la découverte d'une trahison, auxquels succéderont l'équanimité ou la joie. »

Si la méditation a de tels pouvoirs, pourquoi ne pas y mettre toute notre énergie et oublier l'aspect bouddhique ? Beaucoup de gens dans le monde se lancent dans la pratique de la méditation pour améliorer ou conserver leur santé, mieux gérer leur stress, ou en espérant que cela les aidera à atteindre leurs buts. Mais cela soulève la question suivante : « Dans quelle sorte de monde est-ce que je veux vraiment vivre ? Un monde où chacun court après le progrès personnel et tente de rendre ce monde plus confortable pour un « Chef suprême » ? Ou ma préférence va-t-elle à un monde peuplé d'êtres interdépendants qui se préoccupent les uns des autres, servent leur communauté, s'aiment et s'entraident mutuellement ?

Une manière de vaincre l'isolement et de faire face à l'absence de sens de la communauté dans la vie moderne est de privilégier des choix de vie qui ne prennent pas seulement en considération notre propre personne et notre propre monde limité mais qui se déploient au-delà. Plutôt que de favoriser une culture de méditants occupés uniquement à atteindre des états supérieurs de conscience, à se guérir et à atteindre leurs objectifs mondains, je veux participer à un mouvement qui nous permette aussi de recréer des liens entre nous, qui reconnaisse le caractère précieux et la vulnérabilité des êtres humains. Dans le bouddhisme, se relier au divin passe par la compassion envers les autres.

Les mots ne pourront jamais rendre l'immensité de la Vérité que nous méconnaissons tous – ils peuvent nous fournir des indices mais seront toujours insuffisants pour décrire le potentiel de ce que nous pouvons découvrir et celui de notre propre personne. Le bouddhisme enseigne que l'amour peut faire de nous tellement plus qu'un simple corps constitué de ses cinq sens et de son esprit rationnel et que nos potentialités sont bien plus grandes que nous le pensons. La pratique bouddhique, en mettant constamment en évidence la souffrance et l'imperfection inhérentes à notre vie, nous donne également l'espoir d'une évolution. Cela explique indubitablement que la pratique du bouddhisme connaisse un succès croissant dans la plupart des pays.

Le Noble Sentier Octuple

Le Noble Sentier Octuple condense pratiquement tous les enseignements bouddhiques. Ce mode de vie, qui exige de la discipline, mène à la libération.

Sagesse

COMPRÉHENSION JUSTE

La compréhension juste signifie voir la vie telle qu'elle est : comprendre les quatre Nobles Vérités sur la souffrance et la cessation de la souffrance, ainsi que les vérités de l'impermanence et du *non-soi*. Au début, notre compréhension de ces vérités peut n'être qu'intellectuelle mais il nous suffit d'examiner notre manière de vivre notre vie pour nous rendre compte que cette compréhension manque de profondeur. Grâce à la méditation et à l'évolution spirituelle qui débarrassent notre esprit de ses impuretés, nous développons notre capacité à appréhender en profondeur ces vérités.

PENSÉE JUSTE

Il s'agit de l'intention de développer notre conscience et de purifier nos pensées de l'avidité, de la haine et de l'illusion. Si nous parvenons à une certaine maîtrise de nos pensées, cela règle la question pour nombre de nos sentiments et actions. C'est par notre pensée que nous créons notre réalité – la qualité de notre expérience de vie dépend énormément de notre mode de pensée, lequel nous conduira au bonheur ou à la tristesse, au choix, et pourra améliorer la vie des personnes de notre entourage ou les démoralisera.

Éthique

PAROLE JUSTE

Le Bouddha a dit que la parole juste possède quatre qualités : elle est *vraie, bienveillante, douce et obligeante*. Nous devons aspirer à dire ce qu'il faut au moment où il faut et à la personne qu'il faut ; cela exige donc que nous fassions attention à nos propos. Si notre parole risque d'être désobligeante ou inutile pour notre interlocuteur, usons de retenue. Abstenons-nous d'utiliser un langage grossier, évitons de prononcer des paroles malveillantes, nuisibles ou égoïstes. Dispensons-nous du commérage et de l'indiscrétion. Examinons également si ce que nous disons profite à l'interlocuteur ou lui fait perdre son temps.

ACTION JUSTE

Notre conduite doit être éthique et empreinte de compassion, tout comme les intentions à l'origine de notre conduite. Être conscient de soi nous permet de découvrir ce qui motive nos actions. L'action juste comprend aussi l'observation des Cinq préceptes qui sont les suivants :

1. Ne pas détruire la vie ;
2. Ne pas voler ;
3. Ne pas commettre d'excès dans le plaisir des sens ;
4. Ne pas proférer de mensonges ;
5. Ne pas absorber de drogues ou d'alcool qui pourraient obscurcir notre jugement.

Ces préceptes sont plus ou moins appliqués à la lettre selon les écoles et même au sein d'une même école. En règle générale, il est plus important de réagir avec sagesse et compassion face à chaque situation individuelle à laquelle on est confronté que de suivre les prescriptions.

MOYENS D'EXISTENCE JUSTES

Les bouddhistes doivent gagner leur vie par un travail qui ne nuit pas aux autres. Plus précisément, il nous faut éviter les professions qui impliquent de faire le commerce des armes, de tuer des animaux ou de tricher. Ouvriers d'usine ou comptables, dans toute activité, nous devons veiller à ce que certains aspects de nos moyens d'existence ne soient pas en contradiction avec nos valeurs. Cela peut concerner toute activité qui a une incidence sur la santé de nos clients, l'environnement, l'honnêteté de nos déclarations publicitaires ou notre façon de traiter ceux à qui nous avons affaire.

Discipline mentale

EFFORT JUSTE

L'effort juste est indispensable durant les séances de méditation ou dans notre vie quotidienne. En méditation, ne fronçons pas les sourcils et ne nous imposons pas une discipline digne du plus sévère proviseur de lycée pour nous concentrer. N'allons pas non plus jusqu'à nous détendre au point de « nous moquer » de notre concentration ou de nous endormir. Trouvons plutôt un juste milieu entre ces extrêmes. Dans notre vie quotidienne, l'effort juste consiste à avoir la volonté de favoriser des états d'esprit salutaires et de purifier notre esprit de l'avidité, de la haine et de l'illusion.

ATTENTION JUSTE

L'attention doit être soutenue, non seulement durant une séance de méditation mais aussi à tout moment de notre journée. Nous devons apprendre à vivre en état de méditation, à nous centrer sur le « maintenant » en perpétuel changement plutôt que sur les conversations et les événements de notre passé ou sur les désirs et les peurs liés à notre futur. Le Bouddha a défini quatre niveaux d'expérience auxquels nous devons être attentifs :

1. le corps – ses sensations, douleurs, démangeaisons, maux, tensions, plaisirs ;
2. nos sentiments – nos émotions ou états d'esprit, notamment la colère, la joie, la tristesse et la tranquillité ;
3. nos pensées – nos projets, rêves, regrets, souvenirs, jugements ;
4. nos attitudes par rapport aux lois universelles de la vie – impermanence, non-soi et non-séparation.

CONCENTRATION JUSTE

Souvent appelée esprit focalisé (sur un seul objet), la concentration juste fait référence à la capacité de porter son attention sur un aspect de l'expérience du moment sans que notre esprit soit distrait. On obtient alors la maîtrise de ses pensées.

Quelques lectures utiles

Vicki Mackenzie, *Why Buddhism ? Westerners in Search of Wisdom*, Sydney, Allen & Unwin, 2001.

En faisant le tour de la ville de Sidney, j'ai constaté que presque toutes les personnes intéressées par le bouddhisme avaient lu ce livre, constitué de seize entretiens avec des bouddhistes qui se trouvent être, pour la plupart, des personnalités très en vue. Vicki Mackenzie a cherché à savoir ce qui avait attiré vers le bouddhisme chacun de ces pratiquants, tous occidentaux, mais venant de milieux différents, et comment cela avait enrichi leur vie. Ce livre contient leurs biographies condensées, et présente leur expérience du bouddhisme telle qu'ils la décrivent.

Adrienne Howley, *The Naked Buddha. A Simple Explanation of a « New » Old Religion*, Sydney, Bantan, 1999.

Mère de deux fils, septuagénaire depuis peu, Adrienne Howley a été ordonnée par le Dalaï-lama en 1982. Son livre est un « manuel d'introduction » au bouddhisme, qui met l'accent sur la nécessité de fonder sa pratique et toutes ses croyances sur l'expérience personnelle. Après une description des enseignements essentiels du bouddhisme, elle aborde des thèmes comme la vie monastique et le bouddhisme dans différentes cultures. Elle possède une remarquable connaissance et une large expérience du bouddhisme tel qu'il est pratiqué en Orient et en Occident.

Helen Jandamit, *The Path to Peace Within, A Guide to Insight Meditation*, Bath, Gateway Books, 1997.

Ce petit livre offre un excellent résumé des étapes que comprend la méditation de la pleine conscience dans le theravāda. Il contient une présentation détaillée de la méditation marchée. Helen Jandamit consacre également quelques chapitres à certains des enseignements bouddhiques essentiels et, grâce à l'énorme expérience acquise en enseignant la méditation en Thaïlande, son explication en est très claire.

Geri Larkin, *Stumbling Towards Enlightenment*, California, Celestial Arts, 1997.

Sex in the City rencontre le bouddhisme. Comme argument à l'appui de son idée que la pratique du bouddhisme est supérieure à l'étude du bouddhisme, Geri Larkin pose la question suivante : « Pourquoi lire des recettes sur "comment bien faire l'amour" quand il est aussi simple de faire tout simplement l'amour ? » Elle inclut aussi un chapitre intitulé « Quand tout ce à quoi vous pensez encore est le sexe ». Mère de deux enfants, Geri Larkin était consultante en management, gagnait très bien sa vie et travaillait en moyenne 72 heures par semaine. Elle a progressivement réduit ses heures de travail, vendu sa splendide maison et ses biens et s'est installée dans un temple. Ce livre est d'une lecture agréable et légère : il est truffé d'humour et Geri Larkin est fascinante d'honnêteté quand elle parle de ses défauts, de ses luttes et de ses échecs sur la voie spirituelle. Très stimulant, motivant et rassurant.

Christopher Titmuss, *Light on Enlightenment. Revolutionary Teachings on the Inner Life*, Boston, Shambhala, 1998.

Christopher Titmuss était journaliste avant de passer six ans en Thaïlande et en Inde comme moine bouddhiste. Plus récemment, il a été enseignant, dirigeant des retraites de méditation de pleine conscience à travers le monde. Sans être lui-même parent, il a écrit un livre qui est, selon moi, à conseiller pour sa présentation claire des concepts bouddhiques. Les chapitres sont intitulés « Les quatre Nobles Vérités », « Les huit Conditions mondaines », « Les quatre Fondations de la vigilance », etc. Pour illustrer les enseignements, il utilise des exemples modernes et s'exprime dans une langue facile à lire. La présentation de chaque enseignement est suivie d'une liste de questions utiles pour aider le lecteur dans son introspection, comme : « Avez-vous une vision, une passion, de l'intérêt et des aptitudes ? », « Quel est le motif de vos activités essentielles ? », « Faites-vous des choses faute de savoir quoi faire d'autre ? ».

Sharon Salzberg, *Lovingkindness. The Revolutionary Art of Happiness*, Boston, Shambhala, 1997, et *Un cœur vaste comme le monde. Vivre avec conscience, sagesse et compassion selon le bouddhisme tibétain*, Paris, Le Courrier du Livre, 1998.

Sharon Salzberg est l'un des écrivains bouddhistes les plus connus de notre temps. Fondatrice de la célèbre Insight Meditation Society (Société de la méditation vipassana) au Massachusetts, elle a pratiqué et enseigné la méditation dans le monde entier. Elle a une prédilection pour les enseignements bouddhiques sur l'amour, en particulier les quatre Demeures divines de l'amour bienveillant, de la compassion, de la joie altruiste et de l'équanimité. Son texte est si aisé à lire et son écriture si inspirante qu'il vous est impossible de lire un de ses livres sans que votre attitude vis à-vis de toutes vos relations se transforme radicalement. Elle serait capable de rendre plus aimable le plus blasé des cyniques. Puisées dans ses expériences en Russie, Birmanie, Inde, Thaïlande, Australie et aux États-Unis, son pays natal, ses histoires personnelles sont aussi émouvantes qu'exotiques.

Stephanie Dowrick, *Le Pardon, et autres actes d'amour*, Paris, Le Fil invisible, 2005, et *The Universal Heart*, Ringwood, Viking Australia, 2000.

Stephanie Dowrick est l'un de mes auteurs inspirants préférés et ces deux livres sont mes favoris. Il n'y a qu'un seul mot pour décrire la manière dont elle écrit sur l'amour : fascinant ! Sous sa plume, vivre une vie aimante semble une expérience séduisante et passionnante. Puisant dans son immense expérience de psychothérapeute, elle parsème ses arguments d'innombrables anecdotes pour illustrer son propos. Même s'ils contiennent la sagesse de plusieurs traditions spirituelles, parmi lesquelles le bouddhisme, ses livres me paraissent tout à fait présenter le message bouddhiste. *Le Pardon, et autres actes d'amour* consacre un chapitre à chacune des six vertus. *The Universal Heart* traite des avantages d'aimer tout le monde plutôt qu'une petite poignée de personnes, d'aimer ses proches d'un amour pur et de s'aimer soi-même. On peut lire et relire à maintes reprises ces deux ouvrages ou s'attarder sur des passages pour quelques instants d'inspiration.

Jack Kornfield, *Périls et promesses de la vie spirituelle. Un chemin qui a du cœur*, Paris, La Table Ronde, 1998, et *Après l'extase, la lessive. Comment la sagesse du cœur se développe sur la voie spirituelle*, Paris, La Table Ronde, 2001.

Jack Kornfield a sans doute le curriculum vitae le plus impressionnant du monde bouddhiste. Il a reçu sa formation de moine en Thaïlande, Birmanie et Inde et enseigne le bouddhisme depuis 1974. Écrivain prolifique et cofondateur de la célèbre Insight Meditation Society, son rôle a été essentiel dans l'introduction des enseignements bouddhiques en Occident. Il possède un PhD en Psychologie et il est père d'une fille. Sa manière de présenter ses thèmes favoris – conscience de soi, pleine conscience et compassion – est très accessible à l'esprit occidental ; il s'inspire de multiples expériences accumulées au fil des ans, celles d'entretiens intimes avec des milliers d'étudiants, d'enseignants et de grandes pointures bouddhistes. Son approche est réaliste, simple et terre à terre. Fait étonnant, il évoque aussi très ouvertement ses propres conflits personnels avec son père, son épouse et ses démons intérieurs.

Ian Gawler, *Peace of Mind,* Melbourne, Hill of Content, 1987.

Sans être un ouvrage bouddhiste à proprement parler, ce livre présente une vue générale sur les bienfaits de la méditation et l'éventail de techniques et démarches disponibles. Le Dr Gawler divise la méditation en trois types : méditation pour la santé, méditation de pleine conscience et méditation créative. Il présente également les sept niveaux de conscience supérieurs que nous pouvons atteindre en méditation. C'est un livre éminemment motivant, qui sera donc particulièrement utile dans les moments où nous rencontrons des doutes ou nous voyons faiblir notre motivation pour pratiquer. Le Dr Gawler s'intéresse plus aux résultats pratiques qu'au but spirituel et il privilégie la méditation pour améliorer la santé et pour gérer le stress. On peut tout à fait le comprendre, étant donné son propre combat il y a dix ans contre un cancer « en phase terminale » dont il est sorti vainqueur ; du fait aussi de l'expérience acquise en aidant des milliers de personnes à apprendre à méditer pour surmonter leur maladie, le cancer en particulier.

Extrait des textes sacrés

Sermon à Rajagaha

« Abandonnez le caractère avide propre à l'égoïsme, et vous atteindrez à cet état d'esprit calme porteur de paix, bonté et sagesse... »

« Ne vous trompez, ne vous méprisez
Mutuellement nulle part.
Ne soyez pas en colère, n'ayez pas
De ressentiment secret ;
Car tout comme une mère risquerait sa vie
Pour son enfant et le protège,
Que votre amour pour tous les êtres soit infini,
Tendre, bienveillant et doux.

Cultivez la bienveillance à droite et à gauche,
Tout autour, tôt et tard,
Et sans obstacle, sans compter,
Sans envie ni haine,
Debout, en marchant, assis,
Quoi que vous ayez en tête,

La règle de vie la meilleure en toutes circonstances
Est d'être bienveillant. »

« Les dons sont importants... les méditations et les exercices religieux pacifient le cœur, la compréhension de la vérité mène au Nirvāna, mais l'amour bienveillant les surpasse tous. De même que la lumière de la lune est soixante fois plus forte que la lumière de toutes les étoiles, l'amour bienveillant est soixante fois plus efficace pour libérer le cœur que tous les autres accomplissements religieux réunis. »

(Stances 18-22 du *Sermon à Rajagaha*)

Éviter les dix Poisons

Le Bouddha a dit : « Tous les actes des créatures vivantes sont rendus mauvais par dix choses, et en évitant ces dix choses, ces actes deviennent bons. Ce sont les trois poisons du corps, les quatre poisons de la langue et les trois poisons de l'esprit.

Les poisons du corps sont le meurtre, le vol et l'adultère ; ceux de la langue, le mensonge, la calomnie, les insultes et les paroles oiseuses ; ceux de l'esprit, la convoitise, la haine et l'erreur.

Je vous exhorte à éviter les dix poisons :

I. Ne tuez pas, mais ayez plutôt du respect pour la vie.

II. Ne volez pas, mais aidez plutôt chacun à être maître des fruits de son labeur.

III. Abstenez-vous de l'impureté et menez une vie de chasteté.

IV. Ne mentez pas, mais soyez plutôt sincère. Dites la vérité avec discrétion, sans crainte et avec un cœur aimant.

V. N'inventez pas d'histoires méchantes, n'en répétez pas. Ne critiquez pas, mais recherchez plutôt les bons côtés de vos semblables, pour pouvoir les défendre avec sincérité contre leurs ennemis.

VI. Ne jurez pas, mais parlez plutôt avec décence et avec dignité.

VII. Ne perdez pas votre temps en commérages, mais parlez plutôt à bon escient ou alors gardez le silence.

VIII. N'ayez pas de convoitise ni d'envie, mais réjouissez-vous plutôt de la bonne fortune des autres.

IX. Purifiez votre cœur de la méchanceté et ne nourrissez aucune haine, pas même contre vos ennemis ; mais accueillez plutôt tous les êtres vivants avec bienveillance.

X. Libérez votre esprit de l'ignorance et soyez soucieux d'apprendre la vérité, tout particulièrement celle concernant la seule chose nécessaire pour le cas où vous seriez la proie du scepticisme ou des erreurs. Le scepticisme vous rendra indifférent et les erreurs vous égareront, de sorte que vous ne trouverez pas le noble sentier qui mène à la vie éternelle. »

(Stances 1-13, *Éviter les dix Poisons*)

Le bouddhisme à l'usage des mères de nourrisson [1]

(Extrait de l'édition d'Automne 2001 du magazine *Tricycle*, New York)

Pendant les toutes premières semaines après sa naissance, mon fils Skye devait absolument, pour s'endormir, entendre mon battement de cœur. De minuit à l'aube, il restait allongé sur ma poitrine, la tête nichée dans le creux de ma gorge, et se réveillait toutes les deux heures pour sa tétée. Durant la journée, il s'endormait dans mes bras tandis que je le berçais ; je voyais alors se succéder rapidement sur son visage, en un véritable diaporama, les émotions – joie, exaspération, amusement, peur, étonnement – provoquées par ses rêves, un peu comme s'il procédait à une répétition de chacune des expressions qu'il aurait à utiliser le restant de sa vie. Si je me hasardais à l'installer dans son berceau, il se réveillait avec un rugissement d'indignation, le visage rouge et le corps agité. Que je tente de le mettre dans l'écharpe porte-bébé, le porte-bébé, la poussette ou le siège de voiture, il pleurait. Il pleurait à chaque fois que

1. Anne Cushman, *Mothering as Meditation Practice*.

je lui changeais ses couches. Et tous les soirs, de dix-neuf heures à vingt et une heures, il pleurait sans aucune raison apparente.

Skye avait deux semaines quand j'ai pris des tacos aux haricots noirs au dîner ; il a hurlé jusqu'à l'aube, corps raidi et poings serrés. Tandis que je pleurais à gros sanglots de concert avec lui, mon mari appelait carrément les urgences ; l'infirmière de service nous a dit, gentiment, que ça avait tout l'air d'être des gaz. Le lendemain matin, un ami nutritionniste m'a assuré que tout irait bien si je supprimais de mon alimentation les produits laitiers, le blé, la levure, le soja, le maïs, les légumes, l'ail, les oignons, les tomates, le sucre, les poivrons, les brocolis et les agrumes (et que j'essayais d'éviter le poisson, les champignons et les œufs). Skye s'est finalement endormi dans le creux de mon bras droit, et je me suis effondrée sur le canapé, en robe de chambre, mangeant de la main gauche du riz brun froid en en renversant dans ses cheveux.

C'est à peu près à ce moment-là qu'il m'est apparu clairement que ce dans quoi je m'étais embarquée avait tout d'une retraite de méditation intensive. Tous les ingrédients y étaient, me suis-je dit : passer de longues heures assise en silence, marcher de long en large, n'aller nulle part ; emploi du temps épuisant et privation de sommeil ; mélopées hypnotisantes aux paroles sibyllines (« Et si ce miroir se casse en mille morceaux / maman t'achètera un petit agneau ») ; lente prise de conscience qu'il n'y a rien à attendre sinon un peu plus de la même chose. Et trônant au milieu de tout cela, évidemment, le maître de sagesse fou dans ses langes, qui nous indiquait des pratiques à suivre, plus exigeantes que ce que j'avais pu connaître dans tous mes voyages en Inde comme : « Ce soir, tu feras le tour de la salle de séjour pendant deux heures en tenant dans tes bras le maître, en t'inclinant jusqu'aux genoux tous les deux pas, et en psalmodiant "Am stram gram Pic et pic et colégram Bour et bour et ratatam Am stram gram". » Ou alors : « À minuit, tu emporteras le maître endormi à la salle de bain et tu donneras la réponse à ce koan : "Comment baisser ton pantalon de pyjama sans l'aide de tes mains ?" »

Comme toutes les grandes pratiques spirituelles, celles-ci étaient finement conçues pour ébranler mon ego. Elles ont réduit en miettes mes idées sur ce que devrait être la vie (assise sur la balançoire du jardin près du buisson de lavande, je me balancerais tout en observant les colibris, tandis que mon tout petit bébé dormirait dans son berceau à mes pieds). Elles ont réussi à ouvrir mon cœur à la réalité des choses (debout devant la table à langer, je replie l'un après l'autre les petits genoux vers le ventre d'un Skye en pleine crise de coliques, et pousse des acclamations au moment où une fontaine couleur jaune moutarde jaillit de son derrière). Et avec chaque respiration de ma « sesshin[2] bébé », je me voyais offrir l'opportunité de bercer mon enfant dans mes bras comme Bouddha bébé et d'assister à la révélation d'un mystère...

Maman de fraîche date, je me suis surprise à me demander : « Comment les autres femmes réussissent-elles à valser entre la pratique et l'éducation d'un enfant ? Comment la condition de mère influe-t-elle sur leur pratique ? Les mères vont-elles modifier les formes de bouddhisme en Amérique ? »

Et, la question la plus brûlante de toutes pour moi, élever un enfant peut-il être une voie de pratique en tout point aussi valable que la voie monastique ? Aspirer la morve d'un bébé malade à l'aide d'un mouche-nez peut-il avoir la simplicité et la pureté des prosternations d'une nonne ? Essuyer à fond un seau à couches peut-il conduire à l'éveil du Bouddha et des ancêtres ?

D'un certain côté, cette question semble absurde. Rien n'est aussi éloigné de l'organisation rigoureuse d'une

2. Période de plusieurs jours consacrée à la pratique intensive de la méditation (au cours des séances de méditation formelles et des activités quotidiennes).

retraite formelle que la danse débridée de la maternité. Les livres sur ma table de nuit traitaient de la quête de l'éveil dans l'Himalaya. Maintenant, ils parlent des recettes pour éviter un réveil en pleine nuit. Une table à langer trône là où se trouvait mon autel ; mes zafus [3] et zabutons [4] ont été réquisitionnés pour servir de protection rembourrée de l'aire de jeu de Skye. Il n'est plus question de mâcher un seul grain de raisin sec pendant cinq minutes ni de suivre des avertissements du genre « quand vous mangez, mangez simplement »... je suis au téléphone, Skye sur la hanche, en train de commander des caches pour prises électriques tout en mangeant des raviolis chinois aux légumes froids, les doigts plongés directement dans l'emballage en carton, et en frottant du bout d'un pied en chaussette une tache fraîche de régurgitation de bébé sur le sol. Dur dans ces conditions de trouver même un instant pour me dire que c'est là un chemin spirituel, et, d'ailleurs, je suis trop affairée à chercher l'autre moufle de Skye...

Quoi de mieux pour me voir rappeler à la vérité de l'impermanence que d'aimer un enfant dans un monde tout en aspérités et indifférent ? Faisant la sieste avec Skye dans mon grand lit – sa tête sur ma poitrine, mon nez contre la soie sombre de ses cheveux –, j'observe les pulsations de son cœur au niveau de sa fontanelle. Ne parlons pas des autoroutes, du plutonium et autres bombardiers furtifs... le fait qu'un simple ours en peluche puisse étouffer mon bébé dans son berceau est déjà un danger contre lequel j'ai été rigoureusement mise en garde. La nuit, quand je ne l'entends pas pendant deux heures, je me glisse hors du lit, et je reste debout, dans le noir, sans bouger, de peur de faire craquer le plancher jusqu'à ce que je l'entende soupirer.

Et même quand tout va parfaitement bien, je sais que le Skye actuel – celui qui gazouille et suce passionnément le bec de son canard en caoutchouc en barbotant

3. Zafu : coussin de méditation.
4. Zabuton : tapis de méditation.

dans la baignoire avec moi – va disparaître comme les bulles d'un bain moussant. Hier, il n'était qu'une bosse donnant des coups de pied dans mon ventre tandis que je faisais quelques longueurs sous le soleil de juillet ; demain, ce sera un homme entre deux âges, pleurant et répandant mes cendres dans un lac de montagne. Observant Skye en train de se frotter les cils avec de la purée de carotte, mon mari a déclaré : « C'est tellement beau que ça en fait mal. »

Je me sens en prise avec le monde comme jamais auparavant. En nourrissant mon enfant directement de mon corps, je vois comment je suis nourrie par le corps de la terre. C'est la même chaînette de crochet qui me relie à toutes les mères qui m'ont précédée et tous les enfants pas encore nés qui hériteront d'un monde que je ne peux même pas imaginer. Je veux que les petits-enfants de Skye puissent nager dans le Pacifique, faire des randonnées sur les crêtes granitiques de la Sierra et, le souffle coupé, contempler les hérons bleus dressés sur une seule patte dans le lagon Bolinas.

S'agit-il d'« attachement » ? Ou de lien ?

Loin de moi l'intention d'être grandiloquente. Je sais que ces perceptions n'ont rien du parfait samadhi de diamant. Elles correspondent plutôt à une forme de réalisation avec moins d'allure, plus collante, couverte de bave et de miettes de céréales Cheerios. Mais c'est peut-être cela, le don qu'offre la maternité vécue comme une pratique – une sorte d'inclusivité qui englobe chaos, cran et imperfection. Ce n'est pas fondé sur le fait de contrôler ou maintenir les choses en ordre.

La mère, dans sa pratique, fait une place pour le camion-benne en plastique qui trône au milieu de la salle de séjour, et la musique rap qui filtre sous une porte de chambre à coucher à minuit. Elle ne s'éclipse pas au milieu de la nuit en quête d'éveil. Elle reste à la maison avec Rahula l'Entrave et trouve là l'éveil.

En tant que mères, comment pouvons-nous comprendre cette histoire de Bouddha quittant sa famille au milieu de la nuit ?

J'ai demandé à Fu Schroeder. « Oh, mais il n'était pas encore le Bouddha au moment où il a quitté son enfant. C'était un jeune prince, endurant une terrible douleur », a-t-elle répondu.

« Quand on est éveillé, on ne quitte pas son enfant. Et pour aller où ? »

Remerciements

Mes amies Melanie Lotfall, Colleen Sattler et Joanne Fedler m'ont apporté un soutien spirituel et des tonnes de joie altruiste. À elles trois, elles ont révisé les chapitres, offert d'éloquentes contributions et apporté leur aide dans mon propre chemin spirituel. Susan Morphy m'a généreusement permis de citer ses savoureux écrits ; Anne Cushman a généreusement fourni son amusant article intitulé « La maternité comme pratique spirituelle ». Les autres contributions stimulantes ont été celles de Betsy Coombs, Chittaprabha du Western Buddhist Order, et de l'enseignante zen Subhana Barzaghi. Je remercie les nombreuses mères qui m'ont autorisée à inclure des détails intimes de leur vie ; certaines ont préféré que leur nom ne soit pas cité ; je suis sensible au fait qu'elles n'aient pas douté que je protégerais leur vie privée et je leur en suis reconnaissante.

Je remercie mon époux, Marek, qui s'est montré tellement coopératif et solidaire au cours de la rédaction de ce livre, en dépit de son absence d'intérêt pour tout ce qui touche au spirituel ; mes fils Zac et Alex qui m'ont laissée les traîner dans des bibliothèques et ont été pour moi de remarquables maîtres spirituels. Je remercie ma belle-mère Barbara, non seulement parce qu'elle a pris l'avion de Pologne pour venir littéralement prendre « les choses en main » (entre autres tenir le bébé pendant que j'achevais la seconde mouture de mon livre) mais aussi parce que son ardent désir de rendre service a été une grande source d'inspiration pour moi. Merci à mon père, Bryan Napthali, pour toutes les fois où il s'est occupé des garçons, à ma mère Sue, à mon amie Viv et à mes sœurs Amanda et Jane.

Et, enfin, merci à Colette Vella et Jane Gleeson-White, mes éditrices, pour leurs efforts et leurs conseils ainsi qu'à Annette Barlow et Emily O'Connell pour tout leur encouragement.

Table

Mise en page PCA
44400 Rezé

Imprimé par CPI (Barcelona).
en septembre 2014
Dépôt légal : février 2011
Imprimé en Espagne